U0541169

本书为 2017 年辽宁省教育厅重点项目成果：中国道路的文明基因及其当代复兴的实践路径研究（WZD201701）

China's
Miracle
and
Ideology

中国奇迹
与意识形态

郭忠义 侯亚楠 著

中国社会科学出版社

图书在版编目（CIP）数据

中国奇迹与意识形态/郭忠义，侯亚楠著.—北京：中国社会科学出版社，2018.12（2020.1重印）

ISBN 978-7-5203-2983-5

Ⅰ.①中… Ⅱ.①郭… ②侯… Ⅲ.①中国经济—经济增长—研究 ②意识形态—研究—中国 Ⅳ.①F124.1②B27

中国版本图书馆 CIP 数据核字（2018）第186485号

出 版 人	赵剑英
责任编辑	张 潜
责任校对	郝玉明
责任印制	王 超
出　　版	中国社会科学出版社
社　　址	北京鼓楼西大街甲158号
邮　　编	100720
网　　址	http://www.csspw.cn
发 行 部	010-84083685
门 市 部	010-84029450
经　　销	新华书店及其他书店
印　　刷	北京君升印刷有限公司
装　　订	廊坊市广阳区广增装订厂
版　　次	2018年12月第1版
印　　次	2020年1月第2次印刷
开　　本	710×1000 1/16
印　　张	21.25
插　　页	2
字　　数	278千字
定　　价	88.00元

凡购买中国社会科学出版社图书，如有质量问题请与本社营销中心联系调换
电话：010-84083683
版权所有　侵权必究

目 录

绪论 中国奇迹——举世瞩目的世纪之虹 …………………………（1）
  一 中国奇迹——跨越世纪的不解之谜 ………………………（1）
    （一）中国之谜："失去的十年"与持续的增长 ……………（2）
    （二）在"崩溃论"咒语中奇迹般的腾飞 ……………………（5）
    （三）全球金融风暴中一枝独秀 ……………………………（13）
  二 灰色的理论与长青的生命之树 ……………………………（16）
    （一）经济学的睿智与偏见 …………………………………（16）
    （二）理论回眸：经济学的跨界对话 ………………………（21）
    （三）全球化解释向度的局限 ………………………………（27）
  三 中国奇迹成因的意识形态视角 ……………………………（31）
    （一）意识形态无所不在的世纪 ……………………………（31）
    （二）意识形态解释的魅力 …………………………………（32）

第一章 马克思意识形态概念的起源与要义 ……………………（36）
  一 意识形态的观念表象及其概念起源 ………………………（36）
    （一）意识形态的一般表象 …………………………………（36）
    （二）征服精神深处——意识形态的"观念学"起源 ………（37）
    （三）意识形态的多重面孔 …………………………………（39）
  二 马克思对意识形态理论的现代奠基 ………………………（41）
    （一）意识形态是虚假性和真实性的统一 …………………（42）

（二）统治阶级性与人类性的统一 ……………………（51）
　（三）普遍价值与特殊价值、普遍利益与特殊
　　　 利益的统一 …………………………………………（55）
　（四）历史主义与结构主义、自主性与非自主性的统一 …（62）
三　西方马克思主义的意识形态批判理论 …………………（72）
　（一）西方马克思主义意识形态批判理论的一般特征 …（72）
　（二）卢卡奇和葛兰西：启蒙阶级意识与夺取文化霸权 …（74）
　（三）法兰克福学派：意识形态批判的巅峰 ……………（78）
　（四）虚假性本质与控制性的功能：阿尔都塞意识形态
　　　 理论 …………………………………………………（86）
　（五）中国实践：意识形态虚假性之谜的历史破解 ……（92）

第二章　走向真实：中国化马克思主义意识形态的真理之光 …………………………………………（97）

一　回到马克思：由虚假到真实的现实路径选择 ……………（97）
　（一）马克思的意识形态语境 ………………………………（97）
　（二）意识形态的虚假性之源与真实性之基 ……………（102）
　（三）"真实"的双重规定及其现实路径 …………………（105）
二　中国化马克思主义的意识形态本质 ……………………（113）
　（一）中国化马克思主义哲学的时代精神形式和
　　　 学理形式 …………………………………………（113）
　（二）时代精神理念的历史规定与实践规定 ……………（116）
　（三）中国化马克思主义哲学精神的意识形态品格 ……（118）
三　中国化马克思主义意识形态的真实性标志 ……………（120）
　（一）毛泽东思想——历史真实的理论规定 ……………（121）
　（二）中国特色社会主义理论的真理性品格 ……………（122）
　（三）思想路线与群众路线的实践重合 …………………（125）

第三章 意识形态范式的转换与社会主义新道路的开拓 (127)

一 社会主义道路的早期探索与意识形态范式的约束 (128)
（一）革命意识形态范式的形成与范式转向的历史尝试 (128)
（二）意识形态范式的逆转与社会主义道路探索的失误 (132)
（三）革命意识形态范式的形而上学化 (136)

二 意识形态范式转变与中国道路的历史性开拓 (141)
（一）对"文化大革命"的反思与"精神枷锁"的崩解 (141)
（二）否定"阶级斗争为纲"与意识形态范式的转向 (149)
（三）中国特色社会主义道路的历史性开拓 (153)

三 意识形态范式转变与历史逻辑的理论呈现 (157)
（一）唯物史观的历史逻辑和两大视域 (157)
（二）社会主义初级阶段论：走向历史真实和价值真实 (159)
（三）社会主义初级阶段的基本路线：历史逻辑的真实再现 (164)

四 新意识形态范式的现代哲学气质 (170)
（一）从终极关怀到现实关切 (170)
（二）从追求绝对真理到追求有限知识 (175)
（三）从否定性辩证法到肯定性辩证法 (179)
（四）从革命史观到渐进史观 (183)

第四章 新意识形态范式与改革开放的关键选择 (187)

一 新意识形态理念与市场化改革取向的确立 (190)
（一）改革开放的本体论基石和价值论导向 (190)

（二）解放思想与经济中心理念对改革取向的制导 …… (193)
　　（三）新意识形态范式与市场经济的同质性对改革
　　　　取向的约束 ………………………………………… (196)
二　新意识形态范式下联产承包责任制的创生 …………… (201)
　　（一）联产承包责任制的艰难历程 ………………… (201)
　　（二）联产承包责任制的向死而生 ………………… (205)
　　（三）联产承包责任制对市场化改革取向的实践确认 … (209)
三　新意识形态范式与社会主义市场经济历史逻辑的
　　确立 ……………………………………………………… (212)
　　（一）计划经济与市场经济——20世纪世界经济的历史
　　　　逻辑 ……………………………………………… (212)
　　（二）计划经济与市场经济的理论博弈与实践对决 …… (216)
　　（三）"公""私"之争与国企的浴火重生 ……………… (222)
四　新意识形态理念与改革时序和转轨路径的选择 ……… (228)
　　（一）经济中心理念与经济体制改革先行 ……………… (228)
　　（二）新意识形态范式的方法论转向 …………………… (231)
　　（三）开放理念与"世界"的再认 ………………………… (235)
　　（四）双轨制过渡的路径选择与意识形态理念的关联 … (239)
　　（五）双轨制的价值论、认识论支持 …………………… (243)

第五章　中俄经济转轨差异追因的意识形态维度 …………… (246)
一　意识形态与经济转轨——转轨经济学的盲点 ………… (247)
　　（一）转轨评价指标的缺陷 ……………………………… (247)
　　（二）中俄传统意识形态范式为何具有一致性 ………… (248)
　　（三）没有改革理念的改革——戈尔巴乔夫改革之失 … (250)
　　（四）由改革到革命——苏联解体的必然命运 ………… (252)
二　意识形态范式对叶利钦转轨战略的影响 ……………… (254)
　　（一）政治中心、革命至上必然导致"休克疗法" ………… (254)

（二）政治中心、革命至上与私有化 …………………… (257)
　三　意识形态范式对转轨路径的约束 ……………………… (259)
　　（一）政治体制改革先导与别无选择的选择 …………… (260)
　　（二）政治体制改革先导与"强政府"的衰败 …………… (261)
　　（三）政治体制改革先导与意识形态支持的消解 ……… (264)
　　（四）"休克疗法"失败的自身原因及与意识形态
　　　　　范式的关联 ……………………………………… (265)
　　（五）"休克疗法"的产权革命没有造就市场主体 ……… (266)
　四　制度资源损失——被忽略了的转轨成本 ……………… (269)
　　（一）"转轨绩效"需要定性分析 ………………………… (269)
　　（二）制度是否是社会资源 ……………………………… (270)
　　（三）社会主义传统能否更新为市场经济的制度
　　　　　资源 ………………………………………………… (272)
　　（四）"强政府"与"强意识形态"在制度变迁
　　　　　中的作用 …………………………………………… (274)

第六章　文化传统：中国经济奇迹背后的意识形态要素 …… (279)
　一　经济学关于意识形态传统与经济增长关系的
　　　理论探索 …………………………………………………… (280)
　二　中国奇迹背后的秘密之一：意识形态传统与
　　　资本积累 …………………………………………………… (290)
　三　中国奇迹背后的秘密之二：意识形态与人力资本 …… (301)
　四　中国奇迹背后的秘密之三：意识形态传统理念与
　　　政府作用 …………………………………………………… (316)

结语　续写奇迹之路：重建社会主义市场经济文明 ………… (327)

后　记 ………………………………………………………………… (333)

绪　论

中国奇迹——举世瞩目的世纪之虹

世纪的钟声终于为中国而鸣！

与世界绝大多数发展中国家的经济停滞、政治动荡不同，中国从1978年年末开始，GDP以年均近10%的增长率持续稳定增长，即使遇到世界性的转轨经济危机、亚洲金融危机、全球金融危机也没有停下增长的脚步而一路绝尘。这一世界经济史上空前的经济现象，被世界喻为中国奇迹。

中国人民以非凡的勇气、智慧和艰苦卓绝的辛勤劳作，谱写了改革开放新时期的伟大历史篇章，中国学人有责任以理论的高度向世界讲述"中国故事"。

一　中国奇迹——跨越世纪的不解之谜

中国奇迹是1994年世界银行首席经济学家林毅夫等人首次从学术角度提出的概念，其不断丰富的内涵可概括为三：一是在20世纪末的世界性经济转轨大潮中，独有中国没有出现经济衰退并在"转轨绩效"上取得了伟大的领先；二是中国实现了世界经济史上史无前例的35年来GDP年均递增近10%，近6亿人脱贫，外汇储备和外贸出口居世界第一，经济总量跃居世界第二；三是在2008年全球金融危机中独领风骚，辉煌依旧。

（一）中国之谜："失去的十年"与持续的增长

20世纪的最后10年，随着苏联解体和东欧剧变，前社会主义国家纷纷由计划经济向市场经济转轨，中国也于1992年确立了社会主义市场经济的目标模式。这一市场化大潮同发达国家的市场化改革大潮合流，起伏跌宕，构成了经济全球化的洋洋大观。转轨则成为20世纪经济史上最重大的历史事件。

中国的经济转轨是一场前无古人、后无来者的伟大探索，因为中国同时面临市场化与现代化、转型与发展的双重历史难题。因此，诺贝尔经济学奖得主米尔顿·弗里德曼（Milton Friedman）曾不无调侃地说，谁能解释中国经济的改革与发展，谁就能获得诺贝尔经济学奖。这说明中国经济的转轨和发展几乎超过任何转型国家，因中国经济增长的成功而淡化中国的改革难度绝非一种科学的理论态度。

在这场世界性的转轨制度变迁中，尽管发达国家的经济学界对苏联解体、东欧剧变这种"战略意外"毫无理论准备，对由计划经济向市场经济的过渡从无理论"光顾"并在实践上束手无策，但还是从20世纪70年代兴起的新经济自由主义及其实践中寻找到了理论宪章和政策良方。这就是"华盛顿共识"的自由市场经济目标模式和大爆炸式的"休克疗法"，并出现了像政治转型那样意外神速的乐观预期。苏联东欧国家在20世纪60年代长期渐进改革无果和80年代中期舆论自由化的不断宣传下，一方面将苏联模式的社会主义制度视为万恶之源，另一方面将美国模式当成政治文明、经济繁荣、社会进步的制度偶像。全社会充满着市场化定会带来高增长、高福利的非理性幻想，于是全盘接受了"华盛顿共识"和"休克疗法"，并期待着神话般的制度绩效。

20世纪80年代中后期，中国经济经过8年的局部的市场化改革后，获得了全面的成功并提供了重要启示：凡是经过经济市场化改革的地方经济就活，就发展。因此，中国改革下一步的走向就是形成"国家调控市场、市场引导企业"的经济基本格局。然而，西方许多经济学家，包括东欧的一些经济学家并不看好，他们认为中国局部的渐进式改革道路已经进退维谷。因产权制度严重滞后、制度创新严重短缺，中国的经济体制成了既不是资本主义也不是社会主义的无法定义的体制，双重体制是矛盾的，必然像"市场社会主义"那样失败。甚至国内也有许多人赞同这一观点，认为一步跨过计划与市场的鸿沟是大势所趋。1989年的政治风波及之后3年的政策反复，使中国共产党人认识到改革是生死攸关的必然选择。邓小平以伟大的政治家胆略和理论家的创新勇气，集全党全民之经验和智慧，提出了社会主义市场经济理论和双轨制过渡的基本国策。于是中国经济获得了最有活力的高速增长。这一事实被许多经济学家认为难以用西方主流经济学的原理说明，因此被英国剑桥大学的彼得·诺兰（Peter Nolan）（1993）教授称为"中国之谜"[①]。

到了1994年，两种转轨方式的经济绩效差异远远超出了人们的预期。中国的经济出现了惊人的增长，俄罗斯和东欧的经济却出现了灾难性下降。联合国的《欧洲经济概要》认为俄罗斯和东欧近年来的生产下降程度已经超过了1929—1933年的经济大萧条。

同年，设在法国巴黎的经济合作与发展组织（OECD）的发展中心，出版了一部以讨论中国的经济改革为主要内容的论文集——《从改革到增长：中国及亚洲和中东欧的其他过渡中的国家》。这部书的导言写道：

> 现在时间的流逝足以使经济学界来聚集并评价不同过渡方

[①] 参见张军《双轨制经济学：中国的经济改革（1978—1992）》，上海人民出版社2006年版，第10页。

式的经验证据。不管什么原因,两种改革方式之间生产反映的差异实在令人吃惊:中国的GDP在过去的十年以平均8%以上的速率增长,而俄罗斯、中东欧国家在过去的四年却经历了15%到50%不等的生产下降。生产反映的这一差异使得比较这些国家的过渡经验以寻求中国的经验可能为其他过渡经济提供的教训(如果有的话)变得相当有价值。①

到了1998年,尽管一些转轨国家的经济实现了U型反转,重返增长之路,但是一些国家还在经济低谷徘徊。"在转轨近10年之后,东欧27个国家和独联体国家共同体(CIS)的国内生产总值(GDP)还不到1989年——这一通常被用作比较的基准年——转轨开始前水平的3/4。"② 于是,苏联东欧国家的经济表现被称为"失去的十年"。

俄罗斯的经济状况则更为惨烈,由于"休克疗法",使经济陷入既无计划又无市场的"强盗资本主义状态",据俄内务部专家悲观估计,"俄黑帮控制着俄50%的非国有企业和60%的国有企业"③。俄罗斯科学院远东所研究员弗·鲍罗季奇指出:"与1990年相比,20世纪最后十年的国内生产总值下降了52%(1941—1945年仅下降22%),工业生产减少64.5%,农业生产减少60.4%。卢布急剧贬值消费价格上涨1.7百万倍。"④ "人口增长一直呈下降趋势:死亡人口高于出生人数的0.5—0.7倍。人均寿命由70岁降至

---

① 参见张军《双轨制经济学:中国的经济改革(1978—1992)》,上海人民出版社2006年版,第288页。
② [波兰]格泽戈尔兹·W·科勒得克:《从休克到治疗——后社会主义转轨的政治经济》,刘小勇、应春子、纪志宏等译,上海远东出版社2000年版,第5页。
③ 《俄国黑帮居然控制了俄罗斯一半经济?》,参见http://bbs.tiexue.net/post2_603072_9_1.html,2012年8月9日。
④ 参见吴恩远《关于"苏联解体教训"一些流行观点的检讨》,《马克思主义研究》2005年第3期。

64 岁，男人寿命降到 58 岁以下。"① 尽管到 2000 年普京上台后，经济回升并步入快速增长，但是据俄罗斯科学院院士、俄罗斯政府国民经济科学院前院长、戈尔巴乔夫原经济顾问 A. Г. 阿甘别吉扬 2004 年 12 月的预测，也要 2008 年前后才能恢复到 1989 年的经济水平。②

实际上，到 1997 年时俄罗斯经济仅达到 1989 年的 55%，同期中国经济却达到 1989 年的 202%，实现了 10 年的高增长。即使是在亚洲金融危机的 1998 年，中国经济增速也达 7.8%，位居世界第一。中国在所有转型国家中赢得了举世公认的伟大领先。可以说，中国的经济转轨是 20 世纪末期世界经济一道绚丽的晚霞，预示着 21 世纪的中国经济将迎来一个更加辉煌的日出。

(二) 在"崩溃论"咒语中奇迹般的腾飞

经济增长与繁荣是人类的梦想，因为历史上大部分时期，世界经济增长异常缓慢。在工业革命前 1500 年，中世纪的经济增长率几乎为零。即便是在全球经济高速增长的 20 世纪，增长对有些国家来说也难上加难。20 世纪 70 年代中期到 20 世纪末，南美地区国家经济增长相当缓慢，有很多国家甚至是零增长。然而，中国改革开放以来连续 40 年持续高速增长，持续时间之长超过了日本、巴西、亚洲"四小龙"的黄金增长期，在增长速度如此之快的前提下，持续时间之长在世界经济史上绝无仅有。按照新古典经济学理论，任何经济增长过程都会出现周期性波动，如此持续的增长在经济学视阈内无法解读，堪称奇迹。

正是因为无法解读，所以，一些经济学家、金融家、政治学家

---

① 吴恩远：《关于"苏联解体教训"一些流行观点的检讨》，《马克思主义研究》2005 年第 3 期。

② 李建民：《阿甘别吉扬谈俄罗斯社会经济发展和改革》，《俄罗斯中亚东欧市场》2005 年第 3 期。

和其他领域的学者大腕,纷纷对中国的发展速度高度质疑,质疑中国的数据、质疑中国的现实,更质疑中国的未来。于是,一些人或出于意识形态的偏见,或出于哗众取宠的动机,预言中国经济的崩溃,诅咒中国的未来,有的还信誓旦旦地给出了中国经济何时崩溃的时间表,言之凿凿地陈述他们的预言根据。一些从事严肃学术研究的学者,也对中国经济的未来忧心忡忡。

1994年,美国学者莱斯特·R.布朗(Lester Brown)发布了《谁来养活中国》的报告,震动了中国和世界。推论的逻辑是中国人口不断增加,耕地却不断减少,粮食会大量进口,于是可能全世界都难以满足中国的粮食需求,谁来养活中国?报告以学者的眼界敏锐地看到了中国的问题,对中国经济的发展,做了间接的悲观预期,并成为"中国威胁论"的一个维度,令全世界舆情惴惴不安。

然而,历史并不符合他的理论预期。2013年11月22日,中国农业部宣布:"全年粮食将实现新中国成立以来首次连续十年增产,不仅为中国,也为世界粮食安全做出重要贡献。随着南方水稻逐渐进入收获尾声,今年秋粮收获基本结束。根据农业部农情调查和各地实打实收情况看,今年秋粮丰收已成定局,加上夏粮已经增产39亿斤,早稻增产15.7亿斤,今年全年粮食将实现新中国成立以来首次连续十年增产。粮食实现十连增,不仅在中国,在世界上也是首次。世界上排名前6位的主要产粮国是中国、美国、印度、巴西、俄罗斯、阿根廷。除中国外,只有美国在1975—1979年,印度在1966—1970年实现过'五连增'。中国粮食产量约占世界粮食产量的五分之一强,中国粮食丰收,对确保世界粮食安全、稳定粮食价格意义重大。"[①] 中国连续5年粮食年产量稳定在10500亿斤以上。中国在工业化、城市化快速发展的情况下,靠自己的力量能够

---

① 《十八大一年来:全年粮食将首次实现"十连增"》,参见中央电视台新闻联播网站(http://xinwenlianbo.cc/zhibo/20131122/5899.html),2013年11月22日。

养活中国人民。

21世纪初,时值亚洲金融危机,不少西方经济学家撰文,认为中国以高投入、低产出为特征的经济增长模式和建立在廉价劳动力和巨大能源消耗基础上的发展模式正在逐渐步入死胡同。同时,中国面临着很多阻碍经济增长的结构性因素:国企改革困难、环境污染、金融体制僵化等。中国保持了近20年的高速增长将难以为继,终将成为亚洲金融危机中的"最后一块多米诺骨牌"。美国《中国经济》季刊主编斯塔德维尔在2002年2月出版的《中国梦》一书中把中国经济比喻为"一座建立在沙滩上的大厦",他预言中国将出现大规模的政治和经济危机。

事实证明,中国不仅是抵制亚洲金融危机的中流砥柱,以负责任的大国作为,遏制了危机的蔓延,还在危机后开始了新一轮低通胀的黄金增长。

然而,有人无视这一事实。最典型的是2001年7月,美籍华裔律师章家敦的《中国即将崩溃》一书在美国问世。书中公开声称中国的经济繁荣是虚假的,"中国四大国有银行的坏账已经高到不能维持的地步","与其说21世纪是中国的世纪,还不如说中国正在崩溃。"他断言,"中国现行的政治和经济制度最多只能维持五年"[①]。

这种危言耸听的论调,在美国乃至全世界都引起了很大震动。美国国会还专门为此举行了听证会。不久,《中国即将崩溃》日文译本出版并成了日本的畅销书。在日本一些右翼政客的大力推荐下,2002年3月,《中国即将崩溃》的中译本在中国台湾出版,李登辉为该书题词作序。

这位祖籍江苏、生于美国的康奈尔大学的法学博士,在中国大

---

① 《美国著名黑华分子——章家敦!》,参见http://tieba.baidu.com/p/2063958337,2012年12月24日。

陆从事律师工作差不多20年，他写过的一些有关中国经济的评论在媒体发表，并曾为美国国会及一些智库做有关中国经济的简报。该书的出版使他一举"成名"，开始应邀到世界各地就"中国即将崩溃"发表演讲。

然而，他的"理论"尽管可以红极一时，却难免昙花一现。因为他是用危言耸听来吸引人们的眼球，以道听途说为真实的科学依据，用先入为主的价值判断作为研究结论，以迎合西方社会的政治心理获取自己的学术声望。在他的书中显现的中国，是日薄西山、民怨沸腾的燃油之湖，国有企业犹如垂死挣扎的工业恐龙随时待毙，中国的银行正在沦落且来日无多，中国的经济如"公路女郎"停滞不前，意识形态荒腔走板阻碍政治和社会进步，中国入世将引发全面崩盘，中国将分崩离析、全面崩溃。

尽管章家敦信誓旦旦的危言耸听足以哗众取宠，但是纸糊的逻辑必然使结论变为荒唐的笑谈。

他在中文版序《我为什么看衰中国——〈中国即将崩溃〉》中说出了观点的主要逻辑：中国的"入世"会让中国门户洞开，中国旧的体制将无法迎接"入世"的巨大冲击。"入世"将使中国企业倒闭、工人失业、社会动荡，彻底动摇震撼中国，导致中国崩溃。

这完全是无视事实的无稽之谈，失去了学者最起码的客观态度。

铁的事实是，中国"双轨制"运行中，支撑中国经济计划运行的国有经济承担了企业效益和社会发展的双重使命，中流砥柱般地支撑着社会大厦，使社会孕育出了社会主义市场经济体制，经过悲壮而伟大的改革进程，获得了凤凰涅槃般的再生。到20世纪初，国企改革已经取得了股份制改革的巨大突破，中国经济开始出现令世人艳羡的"低通胀、高增长"，面对加入WTO这一空前艰巨的历史挑战，中国人民克服了重重困难，向世界交了完美的答卷。

我们不能否认人的价值评价中难免存在意识形态偏见，但基于事实的理性评价总会有些深刻的洞见。2007年1月22日美国《时代》周刊封面标题是《中国：一个新王朝的开端》，谁都能看出这一标题所带有的偏见。然而，文内标题用的则是《中国世纪》，通过《时代》驻北京、曼谷、巴黎甚至非洲多个城市共12名记者的联合采访报道，为读者勾勒出了"中国世纪"来临的画面：中国的经济和外交实力持续上升，海外投资和对全球天然资源的需求左右了世界经济，外交上也积极进取，而美国的力量则相对在下滑，因此21世纪是中国的世纪。正如1月19日《时代》周刊北京分社社长艾西门（Simon Elegant）接受专访时所说："我1980年曾经来过中国，当时去了上海、苏州和南京，一共呆了3个星期。中国同当年相比，好像是另一个星球，另一个'宇宙世界'。……我已经来了7个月了。我喜欢北京，在这里好像看火山爆发、看新的星球诞生，好像是在观看历史的创造过程。"[①]

世界银行有关中国2001年经济的统计报告显然更有说服力，它对中国官方的统计数字给予了肯定。报告指出，在许多国家都陷入衰退的时候，中国拉动内需使经济保持高速增长。2000年按汇率法计算的中国国内生产总值相当于日本的23.1%、德国的57.8%、英国的76.4%、法国的84%，已经超过意大利，跃居世界第六位。当时，根据这一速度并加以较为保守的推算，中国国内生产总值将于2005年超过法国、2006年超过英国、2012年超过德国，21世纪中叶，有可能超过日本，成为世界第二经济大国。出乎其意料的是，中国经济总量到2005年就甩开法国，2006年超过英国，2008年超过德国，居世界第三位；2010年超过日本，成为第二大经济体。据2014年10月国际货币基金组织（IMF）发布的《世界经济

---

① 《没有刻意为中国崛起"欢呼"》，《国际先驱导报》2007年1月19日。

展望》显示，若以购买力平价（PPP）计算，中国国内生产总值已经赶超美国，成为世界最大的经济体。

按照著名学者张维为所说，英国经济历史学家麦得森做了深度的跨国比较研究，认为1992年中国事实上的经济规模已经超过了日本。2009年，中国经济规模超过了12个欧洲大国的总和，包括英国、德国、法国等。

历史与章家敦开的玩笑竟是如此之大！

他2001年预测中国经济和政治多则10年、少则5年就会崩溃。而实际上中国适时开始了史无前例的高增长。中国GDP总量从1978年开始，到1986年的1万亿元用了8年时间，到1991年的2万亿元用了5年时间，此后10年平均每年上升近1万亿元，2001年超过10万亿元大关，2002—2006年平均每年上升2万亿元，2006年超过20万亿元，之后每两年上升10万亿元，2012年已近52万亿元。2000年中国GDP为8.9万亿元，如果按美元计算，首次突破1万亿美元；2005年，突破2万亿美元；2009年超过5万亿美元。2014年中国GDP总量首次突破10万亿美元大关，中国成为继美国之后又一个"10万亿美元俱乐部"成员。从GDP总量达到万亿美元到成功突破10万亿美元大关，中国用时14年。相比之下，美国1970年的国内生产总值为1万亿美元，早于中国30年；而到2001年才达到10万亿美元，从1万亿美元到10万亿美元，美国用时31年。

2014年，日本GDP总量大约4.8万亿美元，不及中国的一半，而在1980年中国的GDP总量还仅仅是日本的17.4%。（据世界银行数据，1980年中国GDP总量是189401百万美元，日本是1086988百万美元。）

章家敦认为中国经济必将在WTO体系的冲击下崩盘。

实际上，中国经济恰恰在入世后腾飞。入世十年，中国综合国力不断增强，从入世之初的世界第九大经济体快速成长为第二大经济体、世界第一大出口国和世界第二大贸易国。GDP从2001年的11万亿元人民币增至2010年的39.8万亿元人民币，年均增速10.7%。出口从3596亿美元增长到15779亿美元，年均增速22.9%。入世不仅极大改变了中国，也改变了世界。入世十年，中国迅速成长为一个经济巨人，对国际社会的贡献和影响越来越大，极大影响了世界经济增长格局，而且中国创造了进出口贸易增长最快的世界纪录，改变了世界的经济地图。世界银行数据显示，2010年中国经济增长率超过10%，对世界经济增长的贡献率达到25%，连续两年成为全球经济增长第一引擎。

2011年12月12日，《经济学人》刊登了题为"中国入世10年经济发生巨大变化"的文章，指出，"中国已享受到了全球经济历史上最好的10年，其美元国内生产总值翻了两番，其出口几乎增长了4倍。美国加州大学经济学家K. C. Fung表示，许多外国人也因中国而蓬勃发展起来，与全球9.7%的回报率相比，美国在中国的直接投资获得了13.5%的回报"[1]。中国入世也造福于世界。

章家敦认为，中国企业尤其是国有企业会在国际竞争中垂死挣扎，中国银行会在入世后衰亡。

事实是，十年间，"中国制造"（Made in China）行销全球，中国真正成了世界工厂。根据世界银行（微博）数据，2010年中国制造业增加值占世界的比重已达到17.6%。在22个大类中，中国在7个大类中名列第一，钢铁、水泥、汽车等220多种工业品产量居世界第一位。正如国际货币基金组织副总裁筱原尚之所说："即使是在困难时期，中国也多次证明能够调整自我、实现繁荣。10

---

[1] 腾讯财经：《经济学人：中国入世10年经济发生巨大变化》，http://finance.qq.com/a/20111212/004472.htm，2011年12月12日。

年前，中国在制造业领域面临激烈的全球竞争。但通过勤奋与创新，中国成功转型为制造业大国。"①

中国企业经过脱胎换骨的改造，没有集体沉沦和破产，相反，在"与狼共舞"中，一批中国企业经受住了严峻的考验，初步具备了国际竞争能力。华为、联想、三一、万达等一大批企业进军世界，成为行业巨头。1995年的《财富》世界500强企业排行榜中，中国只有3家企业上榜，2010年有69家，2011年为79家，总数一举超过日本，位列美国之后居世界第2位。2013年大陆企业进入《财富》世界500强达89家，据2016年财富世界500强企业排名，中国上榜公司数量创纪录地达到110家。前50强中有10家中国企业。中国的银行无一在全球金融危机中破产，却有9家商业银行、7家保险公司进入2016年世界500强，其中工、建、农、中四大国有银行进入前35名的榜单。

章家敦断言中国社会如燃油之湖，入市后的企业倒闭、工人失业导致的社会动荡和崩溃指日可待。实际上，10年来，中国以改革开放促进经济社会发展，以发展促进社会稳定和谐，以社会稳定为改革和发展的前提，以不断改善人民生活为处理改革发展稳定关系的重要结合点，走出了一条经济高速增长、人民生活水平快速提高的民族复兴之路。10年间，中国成功从低收入国家进入到中等收入国家的行列。正如世界贸易组织总干事拉米所说，10年只是中国千年历史的一瞬。但这10年里，中国的经济和社会发生了翻天覆地的变化。中国的经济增长奇迹，并非从2001年12月才开始。但加入世贸组织巩固了中国的改革，促进了转型，成为中国经济腾飞的稳定器和加速仪。

实践证明，中国入世不仅惠及13亿中国人民，也惠及各国人

---

① 《IMF副总裁筱原尚之：中国进一步融入全球经济将为世界带来更多的好处》，参见新华网（http：//news.xinhuanet.com/video/2011－12/11/c_122406208.htm），2011年12月11日。

民，为世界的稳定和和平发展做出了贡献。10年来，中国成为全球经济复苏和发展的重要引擎。中国年均进口7500亿美元的商品，相当于为贸易伙伴创造了1400多万个就业岗位；中国物美价廉的商品为国外消费者带来了巨大实惠，美国消费者过去10年节省开支6000多亿美元，欧盟每个家庭每年可节省开支300欧元。就连当年参与中美世贸谈判的美国前贸易代表巴尔舍夫斯基也坦承，中国入世10年使中美双方受益，中国等新兴经济体正日益成为全球重要的"蛋糕制造者"。对发展中国家而言，中国的贸易驱动型增长对其他发展中国家产生了一种"涓滴效应"，也就是说，中国高效的生产系统使得发展中国家消费者能够以承受得起的价格获得各种消费品，间接提高了他们的购买力，从而产生了减轻贫困的效应。正如世界银行副行长卡努托所说，自1979年开始改革及逐步开放以来，中国的经济表现堪称奇迹。1979—2010年，中国保持了9.9%的年均GDP增长率。仅靠中国的成就，就足以确保世界关于减贫的"千年发展目标"得到实现。

随着中国经济的持续增长，世纪初的预言烟消云散。

（三）全球金融风暴中一枝独秀

始自华尔街由次贷危机引发的2008年全球金融危机，是经济史上百年不遇的严重的经济危机。这场在2007年就开始的源于美国的次贷风暴在2008年集中爆发，肆虐全球，昔日华尔街不可一世的辉煌在风暴袭来之时摇摇欲坠，五大投资银行中贝尔斯登、雷曼兄弟两家破产，美林公司被美国银行收购，高盛和摩根斯坦利家被迫转型为商业银行，自此无限风光的美国的"投资银行"寿终正寝，世界最大保险公司美国国际集团（ALG）和花旗银行命悬一线。金融海啸重创了实体经济，通用、福特、克莱斯勒三大汽车公司申请破产保护。金融风暴迅速席卷全球，世界经济迅速跌入低谷。

2009年，与世界经济哀鸿一片不同，中国经济一枝独秀。据联合国《2009年世界经济形势与展望》认为，中国对全球经济增长的贡献率将达到50%。中国已经成为重振全球经济的关键力量，成为带领全球经济走向复苏的希望所在。

就在全球各国政要联手抵御金融危机的"G20"峰会前后，欧洲出现了"G2"共治的隐忧。英国外交大臣米利班德预测"未来数十年里，中国将与美国并肩成为世界两强，并认为有可能中国将与美国并肩成为'G2'集团"①，形成共治世界新格局。尽管这一说法早就得到中国领导人的明确驳斥，但说明一个事实，中国在金融危机中的表现是个奇迹，中国奇迹正在被世界认同，中国正在奇迹般地崛起。

然而，不知出于何种心态和思维模式，与主流观点不同，一些经济学家和实业家却不以为然。于是，在沉寂了近十年后，"中国经济崩溃论"再度鹊起。

2010年5月，世界知名投资战略大师麦嘉华（Marc Faber）预测："2010年中国股市将暴跌，经济走向崩溃。"② 在过去20年里成功预测数次经济衰退的他在中国香港接受彭博新闻电视采访的时候说，中国股市反弹乏力和大宗商品价格的下滑表明，中国的房地产泡沫即将破灭。他说："从技术上说，中国股市现在看起来并不好。上证综指在去年7月达到峰值，此后一直呈现下滑趋势。去年11月，中国股市出现反弹，但仍然没有达到7月的水平。所以，笔

---

① 东方早报：《西方研究人员：欧盟成员国会越来越认同中美G2》，参见 http://news.sina.com.cn/w/2009-05-21/025715658242s.shtml，2009年5月21日。
② 《美刊评"年度十大错误预测"，"中国经济崩溃论"入选》，参见 http://club.china.com/data/thread/3936/2721/20/15/6_1.html。

者认为市场在告诉我们,一些迹象看起来不妙。"[①] "泡沫化的信号全都出现了,无论如何,中国经济都将放缓,甚至是在未来9—12个月内崩溃。"[②]

华尔街著名对冲基金大师詹姆斯·查诺思(James Chanos)则预测"中国房地产泡沫将在2010年年底破灭",并称由此引发的冲击"将达迪拜债务危机的1000倍"。他认为,"中国飙升的房地产业,是由大量涌入的投机资本支撑起来的",中国的情况比"迪拜糟糕1000倍,甚至更严重"。他甚至怀疑,超过8%的经济增长,"是中国伪造的"。[③]

香港对冲基金"独立战略"总裁大卫·罗奇(David Roche)也指出,作为全球第三大经济体的中国目前"已站在悬崖边","面临着银行大规模放贷带来的不可避免的冲击"。

哈佛大学经济学教授罗格夫(Ken Rogoff)也不无担忧地说,中国"因过度放贷引起的经济泡沫"破灭后,中国的经济增长有可能将跌至最低2%的水平,并引发一场在10年内都会造成影响的地区性经济衰退。

美国西北大学的中国问题专家史宗瀚(Victor Shih)则对中国政府的负债状况也表示担忧。他估计,2004年至2009年年底,中国政府投资实体负债额达到11万亿元人民币(约合1.6万亿美元),占到了中国2009年GDP的1/3,并称2010年中国政府累计负债或许会达到GDP的96%,这增大了危机爆发的风险。[④]

[①] 国际财经时报:《中国经济"崩溃论"再度兴起》,参见 http://news.hexun.com/2010-05-04/123608707.html,2010年5月4日。

[②] 《是谁在唱空中国股市?》,参见 http://www.360doc.com/relevant/537336681_more.shtml,2010年11月2日。

[③] 《美刊评"年度十大错误预测""中国经济崩溃论"入选》,参见 http://club.china.com/data/thread/3936/2721/20/15/6_1.html。

[④] 《西方又唱"中国崩溃论"为做空中国造势》,参见 http://news.hexun.com/2010-05-17/123720062.html,2010年5月17日。

然而，不管何种原因，他们又错了，不管他们的过去预测曾多么准确，历史事实造成了他们预测史上的"滑铁卢"。2010年中国经济增长率高达9.5%，这是当年世界最快经济增速之一，同时也超过了中国政府8%的预期目标。正如美国《外交政策》文章评论所说："过去30年里，很多分析家预测中国奇迹将终结，但他们没有一个人猜对。"①"中国经济崩溃论"却因此被《外交政策》杂志列入"年度十大错误预测"。

正如日内瓦外交与国际关系学院的教授张维为所说，"过去20年中，西方主流学者对中国做了无数悲观的预测，今天这种西方的'中国崩溃论'已经崩溃。现在国内还有一些人只认同西方模式，他们认为只要你跟西方不一样，未来就充满不确定性，甚至是死路一条，我把这种观点称为中国国内的'中国崩溃论'，我想这种观点也将崩溃，而且不需要20年"②。

二　灰色的理论与长青的生命之树

（一）经济学的睿智与偏见

20世纪的西方经济学被认为是社会科学中最接近于自然科学的科学。它用简明的数学公式和模型解释错综复杂的经济现象，以数学化程度最高，解释力最强且能预测经济走势而风靡天下，20世纪中期后成为社会科学中的王者。尤其是以1992年诺贝尔经济学奖得主加里·S.贝克尔（Gary·S. Becrer）对非经济领域的征服为标志，几乎建立起"经济学帝国主义"的王国。然而，中国经济高速增长之谜却终止了其征服的脚步，打破了经济学战无不胜的神

---

① 《美刊评"年度十大错误预测" "中国经济崩溃论"入选》，参见http：//club.china.com/data/thread/3936/2721/20/15/6_ 1. html。

② 瞭望东方周刊：《学者称中国经济超欧洲12国总和中国崩溃论将破产》，http：//bbs. tiexue. net/post2_ 5167866_ 1. html，2011年6月29日。

话。对"中国之谜",许多经济学家甚至是世界顶尖级经济学家,却无人对之做出令人信服的合理解释和准确的预测。不禁使人想起德国诗人歌德《浮士德》中流传极广的名句:"理论是灰色的,而生活之树是常青的。"它也曾被列宁用来说明现实生活的变化、理论解释的无力和教条主义的荒谬。[①] 今天,它更好地说明了西方经济学和任何单一学科对中国奇迹做出理论解释的局限。要言之,西方的理论经济学不能解释一个经济体为何持续30多年高速增长而没有出现大的经济波动,也就是说,中国的改革经验与西方正统经济学的理论逻辑的不一致。

2000—2002年,与"中国经济崩溃论"鹊起同时,国外许多经济学家认为中国的经济增长速度是假的。为什么呢?因为中国从1998年开始出现通货紧缩,物价年年下降。根据理论和国外的经验,在出现通货紧缩时,经济会非常疲软,增长速度为零甚至是负值,只有在政府强力的财政政策支持下增长速度才可以比零高一点。最明显的例子是20世纪30年代美国的经济大萧条和1991年开始的日本的通货紧缩。但是在亚洲金融危机背景下,中国的经济增长为1998年7.8%、1999年7.1%、2000年8.0%、2001年7.5%、2002年8.0%,是这段时间里全世界增长最快的国家。国外的一些经济学家于是认为中国的GDP增长速度不是真的。而且,1997年中国的能源使用下降0.8%,1998年下降4.1%,1999年又下降1.6%。一般认为7%或8%的经济增长是非常高速的增长,高速增长时能源使用应该是增加的,但是中国的能源使用是下降的,这更加深了他们对中国经济增长速度的怀疑。于是匹兹堡大学的Thomas Rawski教授首先写了一篇文章,认为中国经济增长率顶多是3%,很可能接近零。这个观点在国内外学术界被广为引用。然

---

① 参见《列宁选集》第3卷,人民出版社1995年版,第381页。

而几年之后，不管是国内还是国外的经济学家，普遍认为中国可能的经济增长速度是比公布的经济增长速度高而不是低。由此可见，国外主流经济学界对中国经济的许多预测后来被证明是不对的。

Thomas Rawski 提出的中国经济增长率是真是假的争论，有些人会说他是中国观察家，不是顶尖的经济学家，不足为凭。然而，向苏联、东欧推荐"休克疗法"，认为"休克疗法"会在短期内给苏联、东欧的经济带来快速转型，以及效率和福利水平的提高，对中国双轨制改革抱着悲观看法的经济学家中，绝大多数是主流的经济学家，而且很多是经济学大师。这些经济学大师对这么重要的经济问题开出药方、做出预测，结果却与后来的事实不符。其原因不在于这些大师不懂经济学，而在于现有的经济学中的许多理论难以解释中国生机勃勃的经济现实。据此，世界银行首席经济学家林毅夫不仅最早从学术角度提出了中国奇迹的概念，而且也多次提出，西方现有的经济学理论解释不了中国的经济增长。

20世纪旨在解决发展中国家经济增长并为政府提供政策建议的发展经济学也无法解释"中国之谜"。它曾依次提出了推动现代经济增长的各种核心要素及其相关静态的或动态的理论模型：资本、劳动力、技术、教育与技能培训、资源生产率、创新企业家、产业结构调整，80年代后又引入了产权制度，这些都成为解释经济增长的动力。但是在这些理论影响下，除亚洲"四小龙"外，多数发展中国家不仅没有实现预期的增长反而相继陷入"发展困境"。尤其是发展经济学主要也是重点的研究观察区和理论试验区的南美，更是一座证明其理论无力的纪念碑。

1980—1990年，拉美地区GDP年均增长仅为1.2%，其中阿根廷等7国是负增长；地区人均GDP年均增长为-0.9%，因而被称为"失去的十年"。"1990—2002年，拉美地区经济年均增长率仅为2.4%，又进入将近十年的经济低迷期。从1980年到2000年的

20年间，拉美地区的人均收入仅增长了10%。"① 联合国拉美经委会的一些经济学家认为，改革对增长的影响是"令人惊奇的小"，经济增长速度和期望值相比令人失望。

世界银行的一个前首席经济学家William Easterly在2001年发表了一篇题为"迷失的20年"的文章，讨论从20世纪80年代初开始，大部分的发展中国家在国际货币基金组织指导下按"华盛顿共识"进行改革的成效，他发现按照现代经济学所认为的决定一个国家经济发展绩效的主要变量来看，这些发展中国家都有了巨大的改进。例如，政府预算平衡了，市场开放了，金融自由化了。但是，经济增长和宏观经济运行的状况并没有改变。他发现在20世纪60—70年代，这些发展中国家的人均国内生产总值的增长速度是2.5%，但是在20世纪80—90年代则下降为零；而宏观经济的波动在20世纪80—90年代则比20世纪60—70年代还差。

相反，发展经济学对中国的改革开放进程产生了重大影响，经济增长的核心要素在中国40年来都以国家战略和经济政策的形式推动了经济增长。这一现象表明似乎一个强大的政府适时根据理论择机而行地推出正确的经济政策是重要的；但是这一结论又与20世纪70年代中期以来新经济自由主义的政策宪章相悖。

由于经济转轨是20世纪世界最重大的历史事件，几乎涉及全球1/2的人口和地球1/3面积的国家和地区，所以自然吸引了全球许多睿智的经济学家包括顶尖级学者的学术目光。转轨经济学一度成为显学。

20世纪80年代末，转型经济学者们多数赞同根据如日中天的新自由主义经济学的理论概括出的"华盛顿共识"，并赞同据此提出的政策建议——"休克疗法"。然而，经过90年代东欧改革的激

---

① 苏振兴：《拉美国家经济社会危机频发并非发展的一般规律》，《中国经贸导刊》2006年第11期。

烈经济动荡和独联体国家"失去的十年",经过与之同时的中国经济的持续高速增长,多数经济学家改变了立场。几乎全部赞同一种观点,即中国经济转轨的"双轨制过渡"是中国奇迹的原因,独联体国家的"休克疗法"造成了转轨经济绩效的低下。复旦大学张军教授的《双轨制经济学:中国的经济改革(1978—1992)》详尽描述了这一理论观点和现实进程,比利时学者热若尔·罗兰的《转型经济学》则用数学模型证明了"双轨制"的高效。

林毅夫后来谈及这一过程曾指出,中国以"双轨制"为特征的渐进式改革到了20世纪80年代末已经取得了连续十多年快速经济增长的成果,但是当时主流经济学界普遍对"双轨制"的改革抱着非常悲观的看法,认为中国经济随时会出大问题。那时在主流经济学界被广为接受的一种看法是,社会主义计划经济不如资本主义市场经济,"双轨制"经济不如原来的计划经济,而且认为要对社会主义计划经济进行改革就应该推行以"华盛顿共识"为基础的"休克疗法",理由是一个经济体系要有效运行必须有一定的制度保证,包括价格由市场决定、产权私有、政府平衡预算。

经济学家通常对很多问题存在意见分歧,但是Tarry Summers在一篇文章里谈到,主流经济学家对计划经济如何进行改革才会成功却出乎意料地具有共识。但是中国经济在1978—1990年的年均增长率是9%,1990—2005年的年均增长率则提高为9.9%,并没有像当时许多主流经济学家预测那样经济出现崩溃或停滞。苏联、东欧在进行了"休克疗法"以后,也没有像主流经济学家预测的那样,经济出现快速增长,反倒是崩溃、停滞了,而且到现在十多年的时间过去了,许多国家还未恢复到转型前的水平,"转轨绩效"比较好的东欧国家在各方面跟中国比较起来还是远远不如。

然而,当时对于中国奇迹的这方面的解读,主要在经济学视阈内展开。这种视阈的偏狭必然导致理论的偏见,不能回答为什么俄罗斯的叶利钦政府和许多东欧国家的政府与"华盛顿共识"热烈拥抱，而独有中国政府坚决拒斥？

(二) 理论回眸：经济学的跨界对话

《大趋势》一书的作者奈斯比特和赵启正先生在《对话中国模式》一书中指出，"中国是一辆疾驰的列车，列车不仅很长——有30多个省市，而且乘客很多——56个民族13亿人。站在路边，甚至站在万里之外观察列车，看不清运动中的列车的外形，更看不清楚车内的情况，于是描述不准的情况在所难免"①。然而，中国作为世界经济跨世纪的领跑者，在经历了40年的经济腾飞后，各界学者开始共同聚焦于中国奇迹这一改变世界经济版图的经济现象，开始对中国改革开放的伟大实践进行深思熟虑的理论回眸。

2008年，中国改革开放30年之际，中外许多经济学家，包括斯蒂格利茨等一大批顶尖级经济学家，都聚焦于经济30年来奇迹般地增长的原因，都以不同形式表达了他们的理论关注，不同程度地参与了讨论。就连98岁高龄的新制度经济学创始人科斯也主持了关于中国经济增长的学术讨论会。②研究中国经济的增长奇迹，一时成为经济学界热议的焦点话题。

纵观对中国奇迹的解释，经济学界的观点可以大致归为三类。一是以林毅夫为代表，将之归因于中国采取了能够发挥优势的正确的发展战略，包括"北京共识"的倡导者库柏·拉莫，实质上也是

---

① 参见赵启正、[美]约翰·奈斯比特等《对话中国模式》，新世界出版社2010年版。
② 说明：2008年7月14—18日，科斯教授亲自倡议并主持召开"中国经济制度变革三十周年国际学术研讨会"。他自掏腰包，婉拒别人的赞助，坚持用自己的诺贝尔奖金，邀请数十位中国企业家、学者和官员，以及众多国际顶级经济学者（包括诺贝尔奖得主代尔、诺思、福格尔、贝克尔）齐聚芝加哥大学法学院，深入讨论中国经济制度变革的历史经验、未来前景及其对经济学的贡献。会上科斯教授邀请得意门生张五常教授为会议撰写主题论文，就是后来以中英文同时出版的《中国的经济制度》。

这种观点，可称之为"战略解释"。二是以斯蒂格利茨、张五常等为代表的海外经济学家，国内以吴敬琏等为代表的主张改革的绝大多数（市场派）经济学家，张军等为代表的转型经济学家，都将中国奇迹归因于中国以双轨制过渡的形式逐步建立了市场经济体制；同时，包括县域竞争（张五常）等一些作为改革成果的制度设计和制度创制，也是中国奇迹的原因，可称之为"制度解释"。三是以清华大学教授秦晖等为代表，将之归因于中国经济现实与环境。如廉价而勤勉的劳动力、广阔的市场、低社会保障和低福利的社会环境造成的劳动力比较优势、经济全球化的国际环境造成的后发优势，等等。此可称之为实态与环境解释。

1994年，林毅夫、蔡昉、李周所著《中国的奇迹：发展战略与经济改革》（上海三联书店，以下称《奇迹》）面世，率先提出了中国奇迹的概念并从独特的视角进行了解释。正如有的学者所评论的那样：

《奇迹》提出和讨论的是有关经济发展、国家兴衰的重大论题。特别是在目前情况下，中国是世界上经济增长最快的国家之一，世界各国和很多大的跨国公司都看好中国，中国的改革也取得了巨大的成功，创造了向市场经济转型的所谓"中国模式"。一个拥有12亿人口的东方文明大国再次走上兴盛和发展之途，其本身就带有很大的传奇色彩。

《奇迹》一书……基本结构是，作为外生变量的"赶超战略"是由政府主动选择的；作为内生变量的三位一体的经济体制，是适应于优先发展重工业的战略而逐渐形成的；作为参照系的比较优势战略，是实行战略转型的方向和体制转轨的目标。已经出现的增长奇迹，是由于在调整微观经营机制和放松资源的计划配置制度上取得了较大的进展，从而激发了劳动者的生产积极性，为过去受压抑的部门的增长创造了资源条件；而改革的问题和困难以及改革周期的出现，是由于宏观政策环境改革的相对滞后；进一步的选择是，以改革被扭曲的宏观政策环境为中心，完全抛弃"赶超战略"，加快向比较优势战略的转变。①

林毅夫等人提出了关于国家兴衰与经济发展论题并构造了与诺思的《西方世界的兴起》《经济史中的结构与变迁》和奥尔森的《集体行动的逻辑》《国家兴衰探源》不同的理论分析框架，核心观点就是中国奇迹的成因在于中国政府适时地推出了具有比较优势的发展战略和经济政策。其观点确属真知灼见，但我们还是有继续追问的必要。尽管我们的问题或许超出了经济学的边界，但还是必须要问：为什么中国政府在改革开放进程中总是能够持续地推出具有比较优势的发展战略和经济政策呢？

中国的经济学家们对中国的改革开放的实践进程做出了不可磨灭的理论贡献，可以说凡是主张市场化取向改革的经济学家，无不承认市场经济制度是中国奇迹的关键；国外关注中国改革的学者更是无不认为中国经济改革设定了市场经济的目标，也就隐含着对市场经济制度作为关键原因的承认。在这样的前提下，问题就进一步涉及用何种路径走向市场经济？市场经济制度中的何种要素成为更为重要的、或者说是更主要的原因。

著名经济学家斯蒂格利茨在《社会主义向何处去——经济体制转型的理论与证据》一书中，对"华盛顿共识"强调产权私有化的主张提出批评。

---

① 《中国腾飞之路和国家兴衰理论——兼评林毅夫等著〈中国的奇迹：发展战略与经济改革〉》，http://www.exam8.com/lunwen/guanlixue/qita/200508/1338941.html，2005年8月11日。

根据科斯的理论如果产权关系明确,则个人会主动地去创造有效的经济安排。

社会主义经济制度被认为是损害了私人产权,而社会主义的失败往往归因于这一点。在科斯的理论中对此有一个清楚的描述:像其它社会主义的形式一样,市场社会主义注定失败,这仅仅是因为它对产权没有很好的界定。产权归大家所有,实际上就等于没有人拥有产权。从这个观点看,向市场经济过渡的首要任务就是要使国有资产私有化。

种种迹象表明,缺乏私有产权关系不是问题的症结所在,人们甚至可以清楚地看到实行私有化和政府直接控制企业可以同样有效地完成其目标。

市场经济成功的核心是:竞争、市场和分权。在政府起重要作用的经济社会中仍然可能具备这三个要素。的确,如果竞争需要保护的话,政府必须发挥重要作用。东亚奇迹以及该地区过去10—20年时间里惊人的发展速度,令世人对其原因感到迷惑不解。像韩国这样的国家,确实在利用市场,而且走出了一条出口导向型的发展道路。由于市场在此发挥了重要作用,因此一些观察家得出了只有市场才是他们成功秘诀的结论。的确,政府在经济中几乎处处都在发挥着举足轻重的作用。[①]

由此可见,他的观点是强调市场竞争和政府作用在转轨国家经济增长中的作用。与之相近的观点还有他所批评的经济学家科斯的学生张五常。

2008年9月,北京天则经济研究所与广东省人文学会在北京召

[①] [美]约瑟夫·斯蒂格利茨:《社会主义向何处去:经济体制转型的理论与证据》,周立群、韩亮、余文波译,吉林人民出版社1998年版,第12—15页。

开"市场化三十年"论坛,长期关注、甚至参与各个领域改革的专家学者参加会议,包括吴敬琏、江平、张五常、秦晖、周其仁、张维迎、张曙光、石小敏、樊纲、盛洪等知名学者。与会者一致承认,30年来,中国各个领域的规则、制度发生了重大变化,举其大者如,私人产权获得一定程度的保护,公有经济迅速缩小,私人企业逐渐发育以至于占据经济的半壁江山。这些制度变化释放出企业家的创造性,由此导致经济持续快速发展,私人财富与政府财政收入以较高速度增长。与会者提出了各种理论,来解释这一增长奇迹。对奇迹成因的学术争论激烈且有深度。

专程参加这次会议的华人经济学家张五常提交了一篇长文《中国的制度》,他以这种增长为依据,断言这30年来的中国经过摸索,已经形成了中国历史上、甚至人类历史上最好的制度。尽管这一观点无人赞同且异议颇多,但他所持的中国奇迹成因却独有见地——县域竞争制度是中国奇迹的奥秘所在。

> 中国是县与县之间的竞争,产生了和欧洲奇迹一样的效果。为什么1990年代通缩这么厉害,而发展却这么快,就是这个原因,因为大家竞争。……中国是一个国家,当然中间还有很多问题,不要看这些问题,我们看这个结构。整个中国就是一个合约组织,上下之间是层层承包,然后完全通过佃农分成制度,上下相连,左右不连,因为县有经济权力,所以他们竞争得最激烈。[①]

吴敬琏的评价非常中肯:这个文章有很重要的意见,用它来说明和解释中国改革取得成功,是很有说服力的。一个有效

---

① 张五常:《平生没有见过这么好的制度》,http://cpc.people.com.cn/GB/64093/67507/8042730.html,2008年9月16日。

的合约，而且采用了很巧妙的方式来制定合约的规则，这非常重要。如果把它做得更准确，可能说服力更大，而且不但能够解释现在的成功，也能够解释现在的问题出在哪里。实际上县域竞争的产生仅靠经济学模型是难以描述的，因为涉及中国政府的行政分权问题。几上几下的收与放，实际都是过渡性的政治制度安排，在中国改革面临下一轮突破时，不可能是固化的，也不可能是世界上的最好的制度。因此，张五常的观点遭到许多人批评。

清华大学教授秦晖的观点与张五常针锋相对，认为，"文化大革命"造成的帕累托最劣的初始条件，低人权、低社会保障的制度环境造成了中国的经济奇迹。他在《"中国奇迹"的形成与未来》一文中指出：

> "文化大革命"是一个历史上罕见的"负帕累托过程"。因此，邓小平走出"文革"的"改革"，当时的社会基础空前广大，而且几乎所有人在改革初期也确实得到了或多或少的益处。
>
> 东欧的前计划经济运行得相对成功，这使转轨成为"一次痛苦的长征"。而中国"文革"式的倒行逆施，则使得转轨"成为一场愉快的郊游"。
>
> 十五年来，中国借助铁腕体制降低"制度变迁的交易成本"，避免了一些民主转轨国家疲于应付的各阶层频繁博弈的"拖累"，实现了空前快速的原始积累。
>
> （在中国）无论是今天文明世界左派强调的经济社会权利，还是右派强调的个人自由权利，都还远没有成为一种普遍规则。于是，一种既缺少个人自由也缺少福利保障的体制，在"只做买卖不问其他"的条件下不仅仍然可以在这种全球化背

景下存在,甚至可以表现出一种"劣币驱逐良币"的"优势"。①

秦晖教授关于苏联、东欧转轨进程的独特分析,对中国改革进程中出现的经济与社会问题的描述独到而深刻。但是,按这个理论逻辑不能解释:为何在低保障、低社会福利且社会稳定的朝鲜没有出现正常的经济增长,稳定的印度至20世纪90年代中期也无高速的经济增长,21世纪却步入快速增长的轨道?

(三) 全球化解释向度的局限

1998年著名英国哲学家齐格蒙特·鲍曼(Zygmunt Bauman)在其所著的《全球化人类的后果》一书中以独特的批判视角对全球化做出了悲观的评述。这个风靡一时的字眼似乎是"打开通向现在与未来一切奥秘的万能钥匙。对某些人而言,'全球化'是幸福的源泉;对另一些人来说,'全球化'是悲惨的祸根"②。因为,全球化必然导致两极分化。"大约8亿人永远处在半饥饿状态,而大约40亿人——占世界总人口的三分之二——生活在贫困中。"③ 然而,联合国2015年《千年发展目标报告》显示,中国农村贫困人口的比例,从1990年的60%以上,至2002年下降到30%以下,率先实现比例减半,2014年下降到4.2%。中国对全球减贫的贡献率超过70%。④ 不仅中国是第一个完成减贫目标的发展中国家,而且由于中国的卓越贡献,提前完成了千年发展目标。1990年,世界47%

---

① 秦晖:《"中国奇迹"的形成与未来》,http://view.news.qq.com/a/20080221/000030.htm,2008年2月21日。
② [英]齐格蒙特·鲍曼:《全球化人类的后果》,商务印书馆2015年版,第1页。
③ 同上书,第74页。
④ 联合国千年发展目标是联合国全体191个成员国一致通过的一项行动计划,旨在将全球贫困水平(以1990年的水平为标准)在2015年之前降低一半。

的人口生活在极端贫困中，目前只有约14%。中国的减贫成为中国奇迹的最佳诠释。

与哲学、社会学学科的批判视角不同，经济学界对全球化持肯定态度。著名学者、美国耶鲁大学金融经济学教授陈志武认为，中国奇迹的原因在于后发优势和经济全球化。

> 过去30年的经济成功，是中国通过"改革"（市场化、民营化）和"开放"充分利用了后发的"势"所致。
>
> 我要强调，仅仅"改革"和"开放"是难以造成这些成就的，因为晚清、民国时期是私有市场经济（所以，那时不需要做市场化、私有化"改革"），而且也是"开放"（尽管晚清是被迫"开放"），可是那时的"改革开放"没有产生这种经济成功。另外，单凭中国人的勤劳也不足以产生这种经济成就，因为不只是今天的中国人才勤劳，晚清、民国时期的中国人也照样勤劳。如果说今天的成功是因为"人多力量大"使中国成为世界工厂，这也站不住脚，原因是1830年时中国人口占世界的五分之二，而今天只占五分之一。
>
> 客观讲，中国经济成就至少包括两个主因：已成熟的工业技术和有利于自由贸易的世界秩序。这种发展条件或者说机遇来自于世界，具体讲来自西方，而非源自中国。"改革开放"的贡献在于让中国加入了起源于中国之外的世界潮流，让中国搭上了全球化的便车。后发之所以有"优势"，也在于这种"便车"已经存在。[①]

陈志武的观点在经济学视域中是有道理的，可以有经验确证。

[①] 新浪财经：《陈志武：再谈后发优势与后发劣势》，http://finance.sina.com.cn/economist/jingjixueren/20080416/17574758424.shtml，2008年4月16日。

没有世界的工业化，就没有中国后发的工业增长；没有经济全球化（以 WTO 为代表的世界自由贸易秩序），就没有中国的奇迹。至今我们依然对中国对外开放的全球化本质认识不够，对经济体制改革的市场化核心认识不足。正如邓小平早就指出的那样，没有改革开放，就没有中国的现代化。也可以这样诠释，没有中国改革开放与世界经济全球化的合流，就没有中国奇迹！下列数据可以证明。

入世 10 年来，中国经济的迅猛发展，令世界刮目相看。中国已从入世初期的世界第九大经济体成长为第二大经济体，成为世界第一大出口国和第二大贸易国。

世界银行数据显示，2010 年中国经济增长率超过 10%，对世界经济增长的贡献率达到 25%，连续两年成为全球经济增长第一引擎。

受国际金融危机影响，2009 年世界总需求下降了 0.6%，而中国实现内需增长 13%，为全球经济增长贡献了 1.6 个百分点。

时任 WTO 总干事拉米说，中国入世 10 周年，"成绩是 A＋"。

然而，陈志武的解释有着显而易见的缺陷。世界的工业化技术体系的形成和经济全球化仅仅是中国经济增长的环境条件，显然是必要条件而非充分条件。中国 20 世纪 70 年代和 80 年代的环境条件几乎没有差异，但是经济增长迥然不同。同样经历了全球化大潮的世界近 180 个发展中国家和地区，除了亚洲"四小龙"外，并没有中国式的增长。就是最快置身于全球化大潮并有过快速增长的东南亚的许多国家，包括"亚洲四虎"，后来也一度陷入"中等收入陷阱"，没有续写前期的经济辉煌。甚至资源禀赋远好于中国的南美大多数国家不仅没创造经济奇迹，个别国家甚至在 70 年代的水平上徘徊。又是为什么呢？

由此可见，西方经济学理论不能解释中国奇迹的产生，中国的经济增长经验却推翻了西方经济学理论教科书的诸多原则。面对中国奇迹的产生这一顶级课题，仅仅局限于单一经济学或其他学科视野，是无法给出令人满意的答案的。

由于问题的复杂性，斯蒂格利茨在谈及转型国家未来的理论和政策指导原则时说，如果说现在"华盛顿共识"还有什么共识的话，那就是"没有共识的共识"。这一睿智的解释，实质上说明了当以加里·贝克尔为代表的一些西方经济学家信心满满地向非经济领域进军时，"中国经验"标志着"经济学帝国主义"的终结。

2008年金融危机是第二次世界大战后全球最严重的经济危机。中国经济不仅在危机困境中率先突围，实现"V"型反转，而且在全球衰退的2009年，GDP依然实现8.7%的高速增长，以对世界经济增长超50%的贡献率，成为拉动世界经济走向复苏的第一引擎。为什么中国经济在危机中辉煌依旧呢？国内许多学者将危机归咎于新经济自由主义，将中国的表现归结为与新经济自由主义"最小政府"理念的对立，归结为中国政府采取的最强有力的宏观调控政策和一系列保增长、扩内需、促就业、调结构、重民生的调控措施，归结为国家力量。

然而，经济史证明，"强政府"并非与经济增长有必然联系，更不意味着它可以连续推出正确的经济政策和措施。如果按陈志武所说，中国的增长奇迹在于经济全球化。那么，危机与增长就是同一原因。同时，还应清醒地看到，没有作为新经济自由主义制度形式的市场经济及其全球化，就谈不上中国奇迹，因此不能简单否定新经济自由主义。金融危机后的中国经济表现，似乎不能说明"政府万能"，相反更应重视市场力量。看来，我们需要超越单一经济学或政治学视野，从哲学的意识形态高度来解读中国奇迹之谜。

三 中国奇迹成因的意识形态视角

（一）意识形态无所不在的世纪

20世纪是意识形态尤其是政治意识形态的世纪，从社会主义制度的诞生，到冷战时期的意识形态对抗，再到后冷战时代的"9·11"事件、地区冲突和国际政治乱象，无不贯穿着意识形态的精神主题。从丹尼尔·贝尔的"意识形态终结"，到福山的"历史的终结"，都没有抹去世纪年轮的意识形态的深刻印记。

或许，超出经济学视阈，从更宏观的综合学科视野解读中国奇迹的生成，是唯一比较可行的学术路径。而意识形态作为一个哲学或文化范畴，以其特有的深邃的概念内涵和宽阔的外延，或许可以成为解读中国奇迹的理论基石。

20世纪90年代初期就有西方经济学家认识到，计划经济国家向市场经济的过渡，现有的西方正统经济学并没有提供答案，中国改革的经验在东欧转轨国家也无法复制。原因是西方经济学的理论不能解读中国经验，中国独特的国情与其他转轨国家很难类比。看来解读中国奇迹并说明中国经验的世界意义，必须从更抽象的角度去思考。

时任中共中央总书记的胡锦涛在党的十七大上所作的报告明确指出，十一届三中全会开启了改革开放历史新时期，"新时期最鲜明的特点是改革开放"，"新时期最显著的成就是快速发展"。这说明中国30年的经济增长奇迹与改革开放具有逻辑上的直接相关性。改革开放是中国共产党将全国人民的愿望变成国家意志的国家战略，是由国家和政府主导的、以建立社会主义市场经济体制为核心的巨型社会制度变迁过程。这就说明离开作为国家意志的意识形态，不可能解读中国奇迹。引入意识形态不仅使中国与俄罗斯"转轨绩效"问题有了共同的解释变量，而且，也为促进中国经济增长的经济发展战略与政策、社会主义市场经济的制度创新、和平发展的国际环境等要素找到了精神动因。

(二) 意识形态解释的魅力

意识形态作为哲学范畴之所以有解释经济增长的可能，在于它本身就是一个横跨哲学、人文学科与社会科学的复杂概念。

在文化学、社会学、新制度经济学视阈中意识形态主要具有宗教信仰、价值规范、风俗习惯等内涵。在哲学尤其是马克思主义哲学、政治学视阈中虽然也包括上述内容，但主要内涵是关于政治制度的理论主张、政治哲学观念，以及与政治制度和统治阶级意志相关的国家意志，表现为治国理念、施政原则、指导思想及凝结全民精神的价值取向。一般说来，只要一个国家的制度变迁是自上而下的，就必然与作为国家意志的政治意识形态直接相关。

西方经济学家无不对意识形态与中国经济增长的关系避之不及，西方政要更因其意识形态立场而对此讳莫如深或故意失语。国内经济学家也习惯于从经济本身叙事，不愿将难以量化的意识形态纳入经济分析。结果都忽略了意识形态这个重要的解释维度。

诺贝尔奖得主诺思是个例外，他把产权、国家和意识形态作为解释经济结构变迁的三大基石，认为"有效率的产权制度是经济增长的决定因素，是技术革命和西方兴起的真正原因"[1]；国家在界定、保护和行使产权上具有规模效益，因而"国家的存在是经济增

---

[1] [美]道格拉斯·C.诺思：《经济史中的结构与变迁》，陈郁、罗华平译，上海三联书店、上海人民出版社 2002 年版，第 180 页。

长的关键"[①];成功的意识形态能使个人和团体的行为方式理性化,减少"搭便车"行为,因而决定经济绩效。[②]

他的理论对中国奇迹有相当的解释力。国家利用制度安排上的比较优势所引导的产权变革是中国经济体制改革的中心线索和实质内容,也是经济增长的关键。然而,俄罗斯政府进行了更为彻底的产权制度变迁,为何"转轨绩效"不同呢?显然,意识形态在国家主导的制度变迁的方式、路径、规模、顺序等问题上的作用举足轻重。然而,诺思的理论视界是经济史而不是转轨,其意识形态内涵仅指宗教信仰、价值规范和习惯,对国家行为与意识形态的关系论之甚少。而当代中国的意识形态首先是指国家意志,因此诺思的意识形态概念对中国转轨及其绩效难以解释。例如,按照诺思意识形态的的涵义,无法解释为什么中国在20世纪50年代进行了革命性的制度变迁,在1978年后却进行了渐进性的制度变革。

因此,我们还需从新制度经济学到新政治经济学,从更宽的角度界定意识形态,也就是主要从政治意识形态与政府作用等其他要素的关联上分析解读中国奇迹。

然而,当我们跨出诺思的意识形态概念的狭小界域,立即进入无边无际的意识形态丛林。意识形态这一出自法国启蒙时期的时代话语经过了极为坎坷的观念历程。一开始它就在理性至上的精神氛围中雄心勃勃地展示那个时代的精神符号,并随着拿破仑执政时期残酷的现实斗争而被赋予不切实际的虚假意义。后来,它几乎与世界各国的由传统社会到现代社会的转型紧密相关,又与20世纪所有世界性重大事件密切相连。第二次世界大战以反法西斯战争命

[①] [美]道格拉斯·C. 诺思:《经济史中的结构与变迁》,陈郁、罗华平译,上海三联书店、上海人民出版社2002年版,第20页。
[②] [美]道格拉斯·C. 诺思:《制度、意识形态和经济绩效》,载[美]詹姆斯·A. 道等《发展经济学的革命》,黄祖辉、蒋文华主译,上海三联书店、上海人民出版社2000年版,第109页。

名，战后的冷战被称为资本主义与社会主义、自由主义与共产主义的意识形态战争，后冷战时期国际斗争的焦点，又被视为以"文明的冲突"为名的意识形态之争。帝国主义战争、经济危机的恶果、法西斯暴政、社会主义国家建设中的灾难性失误，都与意识形态息息相关并足以使之身背恶名。冷战时期的制度划线成为西方政客们的思维定势，足以使之对意识形态持有特有的消极性心态。马克思恩格斯对意识形态的否定性理解立场在西方世界几近思想共识，尤其是许多西方马克思主义哲学家们将"虚假意识"作为意识形态的第一要义，坚持意识形态作为异己力量使人"物化""异化""客体化"的否定性理解。西方这种特有的意识形态语境会接受意识形态解释吗？

中国人在极"左"的思想统治时期经历的意识形态领域中残酷的阶级斗争及其导致的"文化大革命"浩劫性历史记忆，足以使之对意识形态产生厌倦，使学术界对意识形态讳莫如深。因此，对中国奇迹成因的意识形态解释确实要冒着巨大的理论风险。

然而，即使我们有学者的勇气和自信，也必须先克服两大理论障碍。

第一，本书涉及的意识形态显然是马克思主义主导的意识形态，而马克思确实将"虚假意识"作为意识形态概念的基本内涵之一。那么，作为中国特色社会主义理论，如何超越意识形态的"虚假性"规定，使真理的思想照耀中华大地，使之产生举世惊叹的中国奇迹？要回答这一问题，必须找到马克思关于意识形态概念的真实性规定，并直面马克思意识形态概念内涵的虚假性与真实性之两极张力，找到走出虚假、通达真实的理论路径，走出意识形态反身性理解的意识形态窘境。

第二，社会存在决定社会意识是马克思意识形态理论乃至唯物史观的基本命题。如果承认意识形态与中国奇迹的内生性因果关系，必须回答，意识形态作为精神因素如何会决定经济过程？仅从意识形态反作用的角度并不能得到令人满意的说明。因此，我们必须重新诠释马克思的意识形态概念。

第一章

马克思意识形态概念的起源与要义

一 意识形态的观念表象及其概念起源

(一) 意识形态的一般表象

意识形态现象作为人类精神文明形式，几乎同人类步入文明一样久远，作为明晰的概念表述和理论形态进入人类思想领域却只有两个世纪的历史。然而，在为时并不很长的意识形态理论史中，却展示了十分丰富的思想内容和歧义丛生的理论表述。这不仅反映了二百多年来意识形态现象与意识形态理论自身的复杂变化，而且也深刻展现了人类跌宕起伏的现代化进程，反映出在剧烈社会变迁中人类自我意识的历史变迁。200年意识形态观念的思想历程，与西方精神世界的世俗化和理性化相伴而行，被其背后波澜壮阔工业资本主义的兴起引致的社会转型的历史赋予了太多太多的内容。这就注定了意识形态具有极为复杂的丰富内涵，以至于今天人们谈到意识形态的概念的时候，领悟其内涵必须考虑其特殊的语境。要清晰界定意识形态概念，就要了解意识形态概念的起源和历史。

英国剑桥学者约翰·B. 汤普森（John B. Thompson）指出："意识形态的概念是有关现代工业社会兴起所带来的文化转型的宏大理论叙事的一部分。根据这个宏大叙事，现代工业社会的发展在文化领域伴随着信仰与实践的不断世俗化和社会生活的不断理性化。当宗教和魔法对于被资本主义工业化的不安宁的活动所困扰的人们失去他们的控制时,就有了一种新的信仰体系出现的基础;可以不借助来世价值观或存在而动员人们的世俗信仰体系的出现。正是这些世俗信仰体系被一些当代理论家描述为'意识形态'。他们认为,工业资本主义的发展兴起了一个'意识形态时代',它由法国大革命所创始,而以20世纪初期激进革命为其顶峰。因此文化转型的宏大叙事赋予意识形态概念一个特殊的作用(按上面所解释的意思理解为一个中性的概念)。意识形态概念,据这种理论叙事认为,被用来描述那些填补因宗教与魔法衰微而出现的文化真空的信仰体系,它在一个发生迅速和空前的社会变革的世界里为人提供新的觉悟形式和新的意义架构。"①

据此可知,意识形态是在法国大革命时代提出的,却是传统到现代的社会转型的文化标志之一。它提供了一个有别于传统基督教世界观的世俗信仰体系,却直接地介入了社会实践,与空前的社会变革携手同行。

(二) 征服精神深处——意识形态的"观念学"起源

"意识形态"这一概念是由法国大革命时期法国哲学家德斯蒂·德·特拉西(A. D. Trasy)在1796创立的,用以描述他的一门新学科的计划。这门学科旨在对观念和感知进行系统分析,对观念的产生、结合与后果进行分析,为一切科学知识提供坚实的基础,并得出更为实际的推理。这一新兴的学科,名称就是 Ideology,也就是"观念学"。在知识谱系上它是"第一科学",因为,一切科学知识都包含着观念的结合。它是文法、逻辑、教育、道德、艺术的基础,也是"人类从他的同类中获得最大的帮助和最小的烦恼这

---

① [英] 约翰·B. 汤普森:《意识形态与现代文化》,高銛等译,译林出版社2005年版,第12页。

种方式来调节社会的基础"①。

这是一项只有在启蒙运动中才会提出的，如此宏伟又不可能完成的雄心勃勃的伟大事业，代表了特拉西从培根、孔狄亚克那里继承的对启蒙运动的坚定信念。他坚信"通过对观念和感知的谨慎分析，意识形态会使人性可以被认识，从而会使社会与政治秩序可以根据人类的道德需要和愿望重新加以安排"。②

他继承了启蒙运动理性至上的信念和用牛顿自然科学范式征服人类历史的思想主流，创造一种包罗万象的观念科学，以期实现对人文社会历史领域的征服，建立真正的理性王国。

这是肩负着不能承受之重的理论与实践双重使命（任何一项都足以压垮任何一个思想家）的乌托邦构想。它点燃了人类矢志为之世代奋斗、知其不可而为之的雄心，也注定了自身的悲剧性历史命运。

1803—1815年，他出版了四卷本的《观念学要素》，书中坚持严格的自然主义，将人作为自然物质世界的一部分，坚持以自然科学的研究方式，以观念科学的名义继续推进原来的观念学工程。

然而，其固有的实践指向，很快淹没了原有的宏大目标，意识形态又获得了新的涵义。特拉西所在的国家研究院的同事们几乎都坚持共和主义政治立场，坚信人性可以通过教育而至善的观点。他们把大革命时期的红色恐怖归咎于雅各宾派的狂热，而不怀疑革命本身，认为它是进步与启蒙的柱石。这使他们的学说的命运与大革命的命运休戚相关。拿破仑在执政时一方面采用了他们的一些政治主张，并奖以一些丰厚的政治职位；另一方面，又由于他们的共和主义与自己独裁野心相左而不加以信任，嘲笑他们的观念学是脱离

---

① ［英］约翰·B. 汤普森：《意识形态与现代文化》，高銛等译，译林出版社2005年版，第32页。

② 同上。

政治现实的抽象性的推测性学说。后来，拿破仑将他们这些观念学者作为政权失败的替罪羊。在执政后的 10 年愈演愈烈地攻击观念学，几乎把所有宗教和哲学思想都斥之为"意识形态"。于是，意识形态不再只是指"观念科学"，而且也开始指"观念"本身。拿破仑赋予了意识形态以"脱离实际或不切实际的错误观念"的否定性涵义。

（三）意识形态的多重面孔

意识形态由最值得尊敬的、作为实证与卓越科学的观念学逐渐让位于不切实际的、受嘲笑和鄙视的、作为抽象和幻想观念的意识形态。由此可见，意识形态概念从诞生后 10 年起，就由一个单一的科学的肯定性概念，变成一个具有肯定和否定双重涵义的辩证性范畴。

从意识形态的起源看，我们必须清楚它所具有的一般初始特征。

首先，它是在传统与现代的社会转型的历史情势中产生的。代表着以科学为核心的一种新的世俗化价值体系和信仰体系。

其次，就其方法论而言具有理论研究的实证主义性质，就其目标而言具有求真和致用双重取向，具有浓重的实践性特征，又具有不切实际的想象性质。

再次，就其内涵来说具有被复杂情势所赋予的科学的真实的观念和空想的虚假的观念双重意蕴。

最后，就对其评价而言，意识形态概念具有肯定性和否定性双重评价。

由此可见，意识形态概念从产生起，就有了多样的、复杂的甚至是对立内涵，具备了后来对其多向度解读和发展的初始元素。同时，观念学的形而上学性和观念本身的丰富性为后来意识形态理论的发展提供了广阔无垠的解释空间。

做出这种归纳是必要的,因为,可以避免一些因意识形态内涵的模糊导致的认识上的模糊或偏见。例如,曼海姆(K. Mannheim)在考察意识形态概念的生成史时指出:"首先,意识形态这个词并没有固定的本体论意义,它并没有确定不同现实领域的价值观,因为它最初只表现为思想理论。"①

事实上,特拉西的意识形态概念并非如曼海姆所说的那样,是一种不包含价值观的观念科学。虽然特拉西试图把意识形态建成一门作为其他科学基础的观念科学,但是,这种观念科学看似具有排斥价值信念而追求客观性的科学本质,实质却隐含着启蒙主义的价值信念。特拉西通过对意识形态的讨论,强调人们的思想观念以身体的感觉为基础,思想观念来自于感性的经验过程,而不是天赋的。基于这种经验论原则,特拉西反对宗教神学和形而上学的抽象说教,主张用启蒙主义者伸张的理性原则检验思想观念的真伪,并宣扬启蒙主义的价值信念:平等、自由、正义、幸福。可见,特拉西的意识形态理论隐含着对科学理性的信仰和社会进步的信念。

然而,特拉西的观念工程学的失败是必然的。他是以传统哲学即形而上学的理论形式作为所有科学知识的基础——"第一科学",实证地研究观念这一对象,在渗透着主体价值取向的观念中试图客观地研究具有自然性质的观念,这是不可能的。赋予观念工程学科及其研究对象以形而上学的普遍性,仅仅是人类对社会领域实证化研究的最初尝试,必然要让位于专业化的学科发展。

历史销蚀了观念工程学的意识形态将人的观念科学化的形而上学追求,然而,意识形态的概念并没有随着观念工程学的消失而消失,而是发挥了超出人们预想的重大历史影响。虽然,它没有实现

---

① [德]卡尔·曼海姆:《意识形态与乌托邦》,黎明、李书崇译,商务印书馆2000年版,第72页。

按科学范式重建人的精神世界和现实社会的勃勃雄心,却对人的精神世界和社会现实产生了无孔不入的影响。

给意识形态这个概念注入新的生命力的是思想巨人——马克思。

二 马克思对意识形态理论的现代奠基

正如英国学者汤普森所说:"马克思的著作在意识形态概念史中占有中心地位。由于马克思,这个概念获得了新的地位,成了一种批判手段和新的理论体系中的一个部分。"[①] 可以说,在大革命时期的法国诞生的意识形态概念,在德国的现代化转型中由马克思重新奠基。

然而,马克思并没有,也并不致力于提出一个毫无争议的、一劳永逸的意识形态概念。"尽管马克思在这方面的著作是重要的,马克思使用意识形态概念的确切方式以及他对围绕其用法的许多问题和设想的处理方式确实不清晰。确实,正是马克思著作中意识形态概念的含糊性部分,造成了有关他的著作遗产的不断论争。……因为马克思的著作提供给我们的并不是有关社会—历史领域及其构成、动力与发展的单一而连贯的看法,而是多种观点,它们在某些方面一致,在别的方面又矛盾,它们在某些点上聚合,在其它点上又分歧,这些观点有时被马克思明白地表述,但有时又在他的论点与分析中含而不露。"[②]

英国学者汤普森所做的研究极具启发意义,但并不表示本书完全同意他的观点。他认为,马克思从三个角度论述意识形态,一是

[①] [英]约翰·B.汤普森:《意识形态与现代文化》,高銛等译,译林出版社2005年版,第36页。

[②] 同上。

"意识形态与青年黑格尔派：论战概念"。这个概念赋予了意识形态以消极性的含义和对意识形态评价的否定性、批判性立场。二是"意识形态与阶级觉悟：副现象概念"，赋予意识形态以统治阶级利益和意志的观念表现的统治阶级性品格。三是"意识形态与过去的精神：潜在概念"，赋予意识形态以传统观念并维护传统社会秩序的含义。可以说，汤普森的观点说明了一个事实，就是在曼海姆之前，西方学者基本上将意识形态划归为资产阶级的文化专利，意识形态批判则是马克思主义者的独享权力。意识形态批判构成了西方马克思主义意识形态理论的主流，"虚假意识"是意识形态的首要的定义。只是从曼海姆的知识社会学才开始了意识形态概念的中性化研究，即实证化描述。

本书不同意这种理解，因为这种理解是以实证化形式思维为主的解释模式。要理解马克思的意识形态概念，必须运用马克思本人所创导的总体性辩证思维。马克思的意识形态概念包含着虚假与真实、事实与价值、普遍与特殊、传统与现代、自主性与非自主性等诸多内涵的对立和统一，也是历史主义与结构主义的统一，阶级性与人类性的统一。只有从这种总体性辩证法的解释模式，才能真正理解马克思和发展马克思，实现马克思主义意识形态与时俱进的理论诉求，赋予经典马克思主义以鲜活的时代精神生命。固然，马克思的意识形态概念中这种差异性对立统一的各个方面是有隐有显的，并随着特定的情境关系或隐或现、时隐时现，但是，并不能否定它们的存在。随着时代的演进和社会现实实践的需要，遮蔽的方面将开显出来，是马克思主义研究者义不容辞的理论使命。当然，要理解总体性辩证法视阈中的意识形态概念，我们需要尽可能全面地将马克思关于意识形态概念的相关论述进行系统的梳理。

（一）意识形态是虚假性和真实性的统一

马克思对法国的观念学家的意识形态理论以及拿破仑的攻击是

比较熟悉的。他在1844年流亡巴黎期间曾阅读和摘录了德斯蒂·德·特拉西的一些著作。只是在这一时期后，马克思、恩格斯写了标志马克思哲学诞生的奠基性著作《德意志意识形态》。文章批判费尔巴哈、鲍威尔等青年黑格尔派的观点，将其称之为"德意志意识形态"。这里马克思在对待意识形态的态度上，沿袭了拿破仑对意识形态家（观念学家）的否定性立场，嘲笑青年黑格尔派热衷于用自我意识的精神革命代替现实革命的幻想，与观念学家所认为的真正的战役是观念的战役，观念批判可以改变现实的意识形态观念属于同一思想逻辑。批判的宗旨在于澄清青年黑格尔派的理论错误，"要揭穿同现实的影子所作的哲学斗争，揭穿这种投合耽于幻想、精神委靡的德国民众口味的哲学斗争，使之信誉扫地"[①]。

《德意志意识形态》作为唯物史观的奠基性著作，开篇就指出：

> 迄今为止人们总是为自己造出关于自己本身、关于自己是何物或应当成为何物的种种虚假观念。他们按照自己关于神、关于标准人等等观念来建立自己的关系。他们头脑的产物不受他们支配。他们这些创造者屈从于自己的创造物。他们在幻象、观念、教条和臆想的存在物的枷锁下日渐委靡消沉，我们要把他们从中解放出来。我们要起来反抗这种思想的统治。[②]

这里马克思的第一句话，就可以看作界定意识形态内涵的第一个定义。于是，"虚假性"成为意识形态的第一特性，"虚假意识"是意识形态的本质特征，几乎成为后来的意识形态研究者的一致共识。这种对意识形态的批判性立场和负面的表述，成为西方思想界的主要观点，也成为西方马克思主义意识形态理论的

---

① 《马克思恩格斯文集》第1卷，人民出版社2009年版，第510页。
② 同上书，第509页。

主流。

为什么青年黑格尔派的意识形态是虚假的呢？在马克思看来，意识形态的虚假性主要原因有二，一是在认知上对意识与现实关系的本原性颠倒，二是在价值上对统治阶级利益观念的扭曲表达。表现形式则是颠倒性或虚幻性（非现实性）、统治阶级性（非普遍性）、欺骗性和控制性。

首先，马克思批评了"德意志意识形态"是一种颠倒的观念形式，因为他们始终秉承黑格尔把作为主体的自我意识视为现实事物的造物主的思想原则，这是一种地地道道的颠倒了物质与精神关系的唯心史观。

> 意识［das Bewußtsein］在任何时候都只能是被意识到了的存在［das bewußte Sein］，而人们的存在就是他们的现实生活过程。如果在全部意识形态中，人们和他们的关系就像在照相机中一样是倒立成像的，那么这种现象也是从人们生活的历史过程中产生的，正如物体在视网膜上的倒影是直接从人们生活的生理过程中产生的一样。①

固然，这种意识形态实质上也是人们的真实的社会关系的反映，是一种颠倒的反映。在"德意志意识形态"中，宗教、形而上学观念似乎以实体即主体的方式独立地行走，神学及所有社会科学的材料"是从以前的各代人的思维中独立形成的，并且在这些世代相继的人们的头脑中经过了自己的独立的发展道路"②。实际上，恰恰相反。

---

① 《马克思恩格斯文集》第 1 卷，人民出版社 2009 年版，第 525 页。
② 《马克思恩格斯文集》第 10 卷，人民出版社 2009 年版，第 658 页。

思想、观念、意识的生产最初是直接与人们的物质活动，与人们的物质交往，与现实生活的语言交织在一起的。人们的想象、思维精神交往在这里还是人们物质行动的直接产物。表现在某一民族的政治、法律、道德、宗教、形而上学等的语言中的精神生产也是这样。人们是自己的观念、思想等等的生产者。①

这些观念都是他们的现实关系和活动、他们的生产、他们的交往、他们的社会组织和政治组织的有意识的表现，而不管这种表现是现实的还是虚幻的。②

因此，道德、宗教、形而上学和其他意识形态，以及与它们相适应的意识形式便不再保留独立性的外观了。它们没有历史，没有发展，而发展着自己的物质生产和物质交往的人们，在改变自己的这个现实的同时也改变着自己的思维和思维的产物。不是意识决定生活，而是生活决定意识。③

"德意志意识形态"坚持相反的假设，在真实的、受物质制约的个人的精神以外还假定有某种特殊的精神实体存在。必然导致"德意志意识形态"——"个人的现实关系的有意识的表现是虚幻的"④。

其次，意识形态本身并非纯粹的事实判断，而是内含着与物质利益相关的价值前提和价值内涵。德意志意识形态恰恰是在混淆观念与实在、特殊利益与普遍利益的关系中导致自身的虚假。

"一般思想"、观念等等……并把它们当作历史上占统治地

---

① 《马克思恩格斯选集》第1卷，人民出版社1995年版，第72页。
② 同上。
③ 同上书，第73页。
④ 同上书，第72页。

位的东西,从而把所有这些个别的思想和概念说成是历史上发展着的一般概念的"自我规定"。在这种情况下,从人的概念、想象中的人、人的本质、一般人中能引伸出人们的一切关系……①

但是这种意识并非一开始就是"纯粹的"意识。"精神"从一开始就很倒霉,受到物质的"纠缠"。② 也就是说,任何人的意识往往与物质利益相关且不能摆脱阶级地位决定的利益的约束。没有完全离开社会存在和物质利益的一般观念和思想。因此,从意识的自我规定和独立发展解释社会历史结构及其关系,从超阶级、超物质利益的角度解释意识,只能导致意识形态幻象。

再次,统治阶级把自己的思想说成是代表全社会利益的普遍性理论,说明意识形态具有欺骗性。

因为每一个企图取代旧统治阶级的新阶级,为了达到自己的目的不得不把自己的利益说成是社会全体成员的共同利益,就是说,这在观念上的表达就是:赋予自己的思想以普遍性的形式,把它们描绘成唯一合乎理性的、有普遍意义的思想。③

这种欺骗性的目的在于对人们的精神和行为进行控制。

由此可见,德意志意识形态本来是表达阶级利益和阶级意志的观念体系,却偏偏故意披上共同利益和全民意志的外衣,因此必然决定它是具有欺骗性和控制性功能的虚假意识。

总之,"德意志意识形态"的虚假性规定,首先在于其历史观

---

① 《马克思恩格斯选集》第 1 卷,人民出版社 1995 年版,第 101 页。
② 同上书,第 81 页。
③ 同上书,第 99 页。

和意识论的唯心主义本体论性质，其次在于其价值论上被赋予的代表资产阶级物质利益的"全民性"伪装。恩格斯在晚年给梅林的通信中对意识形态虚假性做了经典概括：

> 意识形态是由所谓的思想家通过意识，但是通过虚假的意识完成的过程。推动他的真正动力始终是他所不知道的，否则这就不是意识形态的过程了。①

于是，意识形态是"虚假意识"，几乎成为西方对马克思意识形态概念内涵的公式化表述，并得到了淋漓尽致的阐发。然而，无论这种对马克思意识形态概念的理解多么深刻，都不能否认它的理解偏见。因为，这种理解显然不符合马克思哲学的辩证思维方法论原则，没有真实性前提的虚假性是不能成立的。当人们断定意识形态虚假时，就表明存在并掌握了判定真假意识形态的标准；批判某某"虚假意识"的同时，就表征着对真实性意识形态的确认。否则，就是否定科学认识的一切成果，甚至否认一切精神文明。

实际上，马克思的意识形态概念，从诞生之日起就蕴含着虚假与真实的双重本质规定。马克思不仅赋予意识形态概念以"虚假性"内涵，还赋予了意识形态概念以"真实性"规定，只不过还不为人所关注而已。

首先，在马克思看来，意识形态概念可以做"真实的"和"虚假的"两种理解，前者是指除自然科学外的用科学实证方法得出的所有历史科学，后者指"历史方面的意识形态家"的各种唯心主义历史观念。而"历史在这里应当是政治、法律、哲学、神学，总之，一切属于社会而不是单纯属于自然界的领域的简单概括"②。

---

① 《马克思恩格斯选集》第4卷，人民出版社1995年版，第726页。
② 《马克思恩格斯文集》第10卷，人民出版社2009年版，第658页。

马克思比较崇尚英国的实验科学传统和法国的理性主义传统，因此，承认社会科学的可能性并坚持对社会科学知识的客观性、真实性的不懈追求。值得注意的是，对"德意志意识形态"虚假性的揭示和批判，恰恰反映了这种追求。

> 在思辨终止的地方，在现实生活面前，正是描述人们实践活动和实际发展过程的真正的实证科学开始的地方。关于意识的空话将终止，它们一定会被真正的知识所代替。对现实的描述会使独立的哲学失去生存环境，能够取而代之的充其量不过是从对人类历史发展的考察中抽象出来的最一般的结果的概括。这些抽象本身离开了现实的历史就没有任何价值。①

这里"真正的实证科学"，不是指用自然科学方法分析社会历史现象的抽象的形式化实证分析，而是指结合现实历史情境的、以主客体统一的实践为基础的社会科学。它所得出的知识就是"真正的知识"，对于这种终止意识空话的知识，马克思并未明确将之逐出意识形态的边界之外，而是与所谓"德意志意识形态""独立的哲学"不同的对现实的历史进行抽象表达的意识形式，当然也就是具有"真实性"的意识。

其次，在《德意志意识形态》中，马克思隐含着对意识形态"虚幻的"与"现实的"分类表达。

> 这些观念都是他们的现实关系和活动、他们的生产、他们的交往、他们的社会组织和政治组织的有意识的表现，而不管这种表现是现实的还是虚幻的。②

---

① 《马克思恩格斯选集》第1卷，人民出版社1995年版，第73页。
② 同上书，第72页。

在中文版中我们译作"现实""现实的"一词，在德文版中是"Wirklichkeit"和形容词"wirklich"。在德语中，现实的，也具有"真实""真实的"和"真正的"之意。显然，马克思不仅承认"真实"的意识形态的存在，而且将之作为评判虚假意识形态的前提而存在。同时，马克思还如前文所述主张用"真正的知识"终结和取代"意识的空话"。

再次，马克思批判德意志意识形态是离开实践的纯粹"现实地想象"，目的却是回归基于现存实践"想象现实（即真实）的东西"，回归被想象蒙蔽的真实。

> 从这时候起意识才能现实地想象：它是和现存实践的意识不同的某种东西；它不用想象某种现实的东西就能现实地想象某种东西。从这时候起，意识才能摆脱世界而去构造"纯粹的"理论、神学、哲学、道德等等。①

这里的"现实"也是真实的意思。马克思说只有人类分工尤其是精神劳动与物质劳动分离的真正分工形成的时候，意识才能摆脱社会真实的东西去想象，才能摆脱真实的世界构造纯粹的观念的世界。但是，马克思并没有排除"想象真实的东西"的真实的意识的可能，而是承认它作为与"想象的真实"对立的"现存实践的意识"的存在。可见这里承认了意识形态的真实性。

最后，马克思在《政治经济学批判·序言》中关于自己的研究发现和一经得到就指导自己研究工作的总的结果的简要表述，曾被公认为唯物史观的思想纲领。其中所表达的"社会意识"的概念，可以视为意识形态或是意识形态概念的变体，也可以看作马克思基

---

① 《马克思恩格斯选集》第 1 卷，人民出版社 1995 年版，第 82 页。

于社会历史而对历史规律抽象把握的"真正的知识"。当然,这种真实描述与生产力、生产关系相适合的"社会意识形式",是中性的而非批判的,无疑隐含着"真实性"的内在含义,至于自己始终不渝地坚持着的历史分析方法和唯物史观,不仅一定是社会历史的意识形式,而且一定是被实践所确证的充盈着"真实性"的客观真理。

  我所得到的、并且一经得到就用于指导我的研究工作的总的结果,可以简要地表述如下:人们在自己生活的社会生产中发生一定的、必然的、不以他们的意志为转移的关系,即同他们的物质生产力的一定发展阶段相适合的生产关系。这些生产关系的总和构成社会的经济结构,即有法律的和政治的上层建筑竖立其上并有一定的社会意识形式与之相适应的现实基础。物质生活的生产方式制约着整个社会生活、政治生活和精神生活的过程。不是人们的意识决定人们的存在,相反,是人们的社会存在决定人们的意识。[①]

  显然,这里被社会存在决定的社会意识形态应当是真实的意识。马克思承认社会意识形态在反映社会存在时能够达到真实。早在《关于费尔巴哈的提纲》中,马克思也指出自己的哲学变革首先在于从主客体相统一的实践角度理解自然和社会。那么,关于社会的认识能够达成与社会自身相一致的"真实",是马克思意识形态概念内涵的应有之义。

  由此可见,马克思的意识形态内涵是事实与价值的统一。马克思承认意识形态,尤其是统治阶级意识形态的虚假性常态并不否认

[①] 《马克思恩格斯选集》第2卷,人民出版社1995年版,第32页。

意识形态可以达到真实。如果采取"真正的实证科学"的方法，意识可以把握经济关系、经济基础和社会存在。固然虚假性的意识形态具有特定的功能和作用，但是，只有科学的、真实反映客观实践状况和人民客观需要的理论，才具有推动历史进步的持久的实践力量。

(二) 统治阶级性与人类性的统一

马克思把意识形态的虚假性延伸到社会结构之中，意识形态与阶级相联系，将其作为阶级意志，尤其是统治阶级的阶级意志的观念形式。他指出：

> 统治阶级的思想在每一时代都是占统治地位的思想，这就是说，一个阶级是社会上占统治地位的物质力量，同时也是社会上占统治地位的精神力量。支配着物质生产资料的阶级，同时支配着精神生产资料，因此，那些没有精神生产资料的人的思想，一般地是隶属于这个阶级的。占统治地位的思想不过是占统治地位的物质关系在观念上的表现，不过是以思想的形式表现出来的占统治地位的物质关系；因而，这就是那些使某一个阶级成为统治阶级的关系在观念上的表现，因而也就是这个阶级的统治的思想。此外，构成统治阶级的各个人也都具有意识，因而他们也会思维；既然他们作为一个阶级进行统治，并且决定着某一历史时代的整个面貌，那么不言而喻，他们在这个历史时代的一切领域中也会这样做，就是说，他们还作为思维着的人，作为思想的生产者进行统治，他们调节着自己时代的生产与分配。①

---

① 《马克思恩格斯文集》第 1 卷，人民出版社 2009 年版，第 550 页。

关于意识形态的这段名言曾经在社会主义国家中产生了广泛的影响。它表达了以下这样几重含义。

首先,意识形态是阶级意志,尤其是统治阶级的意志的观念表现。同时,也是反映物质关系和阶级关系的观念表现,因此,它包括统治阶级的意识形态,也包括被统治阶级的意识形态。

其次,统治阶级的意志是通过国家意志来表现的,并且国家意志是以虚幻的共同利益的形式表现出来的。"共同利益才采取国家这种与实际的单个利益和全体利益相脱离的独立形式,同时采取虚幻的共同体形式。"① 这些形式是产生在家庭、部落等血缘联系、语言联系、大规模分工联系以及其他利益联系的现实基础上的,"特别是在我们以后将要阐明的已经由分工决定的阶级的基础上产生的"②。因此,这种作为统治阶级的意识形态的国家意志与政治的、法律的制度及其物质形式(军队、警察、监狱等)共生,与大众传媒、教育体系、家庭、学校、教会等领域相结合,以暴力的和文化象征的形式实施对大众的行为控制和人心控制,旨在"维护"政治统治秩序和社会秩序。这种观点在社会主义国家得到了全面深刻的解释,甚至在以"阶级斗争为纲"指导一切时的中国得到了过度的诠释。在西方马克思主义那里,在卢卡奇的"阶级意识"、葛兰西的"文化霸权理论"、阿尔都塞的"意识形态国家机器理论"乃至齐泽克等"精神分析的马克思主义理论"中都得到了富有时代精神的理论发挥。

最后,意识形态结构一方面与特定时代物质生产结构相关并受其制约,另一方面其自身也有"精神生产"过程,"人们是自己的观念、思想等等的生产者"③。统治阶级是"思想的生产者",也就

---

① 《马克思恩格斯文集》第1卷,人民出版社2009年版,第536页。
② 同上。
③ 同上书,第524页。

决定着阶级意志尤其是上升为国家统治地位的阶级可以教条主义地固守自己的意识形态维护其统治，也可以对意识形态进行与时俱进的"再生产"，维护自身的统治。

由此可见，代表统治阶级利益的思想是意识形态的基本属性之一，它决定了意识形态的统治阶级性、控制性、欺骗性和虚幻性。然而，马克思并未仅仅将意识形态界定为统治阶级性或阶级性，仅仅反映统治阶级或某一社会集团的利益，而是内含着对意识形态公共性和人类性的理论承认。因为，马克思虽未明确提出无产阶级意识形态的概念，但承认非统治阶级的意识形态的存在。在马克思笔下就历史地描述了资产阶级意识形态由一个被统治阶级、革命阶级的意识形态到统治阶级意识形态的历史过程。同时，马克思承认自己的理论属于无产阶级，是无产阶级阶级境况、阶级使命、阶级意识的理论自觉，而且坚信这个阶级的意识形态代表大众、代表科学、代表人类的未来。也就是说，马克思承认意识形态具有超阶级（某阶级的意识形态在特定时期真实地反映社会现实并与全社会的利益一致）的人类性元素及其结构形式。

关于意识形态的人类性问题，社会主义国家的意识形态理论曾长期坚持阶级性而否定人类性。西方马克思主义者，或者坚持阶级性否定人类性，如路易·皮埃尔·阿尔都塞（Louis Pierre Althusser），或者用人类性否定阶级性，如人本主义的马克思主义者让-保罗·萨特（Jean-paul Sartre）以及法兰克福学派中的一些理论家。总之，都坚持非辩证的两极性思考，否定两种性质的兼容。哪怕是以辩证法立论的阿多诺等人，也因为对辩证法的否定性、批判性理解，走不出片面性怪圈。实际上，如果坚持总体性辩证思考来解释马克思哲学，就应看到，对意识形态的人类性的承认是马克思意识形态概念的应有之义。

首先，"马克思哲学，虽无明确的人本概念界定，但无疑是在西方人本语境下展开的关于人的解放、自由和全面发展的学说，是对西方人本主义思想的批判继承和高扬。毫无疑问，人本规定是贯穿全部哲学和思想的最基本的价值规定。他继承了文艺复兴以来的人文传统，将人与社会作为思考的重心，批判一切神包括黑格尔及其弟子们的神化的绝对观念及其变种的'虚幻'。他将自然视作向人而生的人化自然，将人的本质视为一个多样性的展开的历史过程，将人的本质视为社会实践的本质，将人置于现实的物质生活关系而非生物性关系中来考察。他将人作为最高的价值和目的，将人的自由和发展作为人类社会的理想归宿和为之终生奋斗的目标。"[1]据此，我们赞同人本主义的马克思主义关于马克思哲学，即自称无产阶级的思想武器的意识形态（马克思主义或科学社会主义）的人类性、超阶级人道本质的诠释，赞同西方马克思主义者对《1844年经济学哲学手稿》等早期著作的人道主义本质的解读，赞同阿尔都塞关于马克思早期著作是意识形态的判断，但不同意阿尔都塞关于1845年后的马克思后期著作不是意识形态而是科学的论断，也不同意西方马克思主义者将马克思思想分裂为科学主义的和人本主义的片面界定。在《1844年经济学哲学手稿》中，关于"共产主义，作为完成了的自然主义，等于人道主义，而作为完成了的人道主义，等于自然主义"[2]的界定，就说明了马克思的理想憧憬，是自然主义（我们认为其有科学主义涵义）与人道主义的统一，充满着赤诚的超阶级人道情怀和人类总体利益诉求的人类性特质。

其次，尽管这种人类性在后期即所谓成熟期的著作中因阶级性凸显而时隐时现，但人道主义逻辑却贯穿始终。在《论犹太人问题》中，马克思客观评价了从政教合一的封建社会的市民到民主制国家的公民的政治解放。指出"尽管它不是普遍的人的解放的最后

---

[1] 郭忠义、郭彦辰：《社会主义市场经济的人本规定》，《哲学研究》2013年第4期。
[2] 《马克思恩格斯文集》第1卷，人民出版社2009年版，第185页。

形式，但在迄今为止的世界制度内，它是人的解放的最后形式"①。"任何解放都是使人的世界即各种关系回归于人自身。"②《德意志意识形态》中，马克思指出政治解放的历史空间表现就是"地域性的个人为世界历史性的、经验上普遍的个人所代替"③。市场经济的世界化展开对人的解放及人的自由也有不可替代的作用。尽管在以阶级分析为主要方法的《共产党宣言》中，革命话语成为主要句式，马克思仍然执著于对"每个人的自由而全面的发展"的人类解放目标的追求。尽管《资本论》的核心是对异化了的人的本质——私有财产资本化的深刻批判，但却隐含着对资本的人本化回归的理想憧憬。这说明在马克思早期著作和成熟期著作中没有逻辑断裂，都具有人类性品格并贯穿着人道主义的逻辑。

因此，马克思意识形态概念既有鲜明的阶级性特征，又有人类性特色。正是阶级利益冲突的影响导致意识形态的"虚假性幻象"，正是人类性基本价值的追求与指向，开拓着意识形态的普遍性维度。今天，中国共产党关于构建和谐世界的理想追求，习近平主席关于构建"人类命运共同体"的构想，无疑是当代中国的马克思主义——中国特色社会主义意识形态的人类性的现实澄明。

（三）普遍价值与特殊价值、普遍利益与特殊利益的统一

在马克思哲学中，意识形态的基本内涵之一是由实实在在的利益考量和经济关系所制约的价值观念体系，但是，马克思也描述了作为意识形态的有意识的形而上学观念和宗教信仰与无意识传统习俗和思维习惯对人的思维和实践活动的重大影响。人们"按照自己关于神、关于标准人等等观念来建立自己的关系"④，受"幻象、

---

① 《马克思恩格斯文集》第1卷，人民出版社2009年版，第32页。
② 同上书，第46页。
③ 同上书，第538页。
④ 同上书，第509页。

观念、教条和臆想的存在物"① 的统治，评价周围的世界、调整自己的行为。可以说，意识形态是由一组相对稳定的价值信念组成的观念体系。马克思许多著作中有许多对意识形态这个定义的相关描述。这种描述构成的意识形态内涵与当代经济学、社会学、文化学、战略学等学科领域是重合的，也与哲学的意识形态概念相吻合。

马克思是从批判立场首提意识形态概念的，其批判锋芒所向直指"一般意识形态，尤其是德意志意识形态"②。原因在于，他们坚持"这样一个信念，即认为宗教、概念、普遍的东西统治着现存世界"③，"某种独立东西的意识的一切产物，是人们的真正枷锁……人们之间的关系，他们的一切举止行为，他们受到的束缚和限制，都是他们意识的产物"④。"这些哲学家没有一个想到要提出关于德国哲学和德国现实之间的联系问题，关于他们所作的批判和他们自身的物质环境之间的联系问题。"⑤ 这段话说明，德国哲学错误地将"形而上学"化的"一般观念"变成了现实事物的造物主，颠倒了观念和现实的关系。于是，一般观念穿上了神圣的外衣，其实不过是"虚假观念"的幻象。在马克思看来，真实的观念，包括一般观念，应当反映、把握现实，意识应当在其与现实物质环境的关系中得到理解。离开对特殊事物和具体情境关系的一般概念是虚幻不实的。这种批判形式的论战性语境及其批评对象，决定了马克思意识形态理论对普遍价值和特殊价值的实在性偏重于后者，并强调一般价值观念或普遍价值不能离开具体的特殊价值而存在，独立自存、自在自为的普遍价值观念是不存在的。观念必然与特定的历

---

① 《马克思恩格斯文集》第1卷，人民出版社2009年版，第509页。
② 同上书，第514页。
③ 同上书，第515页。
④ 同上书，第515—516页。
⑤ 同上书，第516页。

史和生活条件相联系。恩格斯指出：

> 18世纪的法国哲学家们……认为，应当建立理性的国家、理性的社会，应当无情地铲除一切同永恒理性相矛盾的东西。我们也已经看到，这个永恒的理性实际上不过是恰好那时正在发展成为资产者的中等市民的理想化的知性而已。因此，当法国革命把这个理性的社会和这个理性的国家实现了的时候，新制度就表明，不论它较之旧制度如何合理，却决不是绝对合乎理性的。理性的国家完全破产了。……早先许诺的永久和平变成了一场无休止的掠夺战争。理性的社会的遭遇也并不更好一些。富有和贫穷的对立并没有化为普遍的幸福，反而由于沟通这种对立的行会特权和其他特权的废除，由于缓和这种对立的教会慈善设施的取消而更加尖锐化了；现在已经实现的摆脱封建桎梏的"财产自由"……对小资产者和小农说来就变成了失去财产的自由……商业日益变成欺诈。革命的箴言"博爱"化为竞争中的蓄意刁难和忌妒。贿赂代替了暴力压迫，金钱代替刀剑成了社会权力的第一杠杆。……同启蒙学者的华美诺言比起来，由"理性的胜利"建立起来的社会制度和政治制度竟是一幅令人极度失望的讽刺画……①

恩格斯这里对法国资产阶级的核心意识形态理念——自由、平等、博爱，以及现实制度形式"理性王国"进行了如实的描摹，说明了三重涵义：第一，作为意识形态，抽象的普遍价值观念的一般形式必须有实践取向，并且以政治制度的建构和政策选择为实践形式；第二，抽象的普遍价值观念必须与现实的物质生活条件相对

---

① 《马克思恩格斯选集》第3卷，人民出版社1995年版，第606—607页。

应，否则就是不能兑现的"华美诺言";第三，普遍价值实践形式的体制效应的普惠性程度决定普遍价值的普遍性、合理性和合法性程度。例如"自由"观念的制度形式仅仅在形式上的权利是普适的，但多数人不具备权利实现的主客观条件或不因此而受益，那么，就是打着普遍"自由"旗号的少数人的实际自由，就是虚伪的意识形态谎言。

在这里，马克思和恩格斯说明了理性或逻辑上的合理性，不等于价值上的合理性。前者以逻辑为标准，后者以人为尺度。泯灭人的价值和尊严的合理性、普遍性值得质疑和批判。就像资本主义的以"自由"为核心理念的自由放任的资本主义，"把宗教虔诚、骑士热忱、小市民伤感这些情感的神圣发作，淹没在利己主义打算的冰水之中。它把人的尊严变成了交换价值，用一种没有良心的贸易自由代替了无数特许的和自身挣得的自由"[①]。由此可见，本来想提升人的价值的"自由"在具体的生产关系中以经济自由的具体形式出现时，就导致了人的感性世界、人的价值和尊严的丧失，这种普遍价值也就有了幻象的性质。正是由此出发，西方法兰克福学派对西方现代由逻辑合理性到技术理性的扩张，给予了无情的深刻批判。将普遍价值放到具体情境中去考察，用普遍性与具体现实的背离说明普遍价值的现实虚幻性，固然是马克思意识形态批判的一大特征，但这并不能证明马克思否认普遍价值的存在。马克思对工业化和市场交换导致的普遍价值的扭曲的批判，并不意味着马克思认为自由平等等普遍价值的实现可以不经历工业化和市场经济的过程。因此，法兰克福学派在此也偏离了马克思的意识形态立场。

过去有些观点认为，马克思反对普遍的人权和自由、平等、博爱观念，认为这是一种资产阶级独占的权利主张。这是一种误读。

[①] 《马克思恩格斯选集》第1卷，人民出版社1995年版，第275页。

实际上，每个人都具有平等的价值和尊严是马克思哲学不证自明的先验价值假设。因为，如果按经验原则来考察历史的话，不平等才是现实社会历史状态的客观描述。以此为前提马克思就不可能提出超越性的社会主义理想。从总体上看，马克思对现实的所有批判都是基于先验的价值原则，都是基于对人格独立、自由、社会平等、公正、富裕、博爱等普遍性价值的认同。他批判的不是这些价值本身，而是资产阶级把这些原则变成形式化的、无内容的空洞口号，变成建立在占人口大多数的无产阶级贫困、不自由、无公正、受压迫基础之上的资产阶级的专利，和把这种专利美化成全社会利益的意识形态谎言。而马克思追求的正是这些价值原则在全世界、全社会成为普遍权利的制度现实。

这在《反杜林论》对平等观念的详尽阐述中可以证明：平等曾被卢梭理论高扬，在法国大革命中被政治实践，今天几乎在所有国家的社会主义运动中仍然起着巨大的鼓动作用。现代平等观念，"从人就他们是人而言的这种平等中引申出这样的要求：一切人，或至少是一个国家的一切公民，或一个社会的一切成员，都应当有平等的政治地位和社会地位"①。随着新航路的开辟和世界市场的形成，世界贸易要求平等的市场主体和平等交易的权利，自由通行和平等交换成为市民阶级的首要的迫切需求，于是，市民阶级成为现代平等观念的代表。"社会的经济进步一旦把摆脱封建桎梏和通过消除封建不平等来确立权利平等的要求提上日程，这种要求就必定迅速地扩大其范围。只要为工业和商业的利益提出这一要求，就必须为广大农民要求同样的平等权利。……所以这种要求就很自然地获得了普遍的、超出个别国家范围的性质，而自由和平等也很自然地被宣布为人权。"②虽然这种人权具有资产阶级性质，但是它也成

---

① 《马克思恩格斯选集》第3卷，人民出版社1995年版，第444页。
② 同上书，第447页。

为法国无产阶级的特殊的战斗口号。"可见，平等的观念，无论以资产阶级的形式出现，还是以无产阶级的形式出现，本身都是一种历史的产物，……而这种历史条件本身又是以长期的以往的历史为前提。"①

同时，意识形态就利益本质而言是特殊利益和普遍的共同利益的统一。马克思坚决反对意识形态的独立性，并揭示出意识形态的利益基础。指出观念无论怎样抽象都与其所反映的物质利益相关，意识形态永远不能摆脱物质利益的"纠缠"。它本身就是以普遍利益身份出现的特殊利益的观念表现，这构成了意识形态的常态表现，也是其虚假性的主要根源。《德意志意识形态》指出：

> 随着分工的发展也产生了单个人的利益或单个家庭的利益与所有互相交往的个人的共同利益之间的矛盾；而且这种共同利益不是仅仅作为一种"普遍的东西"存在于观念之中，而首先是作为彼此有了分工的个人之间的相互依存关系存在于现实之中。……正是由于特殊利益和共同利益之间的这种矛盾，共同利益才采取国家这种与实际的单个利益和全体利益相脱离的独立形式，同时采取虚幻的共同体的形式。②

正因为各个人所追求的仅仅是自己的特殊的、对他们来说是同他们的共同利益不相符合的利益，所以他们认为，这种共同利益是"异己的"和"不依赖"于他们的，即仍旧是一种特殊的独特的"普遍"利益，或者说，他们本身必须在这种不一致的状况下活动，就像在民主制中一样。另一方面，这些始终真正地同共同利益和虚幻的共同利益相对抗的特殊利益所进行的实际斗争，使得通过国家这种虚幻的"普遍"利益来进行

---

① 《马克思恩格斯选集》第3卷，人民出版社1995年版，第448页。
② 《马克思恩格斯文集》第1卷，人民出版社2009年版，第536页。

实际的干涉和约束成为必要。①

占统治地位的将是越来越抽象的思想，即越来越具有普遍性形式的思想。因为每一个企图取代旧统治阶级的新阶级，为了达到自己的目的不得不把自己的利益说成是社会全体成员的共同利益，就是说，这在观念上的表达就是：赋予自己的思想以普遍性的形式，把它们描绘成唯一合乎理性的、有普遍意义的思想。进行革命的阶级，仅就它对抗另一个阶级而言，从一开始就不是作为一个阶级，而是作为全社会的代表出现的；它俨然以社会全体群众的姿态反对唯一的统治阶级。它之所以能这样做，是因为它的利益在开始时的确同其余一切非统治阶级的共同利益还有更多的联系，在当时存在的那些关系的压力下还不能够发展为特殊阶级的特殊利益。②

这些论述说明了以下几点。

第一，意识形态是随着分工的出现而出现的，分工导致的利益分化决定了特殊利益和普遍利益的分化与冲突。与特殊利益相对立不兼容的共同利益是虚幻的共同利益，需要采取国家这种虚幻的共同体形式。

第二，这种共同利益或普遍利益往往是表现为统治阶级的思想，而其意识形态表现则是采取抽象的、普遍性的形式。

第三，无论是统治阶级的思想还是企图取代统治阶级地位的革命阶级，都把自己的特殊利益描述为全社会的普遍利益，形成意识形态的虚假性，但是，后者不仅在革命时期能够提出与社会大多数阶级和民众利益一致的意识形态理论以争取社会的支持，而且革命阶级在取得政权后，并非没有代表全社会利益的可能性。这种可能

---

① 《马克思恩格斯文集》第 1 卷，人民出版社 2009 年版，第 537 页。
② 同上书，第 552 页。

性的实现及其实现程度取决于国家是否真正成为社会的共同利益的代表以及代表的公共利益的普遍性和真实性程度。这种可能性是重要的，它说明虽然意识形态多是真实的特殊利益与虚假的普遍共同利益的统一，但在特定条件下，意识形态也可以成为特殊利益与普遍利益统一的观念形式。

（四）历史主义与结构主义、自主性与非自主性的统一

马克思是在批判德意志意识形态中创立唯物史观的。广义的唯物史观是一种全新的世界观，所以马克思恩格斯才说"我们仅仅知道一门唯一的科学，即历史科学。历史可以从两方面来考察，可以把它划分为自然史和人类史"①。意识形态自然而然具有其鲜明的历史主义特征。所谓意识形态的历史主义特征，首先是说从学科属性来说，按照恩格斯"凡不是自然科学的科学都是历史科学"②的说法，意识形态现象属于历史科学或历史领域；其次是指意识形态研究须奉行基于唯物史观的历史主义科学研究原则和方法。

历史主义原则在马克思恩格斯的《德意志意识形态》中得到全面系统的说明：一切事物都不是永恒、绝对的存在，而是历史的产物，事物本身就是它的历史过程本身。因此，任何历史科学的原理、观念和范畴"同它们所表现的关系一样，不是永恒的。它们是历史的暂时产物"③，不存在抽象的、绝对的、超时空而普遍适用的原理、观念或公式；任何人文社会学科作为一种历史的解释范式将随它所对应的那个历史阶段或条件的消失而消失。也就是说，没有永恒的绝对的真理性的观念。

历史主义方法包括逻辑与历史相统一的方法、实践分析方法和

---

① 《马克思恩格斯选集》第1卷，人民出版社1995年版，第66页。
② 《马克思恩格斯选集》第2卷，人民出版社1995年版，第38页。
③ 《马克思恩格斯选集》第1卷，人民出版社1995年版，第142页。

人本主义方法。所谓历史与逻辑相统一，即认为逻辑是对历史的反映，因此思维中的逻辑必须从抽象上升为具体，与历史事实的内容一致。"历史从哪里开始，思想进程也应当从哪里开始，而思想进程的进一步发展不过是历史过程在抽象的、理论上前后一贯的形式上的反映。"① 科学的观念、范畴应是描述与抽象、现实与理想的统一，而合乎历史事实是其最终的合法性源泉。所谓实践分析方法，即"它不是在每个时代中寻找某种范畴，而是始终站在现实历史的基础上，不是从观念出发来解释实践，而是从物质实践出发来解释观念的形成"②。人本主义方法，就是认为历史是人创造的，而且历史与人的这种创造活动是同一的。人类历史中的自然是为人而存在的自然，历史是自然界对人来说的生成过程。历史的发展就是人的发展。人和人的本性是在历史活动中逐渐生成的，"整个历史也无非是人类本性的不断改变而已"③。因此，历史科学就是"关于现实的人及其历史发展的科学"④。历史科学研究的对象是人而不是物，是活生生的、现实的，随着历史发展而不断变化着的人和人的关系。历史科学的出发点和目的都在于人的存在与更好的存在，最终是人的自由而全面的发展。通过上述意识形态特点的分析，历史性是意识形态的基本特征。

诚然，承认意识形态的历史性，并不否认意识形态是一种理性的逻辑化存在和非理性的心理性存在，而是承认它是一种稳定的相对独立的存在，一种与经济结构、政治结构、利益结构、传统心理结构、行为习惯相适应的，有着相对稳定的功能的观念结构、思维模式或行为模式。因此，意识形态显然具有结构主义特征。

结构主义是20世纪60年代风靡西方世界的哲学文化思潮，一

---

① 《马克思恩格斯选集》第2卷，人民出版社1995年版，第43页。
② 《马克思恩格斯选集》第1卷，人民出版社1995年版，第92页。
③ 同上书，第172页。
④ 《马克思恩格斯选集》第4卷，人民出版社1995年版，第241页。

种新的人文社会科学研究方法。整体性、共时性、内在性、功能性等分析原则，构成了其主要的方法论特征。在马克思关于意识形态的论述中，已经包含着这些方法论原则的萌芽。例如，唯物史观的基本方法是辩证法，辩证法的首要特征是普遍联系的总体性特征。《德意志意识形态》已经开始把社会分成基础结构和上层建筑结构，并强调社会的内在规律、社会心理以及意识的深层的传统观念对人的行为的影响，关注社会经济、政治、文化结构间的相互作用，突出意识形态的重要功能等，都显示了结构主义方法论的征兆。无论承认与否，马克思哲学都是结构主义思潮的重要思想渊源。正是基于此，阿尔都塞才创立了结构主义的马克思主义，提出了一些至今对中国意识形态与经济增长关系的分析仍具启发性的重要思想。

马克思的历史主义与结构主义元素的共存，实际上反映在社会存在与社会意识的关系之中，意识形态既是一种被决定性的存在，同时还是一种相对自主性的存在。实际上，马克思认为社会存在决定社会意识的同时，也承认社会意识的相对独立性或自主性。社会存在的决定性只是在社会发生学意义上、唯物主义存在论前提意义上、社会意识尤其是理论形态的社会意识的终极合法性意义上的决定性，或者说是一种前提假设。除此之外，对意识和事物、现实、感性只能从主客体统一的实践角度去理解。也就是说，社会意识与社会存在往往是共时性的相互影响关系，社会意识在特定条件下有相对独立性或自主性。

社会存在的决定性，或曰社会意识的非自主性，是唯物史观的基本原则，否则也就不叫唯物史观了。它贯穿于马克思意识形态理论的始终。

> 思想、观念、意识的生产最初是直接与人们的物质活动，与人们的物质交往，与现实生活的语言交织在一起的。人们的

第一章　马克思意识形态概念的起源与要义 / 65

想象、思维、精神交往在这里还是人们物质行动的直接产物。表现在某一民族的政治、法律、道德、宗教、形而上学等的语言中的精神生产也是这样。人们是自己的观念、思想等等的生产者……他们受自己的生产力和与之相适应的交往的一定发展——直到交往的最遥远的形态——所制约。意识［das Bewußtsein］在任何时候都只能是被意识到了的存在［das bewußte Sein］，而人们的存在就是他们的现实生活过程。①

这些观念都是他们的现实关系和活动、他们的生产、他们的交往、他们的社会组织和政治组织的有意识的表现，而不管这种表现是现实的还是虚幻的。相反的假设，只有在除了现实的、受物质制约的个人的精神以外还假定有某种特殊的精神的情况下才能成立。如果这些个人的现实关系的有意识的表现是虚幻的，如果他们在自己的观念中把自己的现实颠倒过来，那么这又是由他们狭隘的物质活动方式以及由此而来的他们狭隘的社会关系造成的。②

德国哲学是从天国降到人间；和它完全相反，这里我们是从人间上升到天国。……我们的出发点是从事实际活动的人，而且从他们的现实生活过程中还可以描绘出这一社会过程在意识形态上的反射和反响的发展。甚至人们头脑中的模糊幻象也是他们的可以通过经验来确认的、与物质前提相联系的物质生活过程的必然升华物。因此，道德、宗教、形而上学和其他意识形态，以及与它们相适应的意识形式便不再保留独立性的外观了。③

这说明，物质生产活动决定精神生产活动，精神交往活动产生

---

① 《马克思恩格斯文集》第1卷，人民出版社2009年版，第524—525页。
② 《马克思恩格斯选集》第1卷，人民出版社1995年版，第72页。
③ 《马克思恩格斯文集》第1卷，人民出版社2009年版，第525页。

于物质交往活动；观念关系产生于现实的社会物质生产和交往关系，哪怕是虚假的观念也是物质生产活动过程的必然升华，因此，意识形态没有独立性的外观。在《共产党宣言》这部无产阶级革命的纲领性文献中，这一意识形态的立场和原则进一步得到阐发。

> 人们的观念、观点和概念，一句话，人们的意识，随着人们的生活条件、人们的社会关系、人们的社会存在的改变而改变，这难道需要经过深思才能了解吗？①

> 思想的历史除了证明精神生产随着物质生产的改造而改造，还证明了什么呢？任何一个时代的统治思想始终都不过是统治阶级的思想。②

> 当人们谈到使整个社会革命化的思想时，他们只是表明了一个事实：在旧社会内部已经形成了新社会的因素，旧思想的瓦解是同旧生活条件的瓦解步调一致的。③

这都是在反复说明着《〈政治经济学批判〉序言》中的那段名言："物质生活的生产方式制约着整个社会生活、政治生活和精神生活的过程。不是人们的意识决定人们的存在，相反，是人们的社会存在决定人们的意识。"④

然而，这里还隐含着一个重要的没有展开说明的概念——"精神生产"。"精神生产"就是"政治法律、道德、宗教、形而上学等的语言中的"理论活动，"人们是自己的观念、思想等等的生产者"⑤。

---

① 《马克思恩格斯选集》第 1 卷，人民出版社 1995 年版，第 291 页。
② 同上书，第 292 页。
③ 同上。
④ 《马克思恩格斯文集》第 2 卷，人民出版社 2009 年版，第 591 页。
⑤ 《马克思恩格斯文集》第 1 卷，人民出版社 2009 年版，第 524 页。

那么，这种生产的生产方式是怎样的？和物质的生产方式是何种关系？是共时性的"制约"关系，还是前后相接的线性决定关系？我们认为，首先，马克思和恩格斯在这里讲的最终意义上和归根结底意义上是历时性的决定关系。在现实具体情况下，讲的是共时性的制约关系。这种关系才是社会存在和社会意识关系的常态。

其次，精神生产以前人的思想、理论观念为生产资源。精神产品受人的主体实践活动的影响，与现实的实践活动情境契合，并能促进生产力发展，促进人的发展和社会进步，才是真实的社会意识，否则，就是虚假的理论幻象，或是无意识和非理性想象（当然这需要进一步论证），但不可否认的是这种想象性的艺术作品的艺术真实，促进社会普遍利益的总体性意识形态的价值真实和促进人的发展和社会进步的功能，这种功能的实现要以事实真实为最终前提。

再次，精神生产受物质生产的制约，但又具有相对的独立性和自主性。这种自主性表现在，以先验的逻辑假定为前提，精神生产活动及产品与物质生产不同步，往往超前或滞后于物质生产。精神生产以社会生活为资源、以文化的方式作用于社会生活。精神生产与物质生产活动可近可远。"哲学式"的抽象思想活动可以走上相对独立的发展道路。理想与现实的两极张力是精神生产的不竭动力。这在马克思、恩格斯的经典著作中从不乏描述。仅举如下几例就足以说明。

第一，恩格斯在受到马克思认可的《反杜林论》中，讲到宗教和哲学观念对政治经济结构的影响和先导作用（后来这些内容被恩格斯编入《社会主义从空想到科学的发展》）。

> 当德国的路德教派已变成诸侯手中的驯服工具时，加尔文教派却在荷兰创立了一个共和国，并且在英国，特别是在苏格

兰，创立了一些活跃的共和主义政党。①

……唯物主义或自然神论，成为法国一切有教养的青年信奉的教义。它的影响很大，在大革命爆发时，这个由英国保皇党孕育的学说，竟给予法国共和党人和恐怖主义者一面理论旗帜，并且为《人权宣言》提供了底本。②

第二，讲了传统文化精神理念对政治国家的建构，乃至经济和社会发展的意义，这一点与马克斯·韦伯（Max Weber）《新教伦理与资本主义精神》中的观点异曲同工。

只有英吉利法把古代日耳曼自由的精华，即个人自由、地方自治以及不受任何干涉（除了法庭干涉）的独立性的精华，保存了好几个世纪，并把它们移植到美洲和各殖民地。这些东西在大陆上专制君主制时期已经消失，至今在任何地方都未能完全恢复。③

第三，论述了法国大革命时期的启蒙理念以及三大空想社会主义者的意识形态的历史超前性。同时还指出了这些意识形态是与生产方式、阶级结构的共时性的雏形存在。甚至还指出，在十八、十九世纪之交，法国的大工业还没有兴起，大工业的生产方式"只有从头脑产生出来"，所以，18世纪被视为黑格尔所说的，"是世界用头立地的时代"④，"即用思想立地并按照思想去构造现实"⑤ 的时代。

---

① 《马克思恩格斯文集》第3卷，人民出版社2009年版，第511页。
② 同上书，第514页。
③ 同上书，第515页。
④ 同上书，第523页。
⑤ 《马克思恩格斯文集》第9卷，人民出版社2009年版，第383页。

这个时候，资本主义生产方式以及随之而来的资产阶级和无产阶级之间的对立还没有得到充分发展。在英国刚刚兴起的大工业，在法国还不为人所知。但是，一方面，只有大工业才能发展那些使生产方式的变革，使生产方式的资本主义性质的消除成为绝对必要的冲突——不仅是大工业所产生的各个阶级之间的冲突……；另一方面，大工业又正是通过这种巨大的生产力来发展解决这些冲突的手段。……

这种历史情况也决定了社会主义创始人的观点，不成熟的理论，是同不成熟的资本主义市场状况、不成熟的阶级状况相适应的。解决社会问题的办法还隐藏在不发达的经济关系中，所以只有从头脑中产生出来。[①]

第四，1848年欧洲革命中，法国没有由于生产力和生产关系的发展、大工业和无产阶级的兴起而产生新的政治国家形式，而是产生了路易·波拿巴·拿破仑的1851年12月的政变。马克思在《路易·波拿巴的雾月十八日》中，没有将这一事件及其结果归结到经济关系决定的层面，相反，突出了与传统的生产方式相适应的文化观念对这一事件的决定性影响，对意识形态观念的相对独立性和自主性做了详细的说明。

一切已死的先辈们的传统，像梦魇一样纠缠着活人的头脑。当人们好像刚好在忙于改造自己和周围的事物并创造前所未有的事物时，恰好在这种革命危机时代，他们战战兢兢地请出亡灵来为自己效劳，借用它们的名字、战斗口号和衣服，以

[①] 《马克思恩格斯文集》第9卷，人民出版社2009年版，第274页。

便穿着这种久受崇敬的服装，用这种借来的语言，演出世界历史的新的一幕。①

这种传统竟是如此有力量，以至于那除了继承了长辈受人尊敬的名字之外一无是处、平庸笨拙的路易·波拿巴，成了多数人拥戴的皇帝。而"自以为借助革命加速了自己的前进运动的民族，忽然发现自己被拖回到一个早已死灭的时代"。② 为什么会产生这样意想不到的结局呢？就是因为多数农民不希望自己做自己的主人，追求自己的利益，而是希冀一个高高在上的好皇帝为之作主来代表自己的利益，补偿自己支离破碎的生活状况和不堪境遇。

历史传统在法国农民中间造成了一种迷信，以为一个名叫拿破仑的人将会把一切美好的东西送还他们。于是就出现了一个人来冒充这个人，因为他取名为拿破仑，而且拿破仑法典规定："不许寻究父方"。经过20年的流浪生活和许多荒唐的冒险行径之后，预言终于实现了，这个人成了法国人的皇帝。侄子的固定观念实现了，因为这个观念是和法国社会中人数最多的阶级的固定观念一致的。③

占法国人口大多数的农民阶级的观念还停留在与农业生产方式相适应的传统阶段，这种凝聚着传统信仰和价值的、并与传统社会秩序一体化的意识形态，以顽强的抗变力支撑维护着传统秩序，并在新的物质生活条件、经济关系发生了巨变的情况下，控制着人们的行为，复制着旧的社会体制和秩序，使之在一个具有传奇色彩的

---

① 《马克思恩格斯文集》第 2 卷，人民出版社 2009 年版，第 471 页。
② 同上书，第 472 页。
③ 同上书，第 567 页。

名字和英雄衣着装扮的虚假的造物主形象感召下复活。特定历史情势下意识形态的这种自主性使革命主体变成了被控制的玩偶，使之相信他们的过去就是他们的未来，他们的主人就是他们的公仆，他们的梦魇就是他们须追逐的现实。传统意识形态的力量为意识形态的自主性做了最好的经验性诠释。

第五，马克思在《政治经济学批判·导言》中，在谈到希腊神话和莎士比亚的戏剧与经济发展阶段的关系时说，"任何神话都是用想象和借助想象以征服自然力，支配自然力，把自然力加以形象化；因而，随着这些自然力实际上被支配，神话也就消失了"[①]。这就是说，艺术作为社会意识是特定时代物质生产发展阶段的产物，是与物质生产的发展阶段相适应的。同时，又指出："一个成人不能再变成儿童，否则就变得稚气了。但是，儿童的天真不使成人感到愉快吗？他自己不该努力在一个更高的阶梯上把儿童的真实再现出来吗？在每一个时代，它固有的性格不是以其纯真性又活跃在儿童的天性中吗？为什么历史上的人类童年时代，在它发展得最完美的地方，不该作为永不复返的阶段而显示出永久的魅力呢？"[②]

马克思认为，希腊神话尽管处处表现出人类童年的幻想气质和孩提般的天真，但是这种天真即使是在成年阶段的再现依然显示出难得的魅力，从而使之超越历史时空的永恒。他精辟地论述了社会存在与社会意识的关系，社会存在的决定性和社会意识的相对独立性，也就是意识形态的非自主性和自主性的辩证特征。这种相对独立性不仅在历时性上穿越历史时空，而且在共时性上因特定的历史情势展现出决定性特征。尽管这种意识形态的决定作用最终要经过经验事实或现实实践的考验获得公认的合法性，但并不否定意识形态观念与经济、政治结构的互动和多向相互决定以及在特殊条件下

[①] 《马克思恩格斯文集》第8卷，人民出版社2009年版，第35页。
[②] 同上书，第35—36页。

意识形态的决定作用。

当我们考察了马克思的意识形态概念主要内涵的多重性对立关系，就会发现马克思的意识形态不是形式化、公理化的概念，而是包含着内涵上差异和对立的辩证范畴。这种范畴是一种表征现实历史在矛盾中曲折前行的具有内在逻辑的宏大叙事，是一种表征人的实践过程中理论与实践、理想与现实的矛盾的思想形式，因此，它是一个充满两极张力并在其产生和消解中、在与现实历史的联动中不断发展的总体性辩证范畴。这就决定了我们既不能以形式逻辑的分析方法对之进行语义辨析，也不能对其做教条式的宗教学诠释。

然而，20世纪社会主义运动完成了由思想到制度、由一国到多国的历史演进，马克思主义成为最重要的意识形态，并介入了世界历史，而其制度形式则开辟了两极对立的世界政治格局。东西方之间意识形态之争也成为制度竞争的重要形式和"冷战"的主要形式。随着西方马克思主义理论的重点由政治革命转向思想革命，由物质化的"武器批判"转向意识形态批判，马克思意识形态内涵的辩证性对立在与共产主义运动实践的缠绕中、在东西方的意识形态对战中被形式化理解，于是，理论深层的二元紧张或两极张力凸显出来。

三　西方马克思主义的意识形态批判理论

（一）西方马克思主义意识形态批判理论的一般特征

西方马克思主义是由卢卡奇、葛兰西等理论家根据自己的国情所开创的马克思主义理论流派，是在发达资本主义社会背景下发展起来的马克思主义的学说。西方的马克思主义的创立者将无产阶级的政治革命失败归咎于无产阶级本身的阶级意识、革命意识的不自觉状态和资产阶级意识形态的欺骗和蒙蔽。于是，文化革命成为西方马克思主义的主战场，意识形态批判成为其前沿阵地。他们继承发展了马克思的意识形态概念，开拓了广泛而深刻的意识形态批判领域，其独到而深刻的理论洞见构成了社会批判理论的重要篇章。

西方马克思主义的意识形态批判与西方现代哲学革命潮流相互激荡，表现出反传统哲学的思想特征，并借助这种思想形式否定资本主义的政治和制度现实。因此，彻底的批判性和否定性成为其意识形态批判的基本立场。这就决定了西方马克思主义意识形态理论的本质是以消解真实性的方式彻底批判资产阶级意识形态的虚假性、欺骗性和控制性。其概念建构的特色是从由意识形态的阶级属性界定意识形态到从意识形态的功能性（虚假性、控制性、自主性）界定意识形态。理论发展的逻辑轨迹是：批判锋芒所向从资产阶级意识形态扩及所有意识形态；从批判意识形态的观念结构到批判观念的制度化、物质化的现实结构；从批判启蒙理性、科学技术理性，到指向人的内在隐秘的潜意识结构。西方马克思主义的意识形态理论以其理论的精致性、批判的彻底性、思想的深刻性极大地推进了当代哲学的进展，取得了震撼人心的批判效果。

统治阶级性、虚假性、控制性是西方马克思主义的意识形态范畴的基本内涵。凡是意识形态的东西必是统治阶级的意志，凡是统治阶级的利益和意志美化成全民的普遍利益和意志的东西必是具有虚假性品格的意识形态，凡是意识形态的东西目的必然是实现对人的控制，构成了西方马克思主义意识形态批判理论的基本命题。上述命题在西方工业化现代化社会的背景下以不同的批判指向多向度展开，实现了西方哲学对现代性的思想批判和自身的理论进展，在后现代语境中实现了对启蒙运动以来确立的基本价值的颠覆。

西方马克思主义的意识形态批判理论无疑在理论上推进了马克思主义哲学宝库的丰富和发展，在一定意义上推动了人类精神文明的进步，然而，就其理论效果而言并未达到创始人初始的理论预期。虽然主观上淋漓尽致地批判了西方的现实但并未颠覆现实，客观上作为制度矫正的思想因素维护了西方的现实。尽管这一理论对中国的马克思主义哲学发展和社会主义实践探索具有不可估量的启示和借鉴意义，但是，其后工业化社会的空间语境毕竟远离中国工业化进程中的基本现实，其批判性、否定性本质也不能适应作为执政党意识形态建设和谐社会的精神主题，不能满足中国当下实现社会主义现代化的历史任务所期待的理论希冀。更为重要的是，它向作为执政党的中国共产党提出了尖锐的理论挑战：中国的马克思主义意识形态如何克服马克思所说的"意识形态的虚假性"这一必须回答的理论难题。

（二）卢卡奇和葛兰西：启蒙阶级意识与夺取文化霸权

在西方马克思主义的创始人卢卡奇那里，还是沿着列宁的阶级意识对立的路径界定意识形态，即认为资产阶级意识形态必然虚假，无产阶级的阶级意识才真实。然而，真正对后来有重大影响的却是他对马克思主义主题的创新，即将全部理论聚焦于文化，提出了意识形态批判的类型，并规定了西方马克思主义的发展路向。

卢卡奇认为，"革命的命运（以及与此相关联的是人类的命运）要取决于无产阶级在意识形态上的成熟程度，即取决于它的阶级意识"[①]。阶级意识的觉醒需要克服资本主义生产关系必然形成的物化意识。使人不成其为人、使主体客体化的"物化意识"是虚假的资产阶级意识形态；无产阶级才是创造历史的主体，通过辩证—总体意识达到"主客体同一"的无产阶级的"阶级意识"才是真实的意识形态。所谓崇拜事实的科学方法因其离开事实的历史性实

---

① ［匈］卢卡奇：《历史与阶级意识：马克思主义辩证法研究》，商务印书馆1989年版，第129页。

质，是虚假的、颠倒的"物化意识"的方法论原则。近代理性主义、第二国际庸俗马克思主义都是"物化意识"的理论形态。马克思的总体性辩证法是达于真实的唯一路径。"正统的马克思主义并不意味着无批判地接受马克思研究的成果。他不是对这个或那个论点的'信仰'，也不是对某本'圣'书的注解。恰恰相反，马克思主义问题中的正统仅仅是指方法。"[①] 无产阶级只有克服使之物化的康德以来的理性主义哲学和近代科学的方法论、以及第二国际的"经济决定论"原则，"对正确的东西的单纯追求才能脱去它的虚假的外衣，成为真正正确的、历史的重要的和改造社会的意识"。[②] 只有渴望真理的无产阶级把握"总体性"方法，即强调整体性、生成性、主体性原则的"总体性"方法，才是意识形态从虚假到真实的唯一道路。

卢卡奇的物化理论发展了马克思的劳动异化理论，揭示了资本主义制度下，人的活动及其方式和产品变成某种自为的东西并反过来支配人、压制人，使人的关系变成物的关系的情况。用物化说明资本主义制度非人化本质，无疑是深刻的。然而，卢卡奇的意识形态理论尽管与列宁一样强调无产阶级意识形态的真理性，坚持了马克思意识形态理论的真实性，却取消了马克思意识形态真实性的重要基础之一——实证科学及其方法，并将之盖上了资产阶级意识形态的印章。这实际上是对马克思意识形态真实性的消解，这种消解规定了西方马克思主义意识形态理论将虚假性作为意识形态首要本质的理论逻辑主线，也规定了对虚假性论说的基本话题。然而，作为无产阶级的阶级意识的意识形态何以达于真实？——成为悬而未解的历史问题。

---

① ［匈］卢卡奇：《历史与阶级意识：马克思主义辩证法研究》，商务印书馆1989年版，第47页。

② 同上书，第132页。

葛兰西突出了意识形态的阶级性、虚假性和控制性。认为资本主义制度之所以在大萧条中绝地逢生并呈复兴之势，原因在于通过文化霸权对市民社会进行控制，也就是通过"神秘化"权力关系，"合理化"对被统治阶级的剥夺，"狭窄"被剥削阶级的精神境界，使无产阶级自觉不自觉地"同意"资产阶级的统治。无产阶级只有通过组成"总体性政党"，培养自己"有组织的知识分子"①，取得文化霸权即意识形态领导权才能取得革命的胜利。

他认为，资产阶级运用文化霸权对市民社会进行控制，是当时无产阶级革命没有成功甚至完全丧失革命主动权的关键。文化霸权即意识形态的领导权，其根本特征就是"同意"。资产阶级实现对社会的控制靠两种方式，一是通过一系列专政工具，如军队、警察、法庭、监狱等硬权力进行社会"强制"，二是通过意识形态影响，使被统治阶级对其社会政治秩序和政治行为的"同意"。统治阶级主要靠两种方式获得被统治阶级的"同意"。第一种方式是通过发展生产力和科学技术创造丰富的物质产品，然后通过第二次分配等手段，提高工人的社会福利水平，使之沉溺在消费乐趣之中。这就是用金钱"购买同意"。第二种方式是，统治阶级通过对家庭、学校、教会、政党、社团、工会、大众传媒等"市民社会"的活动场所进行的文化渗透和控制，使之只能接触到资产阶级的世界观和价值观，丧失的是对社会矛盾的判断力和批判意识，从而认可资产阶级的政治统治。因此，工人阶级取得政治领导权的前提就是取得意识形态上的领导权（文化霸权）。正如克卢科夫斯基所说，葛兰西政治学说中的一个重要论点，"即工人阶级只有在获得文化上的'领导权'之后，才能获得政治上的权力"②。

----

① ［意］葛兰西：《狱中札记》，曹雷雨等译，中国社会科学出版社2000年版，第71页。
② 俞吾金：《意识形态论》，上海人民出版社1993年版，第243页。

作为统治阶级的资产阶级正是通过国家行使文化霸权的,意识形态控制是资产阶级国家的重要职能。"完整的国家"即"总体性国家"都是政治国家和伦理国家的统一体,前者靠直接的暴力使人屈从,后者靠非强制的意识形态使人自觉服从。"每个国家都是伦理国家,因为他最重要的职能就是把广大国民的道德文化提高到一定的水平,与生产力的发展要求相适应,从而也与统治阶级的利益相适应。学校具有正面的教育功能,法院具有镇压和反面的教育功能,因此是最重要的国家活动;但是在事实上,大批所谓的个人主动权和活动也具有同样的目的,他们构成统治阶级政治文化霸权的手段。"① 于是,总体性国家就具有了政治社会和市民社会的两大结构。市民社会已经不同于马克思所说的与国家相对应的经济关系和财产关系的涵义,而是指与国家一体化的界定和传播意识形态特别是统治阶级意识形态的各种私人和民间的结构的总和,统治阶级实施文化霸权和革命阶级反对文化霸权的领域。

由此可见,在葛兰西这里,意识形态进一步扩张了它的领域,其统治阶级性、控制性有了进一步的阐发,这种阐发本身就是对意识形态虚假性本质的揭露。那么,意识形态有无真实性可言呢?

文化霸权是葛兰西意识形态理论的中心,对意识形态的真实性问题并无明确的表述。然而,葛兰西实际上与列宁一样是用无产阶级的阶级性来界定真实性的方式,消解意识形态的虚假性与真实性的理论矛盾。差别在于,无产阶级的意识形态反对统治阶级的文化霸权及其实施者——知识分子,必须培养无产阶级的"有组织的知识分子"。只有无产阶级政党才是代表全体人民根本利益的真正的"总体性政党"。作为这一政党意

---

① [意]葛兰西:《狱中札记》,曹雷雨等译,中国社会科学出版社2000年版,第214页。

志的体现者的无产阶级的知识分子,是可以创立真实的意识形态的,不过,这种真实并非建立在科学描述之上,而是在于能否代表无产阶级以及全体人民利益的考量。这在今天依然对我们认识意识形态有着重大的意义。

(三)法兰克福学派:意识形态批判的巅峰

由于20世纪30年代斯大林的"大清洗",西方世界的知识分子对社会主义意识形态广泛质疑。作为西方马克思主义的重镇的法兰克福学派,用泛意识形态化的方式,掀起了意识形态批判的理论高潮。法兰克福学派的意识形态批判,搁置有关真理的讨论而忽略和遮蔽马克思关于意识形态的真实性的思想,将马克思对意识形态的否定性、批判性推向极致,理论锋芒直指意识形态的虚假性和控制性。他们既批判资产阶级的意识形态的虚假性,又批判苏联意识形态的虚假性。在他们笔下,任何阶级意志已经不具有原发的、先天的真实性,相反,凡是统治阶级的意志就是意识形态,凡是意识形态就是以对人的控制为目的的虚假的观念的实现过程,意识形态的虚假性成为他们的思想共识。进而认为,凡是具有对人的思想观念和人的行为具有控制功能的就是意识形态。

法兰克福学派以社会批判为标志性图腾,以追求自由和解放为理论宗旨,反对任何对人与世界的宰治。在他们笔下,意识形态成为统治阶级欺骗人和控制人的精神工具及其各种实现形式的代名词。他们或者把资本主义生产关系、资本主义市场交换看作是意识形态,或者把资本主义的文化实证主义哲学看作意识形态,或者把工具理性、同一性思维、科学技术看作意识形态,或者把国家的政治的和文化的上层建筑及其体制化形式看作意识形态,用毫不妥协的"批判之矛"任意开拓意识形态概念的疆界,将意识形态的虚假性本质推向极致。

法兰克福学派的第一代人物霍克海默、阿多诺和马尔库塞，用精神分析方法从人的潜意识说明意识形态的起源，用否定辩证法批判启蒙意识形态确立的同一性思维方式，将启蒙理性、科学技术、生产方式和交换方式、文化工业和大众传媒作为意识形态批判的主要内容，将揭示意识形态的控制性作为主攻方向，实现了对启蒙以来意识形态信仰的历史性颠覆。

第一，结合环境的心理分析是认识法西斯主义意识形态的有效路径。阿多诺认为纳粹主义意识形态被许多人认同并主动接受其控制，从物质利益原因难以说明，需要借助于弗洛伊德的精神分析。"恋母情结"是导致法西斯主义权威人格的心理机制，"父亲死了"引起的超我的外在化导致了对法西斯团体权威的无条件顺从。法西斯"团体中的领导就成为令人害怕的父亲，团体仍然希望受到无限的力量的控制，它具有渴望权威的激情"[①]。于是，形成屈从于团体理想服从于原始父亲的人格型态。大众从领导的虚幻的理想化自我中得到满足，领导从同一化了的大众的集体中获得了自己的力量。法西斯的谎言利用了大众相互同一化的心理需要，利用了大众追随领导的心理需求，获得了广泛的支持。同时，这种人格的形成又与社会环境密切相关，"如果我们的文化氛围在社会控制和技术集中的影响下，达到一种前所未有的标准化程度，那么，我们就可以看到，个人的思维习惯反映了这种标准化程度以及他们的人格机制。事实上这种人格似乎是这样的标准化的产物"[②]。标准化思维是资本主义大生产的逻辑和商品交换的市场逻辑控制社会和文化的意识形态总体模式的产物。生产的标准化不同程度地带来文化的标准化和生活的标准化，形成同一的"标签式思维"模式。按照固定的思维

[①] 王晓生等著：《西方马克思主义的意识形态理论》，社会科学文献出版社2009年版，第134页。

[②] 同上书，第136—137页。

方式思考问题，用同样的态度对待政治问题。而社会政治过程的客观化、外化，使人无法知晓和把握这一过程的真相。客观化的社会体系的"帷幕"使天真的人们不能看清这里的一切，"它故意活着自动地使人民保持无知"①。政治经济体系的客观化和物化实质是意识形态的一部分，实现使人保持无知状态并接受表面的或歪曲的信息，达到欺骗人民的意识形态目的。

第二，市场经济的等价交换原则就是同一性原则。资本主义社会中，自恋的、孤立的个人按照市场经济关系建立联系，按照交换价值评估人的价值。"交换原则即把人类劳动化为平均劳动时间的抽象普遍概念，基本上是同一性原则类似的。"② 交换价值成为自恋即自利的个人相互联系的"社会水泥"，本来承认人的自由自主的市场经济，按照市场规律行动时却导致了对人的自主性的否定。"通过对人的需求的控制，而实现对人的控制……是晚期资本主义的真正趋势。"③ 市场引导或强加给人的需求不是真正的需求，而是被中介了的、大众化的、模仿的虚假需求。人在满足这种需求中成为资本主义生产过程的一部分，成为"机器的附件"。在早期神话中人通过牺牲与神交换，以期获得对自然的控制。它所蕴含的同一化原则今天作为等价原则成为人与人的关系的根本的原则。"原先，偶像服从于等价原则，而现在等价原则变成了偶像"④，可以说，同一性原则已经成为资本主义社会的意识形态，体现平等的交换原则实际上不过是一种控制的新形式。马尔库塞指出，发达社会的利益团体人为制造的，如按广告的宣传去休息、娱乐、处世和消费，爱他人所爱，嫌他人所嫌，都属于"虚假的需要"。"人们似乎是为

---

① 王晓生等著：《西方马克思主义的意识形态理论》，社会科学文献出版社2009年版，第138页。
② 同上书，第141页。
③ 同上书，第141—142页。
④ 同上书，第145页。

商品而生活，小轿车、高清晰度的传真装置、错层式家庭住宅以及厨房设备成了人们生活的灵魂。"① 正是通过操纵虚假需求、通过控制消费而达到对人的精神控制。而人的真正的需要——人的内心自由和批判现实的理性思维能力，却被物质财富遮蔽和侵蚀，使人失去了美的趣味、善的信仰和真的追求。

第三，意识形态批判首先是对同一性思维的批判。同一性思维是指把思维和存在、思维与对象假定为同一的哲学思维方式。阿多诺认为，同一性思维按照"A = A"的同一律概括对象，实际上任何 A 事物都不会等于 A 概念。A 对象中好多特性并未被概括到概念之中，同时，任何一个概念也多于被它所纳入其中的东西。理性或合理性就是按照同一性逻辑思考把本来非同一性的东西视为同一性的东西，这就是意识形态。它表现为一是用概念同一对象，二是把概念同一到对象中。前者是虚假的主观性，"视一切存在都在精神之中"；后者是"概念拜物教的虚假客观性"。这种思维的认识论表现是，主体与客体的分裂以及主体对客体的控制。启蒙理性精神就是人取代了神成为自然的主宰，成为自然与社会的主人。"启蒙对待万物，就像独裁者对待人。独裁者了解这些人，因此才能操纵他们；而科学家熟悉万物，因此他才能制造万物。"② 都是属于同一性思维的逻辑。同一性思维的产生，一方面与人们认识和改造自然过程中所要求的认识论方法的普遍有效性直接相关；另一方面，它与现实社会状况，特别是商品交换相一致。前者逻辑的有效性要求，使思维物化为独立自主的机械工程失去了创造性的思想；后者的商品皆可被通约为等价交换，强化人的同一性思维并使之由思维中介上升为一种思维强制。"非我最终就是我"的同一化公式成了

---

① ［美］赫伯特·马尔库塞：《单向度的人》，刘继译，上海译文出版社 2006 年版，第 9 页。

② T. W. Adorno and Marx Horkheimer, *Dialectic of Enlightenment*, trans, John Cumming, New York and London: Verso Second Edition, 1986, p. 9.

"意识形态的首要公式"①。实际上,"A = A"的前提纯粹是伪造的,是一种意识形态希冀,同一性思维是使人失去自主意识的意识形态。阿多诺并非绝对地否定同一性原则和商品交换原则,而是旨在反对同一性思维及其工具理性造成大工业的标准化和市场交换过程对人的物化和社会控制,也就是马克斯·韦伯所说的西方社会由传统到现代转型过程中,技术理性和物质生产的发展形成的对人的控制的铁笼。

第四,工具理性或曰技术理性是意识形态操纵的主要形式。与韦伯从社会转型看待工具理性的发展不同,他们将整个西方文明的历史视为一部工具理性的不断发展史,人对自然和人对人的控制日益强化的历史。正是在统治自然中理性被主观化、工具化了,"由于理性顺从地臣服于直接给定的东西"②,人的理性失去了批判现实的精神。资本主义世界和苏联集权社会主义都是被工具理性控制与管理的世界,工具理性加深了控制的程度,人们在控制自然的同时产生了技术崇拜,人的物化正是以技术崇拜为代表的工业主义的逻辑结果。现代意识形态不仅是一种美化现实的虚假意识,而且更是强有力的统治力量和操纵力量,一种扼杀人的自由和自主性的异化力量。

第五,文化工业和大众传媒是欺骗大众和操纵人心的意识形态工具。发达工业社会中的意识形态不是通过灌输和宣传,而是通过提供一种新的生活方式来形成欺骗功能,以消遣、娱乐和舒适的生活等为手段来掩饰现存社会的内在冲突和分裂。文化工业的意识形态以"成为你自己"作为对已有状况的夸张重复和理由,"并剥夺一切超越和一切批评。在这种社会有效精神的局限之中再次向人类

---

① Theodo W. Adorno, *Negative Dialectics*, trans, E. B. Ashton, London: Routledge and Keqan Paul Ltd, 1973, p. 148.

② T. W. Adorno and Marx Horkheimer, *Dialectic of Enlightenment*, trans, John Cumming, New York and London: Verso Second Edition, 1986, p. 26.

只提出已经构成的他们存在的条件，而同时却宣称这种当前存在是它自身的规范，这就向人们肯定了他们对纯存在的无信仰之信仰"①。看似鼓励有个性的作品和有个性的人，而实际上不过是适应市场交换的同一化的虚假个性。"文化隐匿了人类劳作其上的物质条件，它通过抚慰和催眠维持了经济对生存的恶劣的决定。"② 电影的逼真画面掩盖了幻想与现实的差异；卡通剧使人在笑声中忘记了现实中的不幸和荒谬；流行歌曲欺骗的歌词使人混在白日梦中，重复着无法兑现的幸福诺言。在对文化工业接受中虚假地升华了现实中被压抑的和失去的自然情感和本能，"文化工业用它不断许诺不断欺骗它的消费者"③。文化工业以"石化的形式"即以机械生产和再生产的方式，使貌似极端张扬的虚假个性不断成为普遍性的类型，"成为对同一事物的不断复制"，于是，表面的自由个性是虚假的自由，"实际上他是这个社会的经济和社会机器的产物"④。文化工业实质上服从市场逻辑并使人服从于市场准则，人在这里丧失了自我却把这种丧失看成是自我的最大实现。这就是资本主义文化工业的意识形态。

第六，技术理性和实证主义思维必然导致人与社会的单向度。马尔库塞认为，"马克思在《德意志意识形态》中主张的是生存'和平'化"⑤，资本主义社会则是将生存斗争模式永恒化。其手段就是生存斗争方式的技术化，也就是劳动管理和社会控制的技术

---

① [英]约翰·B. 汤普森：《意识形态与现代文化》，高銛等译，译林出版社 2005 年版，第 10—111 页。
② 杨小滨：《否定的美学——法兰克福学派的文艺理论和文化批判》，上海三联书店 1999 年版，第 117 页。
③ T. W. Adorno and Marx Horkheimer, *Dialectic of Enlightenment*, trans, John Cumming, New York and London：Verso Second Edition, 1986, p. 139.
④ Theodor W. Adorno, *Geammelte Schrifen Band 3*, Wissenschachftliche Buchgesellschaft, Darmstadt, 1998, p. 178.
⑤ [美]赫伯特·马尔库塞：《单向度的人》，刘继译，上海译文出版社 2006 年版，第 16 页。

化。这种科学技术在控制自然中，人的心理也受到了控制，人的思想和意识被同化到了控制自然的逻辑秩序中，控制自然的技术的发展最终导致人的内在心理过程受到全面控制。首先，由于科学技术的发展减少了无产阶级的劳动数量和强度、使之摆脱了劳役之苦，劳动者和统治者实现了外在的"同一"，进而成功地同化了革命无产阶级，使社会成为没有反对派的"单向度社会"。其次，生产过程和社会管理中由于科学技术的全面介入而具有了"合理性外观"。正是技术理性在生产过程和统治过程中对人的全面操纵与控制，使人形成了"单向度人的思想和行为模式"[1]，成为失去了"内心自由"、没有否定性思想向度的单向度的人。可见，正是所谓价值中立的实证主义方法及其发展起来的技术理性成为发达工业社会的意识形态，"科学—技术的合理性和操纵一起被熔接成一种新型的社会控制形式"[2]，技术理性不仅成为政治统治合法性的基础，技术本身也成为一种直接的统治，技术的解放力量转而成为解放的桎梏，即使人工具化。

法兰克福学派的第二代领袖哈贝马斯，沿着这一从控制性功能界定意识形态及其虚假性的路径和技术理性批判指向，进一步说明科学技术是资本主义社会主要的意识形态形式。在《作为"意识形态"的技术与科学》的长篇论文中认为，晚期资本主义社会中技术与科学具有双重功能，不仅是第一位的生产力，而且是一种新的意识形态。前者实现了人对自然的统治，后者实现了人对人的统治，并作为一种统治力量取得了合法的统治地位。其实，这一思想在第一代领袖那里已现雏形。霍克海默最早在《批判理论》中提出，"不仅形而上学，而且还有它所批评的科学，皆为意识形态的东西；

---

[1] ［美］赫伯特·马尔库塞：《单向度的人》，刘继译，上海译文出版社 2006 年版，第 12 页。

[2] 同上书，第 131 页。

后者之所以也复如是，是因为它保留着一种阻碍它发现社会危机真正原因的形式"①。马尔库塞进一步提出技术理性是意识形态。哈贝马斯进一步发挥了这一观点并达到了相当完善的程度，认为"技术理性的概念，也许本身就是意识形态。不仅技术理性的应用，而且技术本身就是（对自然和对人的）统治，就是方法的、科学的、筹划好了的和正在筹划着的统治。统治的既定目的和利益，不是'后来追加的'和从技术之外强加上的；它们早已包含在技术设备的结构中"②。科学技术成为晚期资本主义社会政治统治合法化和正当性的基础，控制社会的意识形态。

首先，国家干预增强和科学技术成为第一生产力是晚期资本主义的两大趋势。它改变了资本主义原有的制度结构，以自由交换为中介建立起来的政治权威和制度结构被以科学技术和工具合理性为直接建立起来的政治权威和制度结构所取代，这是科学技术成为意识形态的关键所在。如果说自由竞争和公正平等交换是自由资本主义社会的意识形态和统治秩序合法性的基础，那么，国家发展科技创造财富增长后，通过"补偿纲领"用按劳分配原则与社会补偿政策调解财富分配，实现了消解社会矛盾、维持社会稳定的目的，科学技术就成为意识形态。

其次，国家对科学基础研究的大规模投入与企业竞争压力导致的技术创新密切结合成国家科技体系，使科学技术从一般生产力上升为第一生产力，"科学、技术化及其应用结成一体"是科学技术成为第一生产力的重要标志。于是，在生产过程和整个经济运行中，"科学技术进步成为一种独立的剩余价值来源"，成为剩余价值创造中"独立的变数"，成为高速增长的物质财富创造的源泉。而

---

① ［德］霍克海默：《批判理论》，李小兵等译，重庆出版社1989年版，第5页。
② ［德］尤尔根·哈贝马斯：《作为"意识形态"的技术与科学》，李黎、郭官义译，学林出版社1999年版，第39—40页。

财富对人的需要的满足的同时也俗化人的心灵，使之潜移默化地认可统治秩序并接受社会操纵。这样，科学技术就为资本主义国家的合法性提供了意识形态论证，达到了为政治统治辩护的目的。

再次，声称科技万能的"唯科学主义""技术决定论"是科学技术转变成意识形态的标志，其主旨是用科学技术的合理性将政治问题"非政治化"，维持统治秩序的合法化。国家对经济和社会生活干预的技术化，必然带来政治活动的"非政治化"，政治问题变成技术问题，技术合理性变成政治统治的合理性与合法性。于是，科学技术使人从自然和社会控制下的解放变成解放的桎梏，成为加深了对人的奴役的无所不在的新统治者，操纵政治与社会的占统治地位的意识形态。

由此可见，法兰克福学派的意识形态批判理论，一方面继承了马克思意识形态理论的否定性、批判性立场，并将辩证法的否定性发展到了绝对，绝对地批判和否定意识形态，包括被其泛化了的意识形态的虚假性本质，并对资本主义社会的意识形态进行了淋漓尽致、入木三分的深刻批判。另一方面，法兰克福学派的意识形态批判理论也背离了马克思哲学关于对启蒙理性、实证方法、科学技术的肯定性结论，认为以自由为理想追求的启蒙理性已经变成社会操纵的意识形态，工具理性已经完成了对人与社会的科技主义宰治，并断言科学技术也是一种由控制自然到控制社会的意识形态，从而取消了意识形态，包括自认为是无产阶级性质的苏联模式的社会主义意识形态的真实性。用意识形态的控制性取消意识形态的阶级性，用意识形态对人与社会操纵的消极性抹煞意识形态维护社会秩序和促进经济发展功能的必要性、积极性，用意识形态的虚假性同一了意识形态的真实性，实现了马克思意识形态内涵虚假与真实两极张力的否定性消解。

（四）虚假性本质与控制性的功能：阿尔都塞意识形态理论

20世纪50—60年代在斯大林教条主义受到西方马克思主

义理论的强烈批判后，人本主义的马克思主义达到巅峰状态。与此相反，法国著名马克思主义理论家阿尔都塞对此做出了冷静且富有建树的批判，旨在重塑马克思主义的科学形态。阿尔都塞成为科学主义的马克思主义的创始人，同时又以非历史主义的理论特征，成为结构主义的马克思主义的主要代表。作为一位坚定的马克思主义者，他的意识形态理论对西方马克思主义乃至当代哲学都产生了重大而持续的影响。与法兰克福学派不同，他的早期著作赋予了马克思主义与意识形态相对立的科学性质，并以自己独特的方式，即对意识形态前期的认识论理解和后期的社会功能理解来诠释意识形态。前期主要是相对于科学的真实性阐述了意识形态的虚假性。后期相对于"镇压性国家机器"论证了"意识形态国家机器"，进而将意识形态作为实体性、自主性存在，论证了人的主体性骗局。在这一独具特色的意识形态理论的前期，我们看到了阿尔都塞解决马克思意识形态虚假性与真实性的两极张力问题的努力，后期则在承认意识形态虚假性前提下，肯定意识形态真实的实在结构的巨大功能和自主性本质。这实质上将马克思的意识形态内涵的虚假性与真实性矛盾推向了更为严重的两极。更没有解决实践中的社会主义的"意识形态窘境"问题。

他的意识形态理论主要观点如下。

首先，在《马克思主义与人本主义》一文中认为，"意识形态是具有独特逻辑和独特结构的表象（形象、神话、观念或概念）体系，它在特定的社会中历史地存在，并作为历史而起作用……作为表象体系的意识形态之所以不同于科学，是因为在意识形态中，实践的和社会的职能压倒理论的职能（或认识的职能）"[①]。"意识形

[①] 宁效兰：《马克思主义与人本主义》，《南京师范大学学报》（社会科学版）1984年第1期。

态是指某个人或某个社会集团的心理中占统治地位的观念和表述体系。"① 可见,"意识形态不是科学",是歪曲和颠倒事实、掩盖社会历史真实面貌的"虚假意识",是"具有独特逻辑和独特规律"的虚构的表象体系,又是一种具有重大实践功能的基本的社会力量。他认为,"马克思的著作本身就是科学,而过去,人们却要我们把科学当作一般的意识形态"②。具体说来,早期马克思思想属于意识形态阶段,后期马克思思想属于科学阶段,1845 年的《关于费尔巴哈的提纲》和《德意志意识形态》完成了对以前意识形态的清算。因此,不能将马克思的思想理解为人道主义意识形态。

其次,意识形态与科学的差别在于认识对象的差别。意识形态把认识对象看作与现实对象直接同一的对象,科学则不是加工现实对象而是加工认识对象。现实对象是"始终独立地存在于人脑之外"的具体现实存在物的总体,"而认识对象是思维的产物,思维在自身中把它作为思维具体、思维整体生产出来,也就是说把它作为与现实对象、现实具体、现实整体绝对不同的思维对象生产出来。思维具体和思维整体恰恰生产了对现实对象、现实具体、现实整体的认识"③。也就是说,以现实对象为直接认识对象并将之作为对事物正确的认识,就是意识形态,那么,实证的社会科学都具有意识形态性质,而只有像《资本论》这样经过对认识对象加工后从思维中生产出来的现实总体的认识才是科学。否则,只能是反映颠倒了的社会现实的意识形态。

再次,在关于意识形态的一般理论中,主要论述了意识形态的四个问题。第一,意识形态没有历史,是一个非历史的现实。无论

---

① [法]阿尔都塞:《哲学与政治:阿尔都塞读本》,陈越编,吉林人民出版社 2003 年版,第 348 页。
② [法]阿尔都塞:《保卫马克思》,顾良译,商务印书馆 2006 年版,第 3 页。
③ [法]阿尔都塞、巴里巴尔:《读〈资本论〉》,李其庆等译,中央编译出版社 2001 年版,第 37 页。

第一章 马克思意识形态概念的起源与要义 / 89

在马克思那里还是弗洛伊德那里，意识形态都被看作人对自己生存状况的一种想象、一种幻觉。尽管作为个人的具体意识形态有历史相关的特性，但所有意识形态都是个人生存状况的无意识幻觉，永远以不变的形式存在于历史（包含社会各阶级的社会意识形态的历史）之始终。不管现实生活和社会形态如何变化，整个意识形态的结构和功能总是恒定不变的。第二，意识形态是个人对自己与生存条件的想象关系的表征。他认为，"意识形态＝幻觉/暗示"。意识形态是人对自己生存状况的虚幻和扭曲的反映，是人们对自己的欺骗，是人们对自己生存条件的自我想象和幻觉。"在意识形态中表述出来的东西就不是主宰着个人生存的实在关系的体系，而是这些个人同自己身处其中的实在关系所建立的想象的关系。"① 第三，意识形态也是一种物质的存在。"意识形态总是存在于某种机器当中，存在于这种机器的实践或各种实践当中。这种存在就是物质的存在。"② 人们信仰的观念具有一种物质的存在性质，"因为他的观念就是他的物质的行为，这些行为嵌入物质的实践，这些实践受到物质的仪式的支配，而这些仪式本身又是由物质的意识形态机器来规定的"③。意识形态已经物化为客观的行为方式和结构、物化为某种物质的机器了。无思想反思的信仰和行为实质是物质的行为，主体自以为是主体，实际则是被意识形态所规定的物化的东西。第四，主体地位是由意识形态所建构的，个体出生前就被家庭意识形态国家机器"询唤"为主体了。主体乃是意识形态"质询"的结果。个体在意识形态中呈现出来的"主体"和"臣民"的双重角色是"意识形态的双重镜子——结构"，展现出以下四种关系：①把"个体"作为"臣民"加以询唤；②他们归属于这个主体；③"臣

---

① ［法］阿尔都塞、巴里巴尔：《读〈资本论〉》，李其庆等译，中央编译出版社2001年版，第355页。
② 同上书，第356页。
③ 同上书，第359页。

民"与"主体"之间的相互识别,不同臣民之间的相互识别,以及主体最终的自我识别;④绝对保证一切确实都是这样的,也绝对保证臣民在识别自己是在谁的条件下变得循规蹈矩。意识形态的功能就是让人成为虚幻的主体。

最后,在《意识形态和意识形态国家机器》一文中深入分析了意识形态的政治功能,提出意识形态国家机器的生产和再生产问题。他认为,与镇压性国家机器相比,"意识形态国家机器"不是一个,包括宗教、教育、政治制度、工会、大众传媒、文化艺术和体育活动等,最主要的是教育和家庭;"意识形态国家机器"的统一性不是由中央集权组织,而是由占统治地位的意识形态来保证的;"意识形态国家机器"不是以暴力方式,而主要"以意识形态方式"执行职能;"意识形态国家机器"不属于公共领域,而属于私人领域。"无论哪一种'意识形态国家机器',都服务于同样的结果:生产关系的再生产,即资本主义剥削关系的再生产。"① "意识形态国家机器"与镇压性国家机器虽然手段不同,但是却履行一致的控制性功能,控制人的思想使之无思想进而达到维持统治的目的。统治阶级如果没有意识形态领导权,他的主权就难以持久。

阿尔都塞的意识形态理论无疑具有重大的理论价值,甚至许多观点至今仍有实践意义,然而又存在着致命的理论缺陷,突出之点就是在虚假与现实问题的理论困境。

首先,尽管阿尔都塞将科学与意识形态分离开来,但是,受虚假的意识形态控制的个人主体的意识必然是幻象,怎有可能达到真实性的科学认知?用意识形态的虚假性统一真实性,承认人必然受意识形态的控制,判定马克思主义是科学从何谈起?尽管阿尔都塞把认识论意义上的意识形态概念转化成意识形态的功能概念,确证

---

① [法]阿尔都塞、巴里巴尔:《读〈资本论〉》,李其庆等译,中央编译出版社2001年版,第344页。

意识形态的实在与真实，却又主张意识形态再现个体与其真实存在条件的虚构关系或想象性关系，是对现实的想象和情感体验，实际上恢复了意识形态是"虚假意识"的认识论意义，拉大了思想与现实之间的距离，强化了虚假与真实的对立。

其次，正如英国著名学者赫斯特所说，阿尔都塞的重大贡献是把意识形态视为社会关系的一部分，视为一种存在于特定社会历史中具有独特逻辑和独特结构的再现体系，观念是真实的不是虚构的，他们存在于客观的社会制度结构中。意识形态不是从认识论意义上对客观现实的虚假或真实的反映，而是一定的社会关系的具有现实性的一个部分。问题在于，非认识论意义的情感体验关系也好，象征体系也好，都是以信仰假定为前提的，这些前提有真假之分。同时，将科学与意识形态相区分，本身就是对意识形态虚假性的承认。

再次，他把意识形态对主体的控制和主体对意识形态的臣服绝对化，否认人本身的能动性。过于强调意识形态的自主性功能，将幻想或想象的意识形态作为把个人质询为虚幻主体的真正主体，无疑是说："主体已死"，僵化的意识形态精神永恒。这夸大了社会停滞的意识形态原因，否定了思想的创造和文明的演进，也否认了人类社会制度变迁的生产方式动因，更否定了人的自由与发展的历史进程。可以说他的意识形态概念堕入了黑格尔无人身的"精神"的理论泥潭，在"保卫马克思"的理论初衷下，背离了唯物史观的基本精神。从一定意义上说，意识形态的虚假性与真实性的二极张力在阿尔都塞这里，深化为主体的虚假性和真实性的两极张力。"主体死了"是阿尔都塞的解决方式，然而，主体，无论是个人，还是他们组成的群体性主体，一些死去了，一些依然在实践中焕发着生机勃勃的青春，在真实地创造并展现着丰富多彩的生命中前行。

（五）中国实践：意识形态虚假性之谜的历史破解

西方马克思主义的意识形态批判对西方资本主义社会及其意识形态的批判是全方位的，几乎遍及人类社会的每一角落，振聋发聩的批判性话语，足以引起人们心灵的震撼。然而，却没有给人任何建设性的启迪、可行的道路和光明的前途。这种批判锋芒不仅指向西方资本主义的意识形态，而且也包含着所有的意识形态，包括社会主义国家尤其是斯大林教条主义的马克思主义。由于其对马克思、恩格斯关于"意识形态是虚假意识"、意识形态的控制性等思想做了全面的、极度的发挥，理论上留下了错综复杂的"虚假性之谜"，实践取向上使之成为一把批判社会的双刃剑。这种批判逻辑无意识地使马克思主义本身陷入反身性逻辑困境："马克思主义是否是意识形态？如果是，它是否是虚假意识？"这是20世纪西方马克思主义意识形态批判不经意间留下的潜在之问，却成为所有马克思主义者必须直面的理论难题，并构成了对中国化马克思主义巨大的理论挑战。

这一问题来自马克思意识形态内涵所固有"虚假与真实"的两极张力。西方马克思主义理论家们彰显和强化了这种张力却没有找到两极和解的理论道路。

如前所述，在卢卡奇和葛兰西那里，基本是沿着列宁的理论路径用阶级性作为衡量意识形态虚假与真实的潜在尺度，但未涉及无产阶级，尤其是执政后的无产阶级的意识形态的阶级性、控制性与真实性的统一问题。随着苏联社会主义制度的诞生和无产阶级成为统治阶级，用阶级性诠释真实性的方式显得过于武断，意识形态尤其是马克思主义意识形态的真实性与虚假性的二元紧张问题开始凸显出来。

法兰克福学派的意识形态理论，实际上用意识形态的控制性取消意识形态的阶级性，用意识形态的虚假性否定了意识形态的真实性，用意识形态对人的控制性抹煞意识形态维护社会秩序和促进经济发展功能的必要性，实现了马克思意识形态内涵虚假与真实两极张力的否定性消解。然而，这种处理方式对于发展马克思主义及其实践形式——社会主义道路的探索却有着"自残式"的理论性质。无论这种批判具有多么发人深省的思想价值，都不能遮蔽其消极意义。因为，当反身性自我诘问时，我们不仅不能否定马克思主义意识形态性质，而且，当否定了现实世界的实在论前提（即唯物论前提），并把形式逻辑、实证方法、科学技术、工具理性统统斥为意识形态时，马克思主义意识形态本身的真实性就被彻底取消，并取消了达于真实的方法论路径。

法兰克福学派用意识形态的控制性说明虚假性，或用控制性的功能真实取代认识论意义上的事实真实，这一方法也不成功。因为它没有找到区分压迫性"控制"和必要的经济社会"管理"的边界和尺度，没有找到自由与秩序、平等与效率、形式正义与实质正义相结合的可行性路径。历史证明，无论是"非一同一性"的"星丛"还是"交往共识"，都是仅存在于思想和观念中的乌托邦。

阿尔都塞的意识形态理论，也存在着虚假与真实的逻辑矛盾。他承认马克思的著作是科学，那么按照马克思的理论建构的社会主义制度的上层建筑体制，是不是"意识形态国家机器"？如果是的话，这种具有强大功能的虚假的象征体系有无真实性可言，是否必然陷入斯大林的教条主义窠臼？一句话，当以这种理论反身性思考时，我们怎样走出马克思主义是否是虚假意识的"意识形态窘境"。

此后，意识形态理论依然是西方马克思主义的中心议题之一，新马克思主义、后马克思主义的思想家们从文艺批评、政治领域、实证分析、精神分析等各个向度对马克思的意识形态理论提出批评和质疑，并力图做出富有建设性的修正，其中不乏富有启发的真知灼见，然而，他们的意识形态理论中几乎都或多或少地存在着虚假与真实的两极张力，都没有明确地提出解决这一理论问题并找到克服两极张力的现实路径。

综上所述，西方马克思主义对马克思意识形态理论的发展无疑是深刻而独到的，也确实取得了相当大的批判效果，促进了人的发展、社会的进步和文明的演进。然而，这种发展的局限性也是毋庸置疑的，最重要的表现是背离了马克思意识形态概念的辩证理解，用虚假性消弭意识形态真实性的否定性方式，追求并达致了片面性的理论深刻，甚至可以说形成了许多显而易见的理论偏见。

从根本上说，他们用虚假性消弭真实性的方法，背离了马克思的辩证思维原则和唯物史观的基本立场。按照辩证思维原则，没有真实性前提的虚假性是不能成立的。当人们断定意识形态虚假的同时，就表明存在并掌握了判定真假意识形态的标准；批判某某虚假意识的同时，就表征着对真实性意识形态的确认。从这个意义上说，虚假与真实的两极张力本身对西方马克思主义理论的发展就是一个难以解决又无需解决的内在动力。理论在这种张力推动下，在由真实到虚假、由虚假到真实的不断变换中实现与时俱进的发展。然而，判断意识形态真实性的最终尺度，就是唯物史观所坚持的唯物主义的存在论原则。否则，西方的意识形态理论就永远不能走出反身性追问的逻辑困境。按照唯物史观，由生产方式等经济关系、政治关系、文化关系等多重结构形成的现实的人的生活过程——社会存在——是意识形态真假的最终试金石。

"全部社会生活在本质上是实践的"[①]，离开意识形态的实践维度，仅在纯粹理论视域中靠逻辑批判，或仅在潜意识深层进行精神分析，都不可能解决意识形态的真假问题。要解决意识形态真实与

---

① 《马克思恩格斯文集》第1卷，人民出版社2009年版，第501页。

虚假的两极张力问题，只能在特定的实践场域中和历史情势中对之进行实践检验和理论诠释，才能发现其把握现实、解释世界的思想价值和改变世界的现实魅力。

20世纪中国面临两大历史任务，一是实现民族独立和人民解放；二是实现国家繁荣富强、人民富裕和民族复兴。马克思主义成为中国人民完成历史任务的精神选择。马克思主义在中国是作为意识形态——中国共产党的指导思想，并上升为统治阶级的国家意志，在与中国具体实践相结合的过程中产生了改天换地的物质力量。尤其是在与中国改革开放实践的结合中，以邓小平同志为代表的中国共产党人，开创了中国特色社会主义的伟大道路，创造了中国特色社会主义理论体系，沿着这一道路，中国人民创造了史无前例的经济增长，举世瞩目的中国奇迹，实现了世界现代史上唯一的以和平方式实现的大国崛起。

马克思指出，"全部社会生活在本质上是实践的。凡是把理论引向神秘主义的神秘东西，都能在人的实践中以及对这个实践的理解中得到合理的解决"①。我们相信，当马克思主义哲学的思想照射到改革开放的中国大地与生机勃勃的伟大实践相结合的时候，定能化解西方马克思主义关于意识形态的近乎神秘主义的解释以及反身理解的理论窘境和"虚假性之谜"，同时，也能从哲学的宏观视野和意识形态维度回答中国奇迹的创生之谜。

本书的宗旨也恰恰在于，结合现代经济学理论用西方能听得懂的中国话语讲好中国奇迹的故事，说明中国政治意识形态范式以及中华文明传统何以与中国奇迹相关？同时说明中国特色社会主义怎样走出西方马克思主义意识形态批判留下的虚假性之谜和自反性理论窘境，在改革开放的伟大实践中实现理论飞跃并迸发出创造中国

---

① 《马克思恩格斯文集》第1卷，人民出版社2009年版，第501页。

奇迹的精神力量。

　　为此，我们必须首先回到马克思，在马克思原典中呈现意识形态由虚假到真实的理论坐标。

第 二 章

走向真实：中国化马克思主义意识形态的真理之光

一 回到马克思：由虚假到真实的现实路径选择

中国人民在世纪之交所取得的中国奇迹，是在改革开放的恢弘历史中实践创新与理论创新的伟大互动中创生的。每一步重大的战略决策与非凡实践都离不开中国共产党的意识形态导引。它雄辩地证明了改革开放以来中国化马克思主义意识形态的真实性特质和真理性光辉。然而，要从理论说明这一意识形态的物质实践力量，回答"马克思主义是否是意识形态、是否具有虚假性"的理论质询，靠苏联正统马克思主义以阶级性划界的解决方式，即资产阶级意识形态是虚假性谎言、无产阶级或社会主义意识形态是绝对真理的解答方式，已经被历史证明不合时宜；用西方马克思主义虚假性泛化的方式或执迷于摆脱又无法摆脱的意识形态控制更无助于问题的解决。要解决这一理论难题我们必须回到马克思。

（一）马克思的意识形态语境

笔者认为，必须立足于马克思的意识形态批判语境理解马克思文本的始源含义，立足于现实的理论发展和时代发展重新诠释马克思的意识形态概念，才能找到走出"意识形态窘境"之理论自洽、实践可行的现实路径。

理解意识形态概念必须回到马克思的历史语境中。马克思哲学是在批判旧哲学尤其是德国古典哲学的青年黑格尔派过程中创立的，《德意志意识形态》就是这一过程的标志性著作。那么，必须从新哲学的根本特征理解意识形态的内涵，理解虚假性与真实性的两极张力。

首先，回归马克思哲学的实践基础去理解意识形态的两极张力。马克思在《关于费尔巴哈的提纲》中关于"哲学家们只是用不同的方式解释世界，问题在于改变世界"[①]的哲学主旨，在《德意志意识形态》中得到了进一步的阐发。说明马克思哲学实现了从解释世界到改变世界的转变。马克思揭示了"这些哲学家没有一个想到要提出关于德国哲学和德国现实之间的联系问题，关于他们所作的批判和他们自身的物质环境之间的联系问题"[②]，进而阐释了新哲学的实践特质：它不是来自天国的"客观精神"向人间的俯瞰或普照，而是从人间上升到天国的理论抽象；不是从主体的角度、从一般精神观念出发解释世界，也不是从客体的角度从纯粹客观的物质事实出发解释世界，而是从主客体统一的实践角度去理解世界、改变世界。这种理论的前提出发点由绝对精神或其他的形而上学观念变成了现实的人的实际生活过程。"这种历史观和唯心主义历史观不同，它不是在每个时代中寻找某种范畴，而是始终站在现实历史的基础上，不是从观念出发来解释实践，而是从物质实践出发来解释各种观念形态。"[③] 因此，思想观念既不是纯粹的精神自觉，也不是与主体价值无涉的客观知识，而是以人的实际生活过程为内

---

① 《马克思恩格斯文集》第1卷，人民出版社2009年版，第502页。
② 同上书，第516页。
③ 同上书，第544页。

容，以人的客观物质实践活动为现实基础。人的实践本质决定了意识形态虚假与真实的两极张力。实践作为理想与现实之间的中介，既规定着人的活动的边界，又规定着人的思想观念的边界。意识形态观念是理想还是幻想，是真知还是想象，是真实的感觉还是幻觉，是自知还是自欺，是真相还是幻象，最终要以实践（能否真实把握环境并取得促进人自由发展的实效）为尺度。

其次，实践的或改变世界的哲学，必然坚持基于"现实的人"的活动的发展的世界观，发展的逻辑就是辩证法。黑格尔"第一个全面地有意识地叙述了辩证法的一般运动形式"[①]，但"只是为历史的运动找到抽象的、逻辑的、思辨的表达"[②]，这种历史还不是作为一个当作前提的"主体的人的现实历史"。马克思实现了辩证法从客观精神发展的逻辑轨迹到人的现实历史发展逻辑的转变。历史的主体不再是"无人身的理性"，而成为从事实践活动的人；"并不是'历史'把人当做手段来达到自己——仿佛历史是一个独具魅力的人——的目的。历史不过是追求着自己目的的人的活动而已"[③]；历史的基础不再是客观精神及其辩证运动，而是"从直接生活的物质生产出发阐述现实的生产过程，把同这种生产方式相联系的、它所产生的交往形式即各个不同阶段的市民社会理解为整个历史的基础"[④]；辩证法成为关于"现实的人及其历史发展"的学说。这种学说结束了一切关于存在最终的人类历史完美状态的幻觉，自觉地拒斥了把某种社会秩序永恒化和完美化的设想，真正把社会历史的发展理解为一个不断自我否定和自我超越的过程。只有从辩证法的视域，才能理解马克思的意识形态理论之所以作为二元紧张或两极张力的多种规定性的综合的原因，并探索两极张力和解

[①] 《马克思恩格斯文集》第5卷，人民出版社2009年版，第22页。
[②] 《马克思恩格斯文集》第1卷，人民出版社2009年版，第201页。
[③] 同上书，第295页。
[④] 同上书，第544页。

的路径。正如卢卡奇所说,"只有历史的辩证法才造成了一种全新的情况。这不仅是由于在历史的辩证法中,界限本身是相对的,或者说得更确切些,是在变动之中的;这不仅是由于所有那些存在的形式(它们的抽象的对应物是各种形式的绝对)都变成了过程,和被把握为具体的历史的现象,以至于绝对不是被抽象地否定,而是被把握为具有具体的历史形态,被把握为过程本身的环节"①。

再次,就认识论而言,马克思哲学实现了绝对理性到相对理性的转变。在《德意志意识形态》中,马克思深刻批判了永恒的绝对理性及其观念形式,批判了把哲学原则绝对化、把表征终极实在的终极解释绝对化、把历史解释绝对化的教条主义思维方式,表现出对一切以绝对真理自居的抽象观念和形而上学教条的拒斥。从传统的天启真理到青年黑格尔派的神圣化观念,从近代启蒙理性到黑格尔的绝对理性,都失去了绝对真理的灵光,不再具有永恒的形式。因为,只要"把人类的历史看做一个发展过程,这个过程按其本性来说在认识上是不能由于所谓绝对真理的发现而结束的"②。然而,马克思不是非理性主义者,不是否定理性在认识中的作用,而是主张一种与非绝对化、非终极化的理性,即与人的活动相关、与人的价值取向相关、以人的具体感性活动为对象的相对理性。相对理性以辩证法为哲学的思维形式,但却是与认识论一致的,因为这种辩证法的认识模式以知性为第一环节,即以知性所把握的"物质生活条件"或"现实的人及其活动"为第一环节,来表征自己的历史唯物论前提。马克思说,"经验的观察在任何情况下都应当根据经验来揭示社会结构和政治结构同生产的联系,而不应当带有任何神秘和思辨的色彩"③。说明马克思认为知性的经验科学的一些研究方

---

① [法]卢卡奇:《历史与阶级意识》,商务印书馆1999年版,第287页。
② 《马克思恩格斯文集》第3卷,人民出版社2009年版,第543页。
③ 《马克思恩格斯文集》第1卷,人民出版社2009年版,第524页。

第二章 走向真实：中国化马克思主义意识形态的真理之光 / 101

法也适用于社会科学研究领域并可以达到"真实"的知识。恩格斯在批判魏特林德国共产主义者时说，"绝对真理、理性和正义的独特形式又是由他们的主观知性、他们的生活条件、他们的知识水平和思维训练水平所决定的"[①]。这说明，没有绝对理性，只有相对的理性。"永恒的理性实际上不过是恰好那时正在发展成为资产者的中等市民的理想化的知性而已。因此，当法国革命把这个理性的社会和这个理性的国家实现了的时候，新制度就表明，不论它较之旧制度如何合理，却决不是绝对合乎理性的。"[②] 这段名言曾被认为是对理性的批判，实际上恩格斯这里反对的是绝对理性，承认的是知性及其制度化形式的相对合理性。

最后，马克思哲学实现了从代表少数人利益的哲学到代表大多数人的利益的哲学转变。以往的哲学都是代表少数阶级利益的哲学，马克思主义是关于无产阶级解放和全人类解放的学说，"无产阶级的运动是绝大多数人的，为绝大多数人谋利益的独立的运动"[③]。因此，马克思哲学实现了哲学的阶级基础和社会基础的转变。代表无产阶级及其最大多数人的利益——社会普遍利益是马克思哲学的基本价值取向，为受剥削、受压迫的劳苦大众的解放而奋斗，是马克思哲学的基本阶级立场。而代表社会普遍利益则是这个阶级在解放全人类的共产主义运动中的一大使命，而社会利益又是无产阶级上升为统治阶级后，通过制度建构及其所规定的各项普遍的权利来实现的。机器大生产的生产方式造就了无产阶级，"这个阶级与整个社会亲如兄弟，汇合起来，与整个社会混为一体并且被看做和被认为是社会的总代表；在这瞬间，这个阶级的要求和权利真正成了社会本身的权利和要求，它真正是社会的头脑和社会的心

[①] 《马克思恩格斯文集》第 3 卷，人民出版社 2009 年版，第 537 页。
[②] 同上书，第 526 页。
[③] 《马克思恩格斯文集》第 2 卷，人民出版社 2009 年版，第 42 页。

脏"①。这就说明，无产阶级可以超出本阶级利益的局限，其意识形态可以超越以往的革命阶级的历史局限，成为超越阶级私利为全人类利益而奋斗的战士。

如果承认马克思的意识形态概念与马克思哲学并生，那么，马克思哲学的基本原则及其产生的语境，对理解意识形态概念的虚假性以及探索由虚假走向真实之路就是非常必要的。

（二）意识形态的虚假性之源与真实性之基

在马克思的哲学语境中，意识形态的虚假性并非与生俱来，并非永远如是。不存在永恒的绝对真理，当然也不存在永恒的"虚假意识"，一切要依其产生与存在的主客观条件，尤其是取决于意识主体——人的现实物质生活条件与意识的关联。那么，寻找意识形态虚假性产生的现实基础和条件，就是"拨乱反正"、去伪归真的前提条件。那么，是什么导致了意识形态，尤其是德意志意识形态的虚假性呢？

在《德意志意识形态》中，马克思所述意识形态的虚假性的根源有二。一是在认知上对意识与现实关系的本原性颠倒。从认识的出发点来看是天国而非人间，是逻辑而非历史，是抽象的人的本质而不是现实的个人，是绝对观念或什么其他形式的形而上学的"一般观念"，而不是现实的历史和人们的现实生活过程。从认识过程看，用逻辑规定历史，用理念剪裁现实，用教条推演结论，用主观推断客观。从认识的真实性标准来看，不是人的实践过程的经验事实，而是教条、理性（合逻辑）等精神形式。二是在价值论上，将本阶级的特殊利益美化为全社会的共同利益，将代表统治阶级利益的观念进行扭曲性、欺骗性的表达，从而导致了意识的虚假性。

---

① 《马克思恩格斯文集》第1卷，人民出版社2009年版，第14页。

第二章　走向真实：中国化马克思主义意识形态的真理之光

首先，在与对象的关系上采取了颠倒的观念形式，本质上是一种颠倒了思维与存在、物质与精神关系的唯心史观。

> 迄今为止人们总是为自己造出关于自己本身、关于自己是何物或应当成为何物的种种虚假观念。他们按照自己关于神、关于标准人等等观念来建立自己的关系。他们头脑的产物不受他们支配。他们这些创造者屈从于自己的创造物。①

本来，从思维与存在的关系而言，"意识在任何时候都只能是被意识到了的存在，而人们的存在就是他们的现实生活过程"②，抽象的一般意识和观念，是人的思维创造的。德意志意识形态却坚持相反的假设，坚持作为主体即实体的绝对观念是现实事物的造物主，坚持一般意识、自我意识、神圣形象是本原性的东西，认为不是现实产生意识，而是意识产生现实，不是存在决定意识，而是意识决定存在。结果造成"全部意识形态中，人们和他们的关系就像在照相机中一样的倒立成像"③，造成意识形态幻象。

其次，从现实历史上看，现实的人类历史远远早于一般观念。与原始社会生产方式相适应的关于现存实践的、具体的意识有着漫长的历史，只是随着生产力的发展出现体力劳动和脑力劳动的分工后，人的"意识才能现实地想象：它是和现存实践的意识不同的某种东西；它不用想象某种现实的东西就能现实地想象某种东西。从这时候起，意识才能摆脱世界而去构造'纯粹的'理论、神学、哲学、道德等等"④。因此，离开对真实的想象，脱离现实的生产方式和实际生活过程去构造纯粹的东西，会造成虚假的意识。

---

① 《马克思恩格斯文集》第1卷，人民出版社2009年版，第509页。
② 同上书，第525页。
③ 同上。
④ 同上书，第534页。

再次，在意识与现实的关系上，"这些哲学家没有一个想到要提出关于德国哲学和德国现实之间的联系问题，关于他们所作的批判和他们自身的物质环境之间的联系问题"[①]。仅仅在抽象概念中游走，在观念中拼杀，不是理论脱离现实，就是从观念引出现实，结果，德意志意识形态"把所有这些个别的思想和概念说成是历史上发展着的概念的'自我规定'。……从人的概念、想象中的人、人的本质、人中能引申出人们的一切关系"[②]。法国的观念学家则是用抽象的理念构造制度，用观念构造现实，用华美的诺言勾勒出无法兑现的现实，结果"令人失望的制度现实"造成了对"理性王国"的极度讽刺。可见，无论是"一般观念引申出人们的现实关系"的构造现实，还是不顾现实生产力发展和具体物质生活条件的理论脱离实际，都会造成虚假意识。

最后，意识形态混淆特殊利益与普遍利益的关系导致自身的虚假性。马克思指出："每一个企图取代旧统治阶级的新阶级，为了达到自己的目的不得不把自己的利益说成是社会全体成员的共同利益，就是说，这在观念上的表达就是：赋予自己的思想以普遍性的形式，把它们描绘成唯一合乎理性的、有普遍意义的思想。"[③] 正是由于意识形态是表达阶级利益和阶级意志的观念体系，却偏偏故意披上共同利益和全民意志的外衣，因此是具有欺骗性和控制性功能的虚假意识。具体表现为，统治阶级将自己的特殊利益说成是普遍的共同利益，将自己阶级的意志说成是全民的意志。这种共同利益采取了国家这一虚幻的共同体形式，虚幻的共同体就是名为共同利益的代表却与实际的单个利益和全体利益相脱离。"正是由于特殊利益和共同利益之间的这种矛盾，共同利益才采取国家这种与实际

[①] 《马克思恩格斯文集》第1卷，人民出版社2009年版，第516页。
[②] 同上书，第553页。
[③] 同上书，第552页。

的单个利益和全体利益相脱离的独立形式,同时采取虚幻的共同体的形式"①,"这种共同利益是'异己的'和'不依赖'于他们的,即仍旧是一种特殊的独特的'普遍'利益……另一方面,这些始终真正地同共同利益和虚幻的共同利益相对抗的特殊利益所进行的实际斗争,使得通过国家这种虚幻的'普遍'利益来进行实际的干涉和约束成为必要"②。

总之,意识形态的虚假性根源是由于在历史观和认识论上的唯心主义性质导致的社会意识与社会存在、观念与实在、理论与实践、理想与现实的脱离,在价值论上赋予作为统治阶级利益的观念表达的阶级性本质以普遍的"全民性"伪装。

(三)"真实"的双重规定及其现实路径

找到了意识形态走向虚假的思想根源,也就找到了意识形态的真实性尺度——反映客观现实和代表最大多数人利益。具体说来,一是意识形态达于对历史现实(经济关系为基础的多重社会关系中的现实的人的物质生活状况)的真确的认知和理论把握(形成理论和相应的路线方针政策),二是特殊利益与普遍利益、阶级利益与社会利益、阶级意志与全民意志达成真正一致的观念表达。那么,这种"真实"就具有两重规定,一是基于历史的事实真实,二是基于普遍利益的价值真实。

所谓基于历史的事实真实,是指它不同于基于自然的事实真实。前者是实践的人的现实的生命存在——实际生活过程,后者是自然事物的物质的存在及其过程。对前者的认知可以借鉴运用实证的经验分析方法,但一定是历史地以人为目的和最高价值去再现人的本质创造性生成和呈现的生活过程,求真的目标从属于致善的目

---

① 《马克思恩格斯文集》第1卷,人民出版社2009年版,第536页。
② 同上书,第537页。

标；对后者的认识是运用自然科学方法，力求价值中立，以求真为最高的目的。两者都有致用的取向，前者表现为有效率的经济与社会的制度安排，后者表现为改造自然、造福人类的有效率的技术形式，但是，都应以人的自由和全面发展为目标。当然，除此之外还有以美为最高的目的和追求、基于想象的艺术真实，皆与本课题无涉，故存而不论。

马克思哲学正是由此走向真理之路。这就是，立足于实践的、辩证的、历史唯物主义的基本立场，坚持从现实出发的基本思维原则；在认识论上正确地认知现实、把握现实并用实践检验对现实的把握，力争做到思想与现实、理论与实际、社会意识与社会存在的基本一致；在价值论上真正地代表人民群众的普遍利益，并使自己的阶级意志与全民意志真正实现基于共同利益上的一致。

由于特定的社会历史条件和哲学语境，西方马克思主义极度发扬了马克思关于意识形态虚假性的思想，使马克思意识形态的真实性维度几乎被彻底遮蔽。尤其是法兰克福学派的意识形态批判，将科学技术、启蒙理性统统作为意识形态进行彻底批判。我们有必要重新澄明马克思本人对自然科学的基本立场，再认清科学理性在意识形态由虚假走向真实中的作用。

按照这个基于历史事实的"真实"规定，从卢卡奇到法兰克福学派的社会批判理论，将自然科学和技术归于意识形态，有一定的道理，就是意识形态研究一定涉及或运用实证的经验分析方法，自然科学的技术形式的运用必须有人文价值关切。然而，自然科学是纯粹地与价值无涉的求真研究，与具有价值关涉性的意识形态对历史事实的实证分析不完全一致。因此，将自然科学技术统统归于意识形态是不合适的。

马克思在他的著作中，对自然科学及其成就是持肯定态度的，

第二章 走向真实：中国化马克思主义意识形态的真理之光

对自然科学方法、实证分析、经验分析、逻辑分析在社会对象研究上的应用，也是持肯定态度的，只不过强调在运用中应当贯穿唯物史观的历史主义原则。从这个意义来说，没有自然科学求真的致思取向和求实的态度，不借鉴自然科学的研究方式，意识形态想达到事实真实是不可能的。可以说，自然科学的求真务实的态度是走向"真实"的前提，实证的经验分析方法得出的结果是总体性辩证历史分析的基础，相关社会科学的研究可以为这种总体性研究提供理论资源，总体性辩证分析的哲学思维方式与具体社会科学的结盟是哲学发展的必然趋势。这就是意识形态走向事实真实的现实路径。

这一路径，马克思在《德意志意识形态》及后来的著作中已经粗略地勾画出了其基本轮廓。

> 在现实生活面前，正是描述人们实践活动和实际发展过程的真正的实证科学开始的地方。关于意识的空话将终止，它们一定会被真正的知识所代替。对现实的描述会使独立的哲学失去生存环境，能够取而代之的充其量不过是对人类历史发展的考察中抽象出来的最一般的结果的概括。这些抽象本身离开了现实的历史就没有任何价值。……只能从对每个时代的个人的现实生活过程和活动的研究中产生。[①]
>
> 只要这样按照事物的真实面目及其产生情况来理解事物，任何深奥的哲学问题——后面将对这一点作更清楚的说明——都可以十分简单地归结为某种经验的事实。[②]
>
> 我们首先应当确定一切人类生存的第一个前提，也就是一切历史的第一个前提，这个前提是：人们为了能够"创造历史"，必须能够生活。但是为了生活，首先就需要吃喝住穿以

[①] 《马克思恩格斯文集》第1卷，人民出版社2009年版，第526页。
[②] 同上书，第528页。

及其他一些东西。因此第一个历史活动就是生产满足这些需要的资料，即生产物质生活本身，而且，这是人们从几千年前直到今天单是为了维持生活就必须每日每时从事的历史活动，是一切历史的基本条件。……任何历史观的第一件事情就是必须注意上述基本事实的全部意义和全部范围，并给予应有的重视。①

他们的物质生活条件，包括他们已有的和由他们自己的活动创造出来的物质生活条件。因此，这些前提可以用纯粹经验的方法来确认。②

经验的观察在任何情况下都应当根据经验来揭示社会结构和政治结构同生产的联系。③

这种历史观就在于：从直接生活的物质生产出发阐述现实的生产过程，把同这种生产方式相联系的、它所产生的交往形式即各个不同阶段上的市民社会理解为整个历史的基础，从市民社会作为国家的活动描述市民社会，同时从市民社会出发阐明意识的所有各种不同理论的产物和形式，如宗教、哲学、道德等等，而且追溯它们产生的过程。这样做当然就能够完整地描述事物了（因而也能够描述事物的这些不同方面之间的相互作用）。④

由此可见，马克思所期待的"真正的实证科学"，是用辩证法统摄的、描述人的实践活动和真正现实生活过程的，基于对实证知识的一般概括之上的，关于生产方式、交往方式等社会结构及其历史过程的哲学，即唯物史观。与后人理解不同的是，它不是历史规

---

① 《马克思恩格斯文集》第1卷，人民出版社2009年版，第531页。
② 同上书，第519页。
③ 同上书，第524页。
④ 同上书，第544页。

律的教条性、终极性、绝对性的表达，而是行动的指南。它在对每一特定历史时代的具体历史情势的宏观抽象把握中展现自己的真实性价值，这些最一般结果的抽象概括能够回归最简单的经验事实。这种科学不是在纯思辨中产生的，而是在思辨终止的地方产生；不是从最一般的形而上学概念、权威的教条中引申出来的，而是从现实实际出发的理论的抽象性升华。

所谓基于普遍利益的价值真实，就是说，意识形态作为统治阶级的意志的观念表达，不能仅仅具有思想形式上的普遍性，而无现实内容上的普遍性；不能仅仅具有虚假的共同利益形式，以全民性的外观掩盖其阶级性的本质；而是必须达成特殊利益与普遍利益、阶级利益与社会利益、阶级意志与全民意志的真正一致。

这种价值真实由于触发了人们最敏感的利益神经，对于掌握利益分配的统治阶级来说是难以做到的，但是并非绝对没有可能。尽管各个阶级都倾向于利益独占，但是，革命阶级必须代表社会利益才能成功，成功后为了实现自己长治久安的目标必须采取利益分享或共享的形式。正如马克思所说：

> 每一个企图取代旧统治阶级的新阶级，为了达到自己的目的不得不把自己的利益说成是社会全体成员的共同利益，就是说，这在观念上的表达就是：赋予自己的思想以普遍性的形式，把它们描绘成唯一合乎理性的、有普遍意义的思想。进行革命的阶级，仅就它对抗另一个阶级而言，从一开始就不是作为一个阶级，而是作为全社会的代表出现的；它以社会全体群众的姿态反对唯一的统治阶级。它之所以能这样做，是因为它的利益在开始时的确同其余一切非统治阶级的共同利益还有更多的联系，在当时存在的那些关系的压力下还不能够发展为特殊阶级的特殊利益。因此，这一阶级的胜利对于其他未能争得

统治地位的阶级中的许多个人来说也是有利的，但这只是就这种胜利使这些个人现在有可能升入统治阶级而言。……由此可见，每一个新阶级赖以实现自己统治的基础，总比它以前的统治阶级所依赖的基础要宽广一些。①

只要不再有必要把特殊利益说成是普遍利益，或者把"普遍的东西"说成是占统治地位的东西，那么，一定阶级的统治似乎只是某种思想的统治这整个假象当然就会自行消失。②

在马克思看来，普遍性及普遍的利益尽管在利益多元的社会中难以达成，但是，并非不能达成。他在对上文的普遍性那里加了边注："普遍性符合于：（1）与等级相对的阶级；（2）竞争、世界交往等等；（3）统治阶级人数众多；（4）共同利益的幻想，起初这些幻想是真实的；（5）意识形态家的欺骗和分工。"③ 这就是说，在非幻想的理论的普遍性外，还可能存在着与等级关系的特殊性相比的阶级关系的普遍性，由于市场经济的自由竞争与全球化交往形成的在利益上、制度上、生产方式上的普遍性，由于统治阶级人数众多形成的利益的普遍性。这些当时的思想火花，却为我们今天走向"利益真实"指明了方向。

马克思还以英国19世纪上半期的政治变革为例，指出了历史上也存在统治阶级与其他阶级共享利益的经验事实。

在1830年的法国革命的刺激下，不顾一切抵抗，通过了改革法案，使资产阶级在议会中获得了公认的和强大的地位。

---

① 《马克思恩格斯文集》第1卷，人民出版社2009年版，第552—553页。
② 同上书，第553页。
③ 同上书，第552页。

随后，谷物法废除了，这又永远确立了资产阶级，特别是资产阶级中最活跃的部分即工厂主对土地贵族的优势。这是资产阶级的最大的胜利，然而，也是资产阶级仅仅为自己的利益获得的最后一次胜利。以后它取得任何一次胜利，都不得不同一个新的社会力量分享……①

由此可见，马克思恩格斯承认资产阶级一定程度上代表社会利益的历史现实，更充满了对无产阶级代表全社会利益的理论信念，充满了对无产阶级革命后的社会主义制度代表社会共同利益的理论自信。

通过分析意识形态真实性的双重规定和由虚假走向真实的现实路径。我们可以断言马克思的哲学的意识形态性质和真理属性。可以确信马克思哲学或者说历史的、辩证的、实践的唯物主义，就是马克思恩格斯所设想的代表无产阶级和最广大人民利益的"真正的实证科学"，它至少包括下面一些要点。

第一，既是解释世界的哲学，又是改变世界的哲学，解释世界是改变世界的前提，改变世界的实践性是其根本的理论特征，对社会现实的介入和推动现实社会的进步、发展是其根本宗旨。

第二，以现实的人的现实生活过程及其物质生活条件为现实历史的前提和出发点，也是理论的逻辑前提和出发点。从现实物质活动出发来解释精神活动，从实践出发来解释观念的形成。观念和思想必须以人的实际生活过程为内容，以人的客观物质实践活动为现实基础。观念的真假最终要以实践中能否真实认知把握现实，并有效地改变现实，推动人的自由发展与社

---

① 《马克思恩格斯文集》第3卷，人民出版社2009年版，第516页。

会进步为尺度。

第三，把人类实践过程视为不断发展的辩证过程，并把这种过程作为辩证法的原型，坚持辩证法的世界观。把辩证法作为"现实的人及其历史发展"的学说，并结束了一切关于存在最终的人类历史完美状态的幻觉，结束了把某种社会秩序永恒化和完美化的设想，真正把社会历史的发展理解为一个不断自我否定和自我完善的过程。

第四，深刻批判了永恒的绝对理性及其观念形式，否定了把历史解释绝对化的教条主义思维方式，拒斥一切以绝对真理自居的抽象观念和形而上学教条，但是，承认从实际出发运用科学研究方法可以达到历史的正确认识。

第五，在理论的价值取向上，是代表社会大多数的无产阶级利益，并且这种利益是与社会利益一致的。理论的实践化运动"是绝大多数人的，为绝大多数人谋利益的独立的运动"[①]。

第六，它是一种宏大叙事，是一种描述现实宏观结构的逻辑结构，有着巨大的空间有待于历史现实的不断入场，有待于不断进展的具体社会科学知识的不断充实。这也为吸纳所有意识形态文明进行精神文明再生产提供了包容性原则。它不是一个描述具体蓝图的理论地图，而是一个决定方位和方向的历史坐标。从而为实践主体的现实实践和理论拓展留下了宽广的空间。

总之，马克思在批判德意志意识形态的思想进程中，同时创立的现代唯物主义，即实践的、历史的、辩证的唯物主义，不仅指出了所有意识形态虚假性的哲学根源，也为意识形态从虚假走向真实提供了现实的思想路径，同时也为评价意识形态的真假问题提供了认识标准和价值尺度。

---

① 《马克思恩格斯文集》第 2 卷，人民出版社 2009 年版，第 42 页。

二 中国化马克思主义的意识形态本质

(一) 中国化马克思主义哲学的时代精神形式和学理形式

任何真正的哲学都是自己时代精神的精华,那么,真正的哲学也就有着作为时代精神的核心理念,并介入实践过程,在独立的概念和范畴演进中间接反映出时代的精神,这就是哲学的时代精神形式和学理形式。前者将反映世界的时代精神主题、解决自己(国家和民族)的历史任务,介入社会改造的实践过程即将改变世界作为自己的精神旨归,具有鲜明的意识形态气质。包括以毛泽东哲学和邓小平哲学(建设有中国特色社会主义理论的核心理念)为代表的中国化马克思主义哲学,只有在时代精神形式上才能得到准确的理解。

1840年的鸦片战争标志着现代工业先进文明以"坚船利炮"的战争机器撞开了中国古老文明的国门,中华民族书写了悲壮惨烈的现代化运动史诗的开篇。当1900年前后的世界进入列宁所说的"帝国主义和无产阶级革命的时代"之时,帝国主义的罪恶面孔更成为面临亡国亡种危机的中华民族挥之不去的历史阴影。"近代文明=资本主义=帝国主义"已经成为中华民族的近代历史抽象出的逻辑公式。在这种民族记忆的影响下,20世纪上半期纷纷登陆中国的世界各种意识形态,在精神文明的外观下,总是带着血雨腥风的、野蛮的殖民味道,带着精神奴役的意识形态阴谋气质。现代化历史进程中的救亡图存成为历史运动的现实主题,反对帝国主义及其中国形式——官僚买办资本主义成为现代中国的历史任务的重心。

于是,以批判资本主义、帝国主义、实现人类解放为基本特征的马克思列宁主义,迅速在意识形态竞争中独占鳌头,以救国真理的形式成为先进的中国人的世界观。中华民族在这种世界观的指导下，开始了马克思主义与中国实际相结合的伟大运动，中国为马克思主义的实践提供了一个波澜壮阔的历史舞台。

正如毛泽东所说，中国人经过俄国人找到了马克思主义世界观。"十月革命一声炮响，给我们送来了马克思列宁主义。十月革命帮助了全世界也帮助了中国的先进分子，用无产阶级的宇宙观作为观察国家命运的工具。"[①]

那么，作为中国第一代共产党人集体智慧结晶的毛泽东哲学、包括李大钊、瞿秋白、艾思奇等党内理论家介绍和大众化传播的中国化马克思主义哲学，就成为与中国革命实践密切结合的时代精神的思想形式。

毛泽东高度赞同把列宁主义作为"帝国主义和无产阶级革命时代的马克思主义"[②]，《毛泽东选集》以"中国社会各阶级分析"开篇，以革命和战争划分历史时期，体现了中国共产党人对时代特征和国情特征的理解逻辑和思维模式。同时，毛泽东也高度概括出20世纪上半期世界和中国历史的辩证逻辑程式："帝国主义者的逻辑和人民的逻辑是这样的不同。捣乱、失败，再捣乱，再失败，直至灭亡——这就是帝国主义和世界上一切反动派对待人民事业的逻辑。他们决不会违背这个逻辑的，这是一条马克思主义的定律。……斗争，失败，再斗争，再失败，再斗争，直至胜利——这就是人民的逻辑。他们也是决不会违背这个逻辑的，这是马克思主义的又一条定律。俄国人民的革命曾经是依照了这条定律，中国人民的革命也是依照这条定律。"[③] 不仅现实空间是对立的定律主导的世界图景；人类历史依然："阶级斗争，一些阶级胜利了，一些阶

[①] 《毛泽东选集》第4卷，人民出版社1991年版，第1471页。
[②] 《毛泽东选集》第1卷，人民出版社1991年版，第314页。
[③] 《毛泽东选集》第4卷，人民出版社1991年版，第1486—1487页。

级消灭了。这就是历史，这就是几千年的文明史，拿这个观点解释历史的就是历史唯物主义，站在这个观点的反面的是历史唯心主义。"①

这些都证明了中国化马克思主义哲学，首先是具有意识形态气质的时代精神的哲学，是 1900 年前后世界历史之战争与革命的时代主题的中国回声，也是中国近代革命主题的马克思主义视域的理论把握。

其次，还有一些从苏联和日本及西欧国家翻译而来的译介性、学术化研究和学院讲授的马克思主义哲学，同时，还包括中华人民共和国成立后理论家对马克思主义哲学所作的体系化的努力和诸多学者的理论探索，可以称之为马克思主义哲学的学理形式。

马克思主义哲学的学理形式对意识形态化的哲学的形成发展和传播非常重要，但不能成为中国化马克思主义哲学的主体。因为，它们主要不是以中国的具体实践为依据，而是以马克思等导师的经典文本和体系化的苏联哲学教科书为依据。例如，1935 年，李达写的系统阐述唯物辩证法和唯物史观基本原理的《社会学大纲》，作为北平大学法商学院的授课讲义首次印行。在 1937 年正式出版后，"毛泽东极为重视，读了十遍，做了详细眉批"，认为这是"中国人自己写的第一本马克思主义的哲学教科书"②。然而，这种只有理论规定，而未经实践斗争历练的理论形式，与当时走向成熟的、作为全党智慧哲学表现的毛泽东哲学著作相比，毛泽东思想才是中国化马克思主义哲学的主要形式和时代精神精华的标志。因为马克思主义中国化，主要不是指思潮的跨国传播和文本的中文化，而是指马克思主义原理与中国具体实践相结合的思想运动和实践运动。其理论精华的哲学必然是这一运动的中国化理论结晶。因此，中国化

---

① 《毛泽东选集》第 4 卷，人民出版社 1991 年版，第 1487 页。
② 李达：《社会学大纲》，武汉大学出版社 2007 年版，第 2 页。

马克思主义哲学就不能像译介性哲学著作那样徒具中国化的语言外观，而是内蕴着理论与实践互动后的思想升华，是马克思主义哲学理念与中国传统文化交融后的精神"反刍"。例如，实事求是等理念明显具有中国气质和中国气派，也具有译介性马克思主义哲学所欠缺的反本本主义的实践特征。

中华人民共和国成立后体系化、教科书化的马克思主义哲学，具有中国式的语言表达和理解方式，加入了中国的实例，是中国化马克思主义哲学的学理形式。虽然它也具有鲜明的意识形态特征和实践指向，但是，主要致力于理论品格的完善、逻辑的自洽和具有绝对化意味的真理性论证。例如，20世纪60年代出版的艾思奇主编的《辩证唯物主义历史唯物主义》教科书，实质上是苏联的哲学原理教科书的中国式编译，它处处带着摹本的印记，却成为中国马克思主义哲学的蓝本。80年代后出版的数以百计版本的马克思主义哲学教材，几乎都重复着它的基本理论内容和基本逻辑体系。这些教科书尽管力求吸纳国内外哲学进展的最新成果，却因体系框架服从于学理安排和逻辑自洽而或多或少地脱离了1978年以来中国改革开放的伟大实践，产生了重视理论品格忽视实践品格的缺陷。显然不能作为中国化马克思主义哲学的主体。

（二）时代精神理念的历史规定与实践规定

20世纪是战争与革命的时代，列宁主义是"帝国主义和无产阶级革命时代的马克思主义"[1]，这一第三国际对马克思主义的时代表述得到了中国第一代共产党人的深刻认同。瞿秋白在1928年翻译的共产国际第六次世界大会上通过的《共产国际党纲》中明确指出，"帝国主义时代是资本主义垂死的时代"[2]，"帝国主义用铁一

---

[1] 《毛泽东选集》第1卷，人民出版社1991年版，第319页。
[2] 《瞿秋白文集》第8卷，人民出版社1998年版，第609页。

第二章　走向真实：中国化马克思主义意识形态的真理之光 / 117

般的必然性，引导到无产阶级的世界革命"①。

于是，革命成为历史规定的时代精神理念，革命的马克思主义继续发展正是列宁主义，即帝国主义和无产阶级革命时代的马克思主义。② 在马克思列宁主义中，"阶级论和阶级斗争论，以及由阶级斗争而发生国家的学说，在唯物史观之中实占着中心的位置"③。

鸦片战争以来"落后挨打"的历史，洋务运动和维新变法的失败，太平天国运动和义和团运动对满清帝国的冲击，加剧了中国的社会矛盾，革命成为中国人民的历史任务和精神诉求。20世纪的中国是以"庚子事变"为标志的黎明前的黑暗，也可以视为帝国主义时代的战争主题的中国映像，辛亥革命则是20世纪革命时代主题的中国序曲。在传统社会向现代社会转型中，各种矛盾凸显是大势所趋，帝国主义与殖民地国家、资产阶级和无产阶级、资本主义与封建主义之间的矛盾交织，使中国成为资产阶级民主革命、无产阶级革命、现代社会革命同时存在的现实舞台，中华民族的各阶级纷纷登上历史舞台，演出了一幕幕血与火的历史活剧。革命成为整个民族的精神追求和时代精神的中国图腾。

正如马克思所说，"理论在一个国家实现的程度，总是取决于理论满足这个国家的需要的程度"④。历史任务决定了一个民族的"期待视野"，现实国情构成了国人的"接受屏幕"。十月革命送来的马克思列宁主义，是中国革命实践的需要和中华民族的理论选择。"走俄国人的路"，是先进中国知识分子的实践选择。"马克思列宁主义来到中国之所以发生这样大的作用，是因为中国的社会条件有了这种需要，是因为同中国人民革命的实践发生了联系，是因为被中国人民所掌握了。任何思想，如果不和客观的实际的事物相

---

① 《瞿秋白文集》第8卷，人民出版社1998年版，第610页。
② 同上书，第433页。
③ 同上。
④ 《马克思恩格斯文集》第1卷，人民出版社2009年版，第12页。

联系，如果没有客观存在的需要，如果不为人民群众所掌握，即使是最好的东西，即使是马克思列宁主义，也是不起作用的。"① 可见，马克思主义哲学中国化，一开始就不是希腊哲学那样的闲暇从容的思想运动，而是基于实际斗争需要的创新性选择。于是，唯物史观、否定性辩证法、阶级斗争和暴力革命理论、共产主义理想等成为中国共产党人的优先选择，在与中国革命实际结合的过程中，形成了马克思主义中国化的伟大成果——毛泽东思想，其哲学内核构成了作为政党意志的意识形态的基本范式。

（三）中国化马克思主义哲学精神的意识形态品格

中国化马克思主义哲学是马克思主义哲学与中国具体实际相结合的理论形式。这就决定了它与生俱来的意识形态本质——具有经典理论的理论品格与中国本土化实践的现实性品格。马克思哲学是以实践概念为基础和核心的理论形式、以无产阶级的解放和全人类的解放为价值目标的思想形式，具有与生俱来的、强烈的现实性取向。它是以实现中华民族独立解放和民族复兴的真理——"主义"的形式传入中国，与近百年中国的历史走向、制度变迁、社会发展、国家和民族命运息息相关。从本质上说，它是受马克思主义哲学与中国实际双重规定的意识形态化哲学。

第一，从历史来看，中国化马克思主义哲学是在国际共产主义运动的背景下形成发展的。从概念内涵上说，"中国化马克思主义哲学"是"中国化马克思主义"的子概念，其内涵必然在其概念边界之内。而中国化马克思主义是改变现代中国面貌的最强劲的思想潮流。20世纪中国社会两大历史任务的完成，中国新民主主义革命道路的选择和社会主义道路的探索，都与中国化马克思主义及

---

① 《毛泽东选集》第4卷，人民出版社1991年版，第1515页。

其哲学基础息息相关，而中国化马克思主义哲学又是先后作为中国共产党的政党意志和中国人民共和国的国家意志，即意识形态的方式成为改变中国社会的理论武器。显然，中国化马克思主义哲学是最具意识形态性的哲学。

第二，中国化马克思主义哲学，一定是马克思主义哲学与中国实际相结合的理论成果。在这里，马克思主义哲学鲜明地体现了其改变世界的实践性本质和现实性取向的意识形态特征。它的理论性品格和现实性品格必须与作为中国革命和建设宏观实践的实际相结合才能得以最终实现，也必须借助于作为实践主体的无产阶级及其政党和国家机器的战略方针、制度安排和政策选择得以彰显。这就使之具有了政党化的阶级意志和国家意志的意识形态特色。

就意识形态化的政党意志或国家意志的理论表现来说，无论是在中国革命风雨中形成的毛泽东哲学，还是在全球化背景下中国改革开放实践中诞生的邓小平哲学，都不是独立于现实实践之外的纯粹学理形式，而是基于中国社会革命和建设实际的理论升华；都不是体系化马克思主义哲学教科书理论的直接套用，而是需要被历史使命和现实国情过滤或提纯的马克思哲学理论元素的实践性重构。我们看到，《邓小平文选》中甚至找不到一篇哲学著作，更找不到一句晦涩抽象的哲学话语，但一以贯之的哲学精神洞见却结出了丰硕的实践果实。可见，用理论的严整性和逻辑的明晰性不能理解中国化马克思主义哲学的精神，无法说明中国化马克思主义哲学的理论演进和实践成就。那么，如果从意识形态视角客观描述中国化马克思主义哲学的话，作为决定国家大政方针、战略决策的政治哲学理念，其实就是中国化马克思主义哲学的主要形式。

由此可见，在一定意义上说，马克思主义哲学中国化不能仅仅被理解为一种哲学思潮的中国化，更应被理解为中国共产党领导的社会主义的现实运动；中国化马克思主义哲学的主体及其主要表现，并不是书斋中的思辨式理论推演，也不是科学化、体系化、条理化的讲坛式教科书哲学，而是体现为被具体实际本身所规定并为实践主体服务的与时俱进的政治理念，以及战略方针、路线所内含的哲学精神，体现为无产阶级的阶级意志及其表现形态的政党意志和国家意志的理念表达。它本质上是一种意识形态的核心理念。

当我们从意识形态视角看待中国化马克思主义哲学并确认其意识形态性质和内涵后，就可以将90余年的中国马克思主义哲学史，描述为革命与发展两大逻辑主题的双重变奏。本书借用库恩的"范式"概念，认为两大逻辑主题的核心理念构成了两大意识形态范式，十一届三中全会作为改革开放新时期历史逻辑的节点，可以视为意识形态范式变迁的历史转折点。

三 中国化马克思主义意识形态的真实性标志

辛亥革命推翻了数千年封建帝制，五四新文化运动海纳世界思想风云，世界各种意识形态纷纷登陆中国。马克思列宁主义之所以在意识形态竞争中迅速独占鳌头，主要原因在于以毛泽东思想为代表的中国化马克思主义，奉行从实际出发、实事求是的基本理念和人民至上的价值理念，并作为指导思想实现了体现事实真实的思想路线与体现价值真实的群众路线的实践重合。

从意识形态的实践力量来看，马克思主义与中国实际相结合产生了两次历史飞跃和两大理论成果，一是完成了民族独立的历史任务，1949年建立了中华人民共和国并在1956年建立起社会主义基本制度；二是实现了国家富强开启了民族复兴之路。前者的理论成果是毛泽东思想，后者的理论成果是建设中国特色社会理论体系。中国化马克思主义之所以产生如此巨大的实践力量，根源于意识形态真实性即真理性的理论品格。

（一）毛泽东思想——历史真实的理论规定

尽管指导中国革命走向胜利的毛泽东思想的概念，直到 20 世纪 80 年代初才重新获得科学的理论规定，但是，中国革命实践早就决定了其历史真实。按照马克思意识形态理论的"真正的实证科学"的 6 个要点来理解，毛泽东思想作为马克思主义同中国革命实践相结合的第一次历史性飞跃的理论成果，是科学的、真理性的意识形态。

首先，它科学地解释了 20 世纪初期中国社会的基本结构、主要社会矛盾、阶级构成、历史任务，在毛泽东思想的指导下经过共产党人的艰苦卓绝的奋斗，彻底改变了中国半殖民地半封建社会的面貌，以社会主义共和国的崭新面貌，自立于世界民族之林。所以，它是解释世界的哲学，又是改变世界的哲学。

其次，它从中国现实国情出发，并实现了理论对现实国情的把握。把实事求是作为马克思主义的根本点，作为毛泽东思想的核心理念。可以说，实事求是理念凝缩了马克思意识形态真实性的根本精神，也把握了马克思主义意识形态的灵魂。

再次，它把中国革命的宏大场面纳入了辩证法的视域之中，并将中国传统的辩证智慧与马克思主义根本的方法论原则结合起来，将矛盾分析方法与时代特征、社会结构、革命使命、阶级分析、国情分析、战略分析结合起来，把社会历史的发展理解为一个不断自我否定和自我超越的过程。

又次，深刻批判了教条主义的中国形式——本本主义，没有将马列主义作为一成不变的绝对真理，否定了教条主义思维方式，坚持了实事求是的思想路线，从中国的实际出发，找到了适合国情的中国革命的正确道路，实现了中国社会制度的历史性变革。

最后，在理论的价值取向上，代表中国社会大多数人的利益，不仅以群众观点、群众路线的理论形式赋予了人民以主体地位，而且在整个革命历史时期，实现了中国社会的平等理想，从而赢得了民心所向的广泛支持，用解放战争时期特殊的"民心向背"选票，登上了胜利者的政治舞台。

它是一种宏观又抽象的理论把握。冲突的世界观，实事求是的实践唯物论原则，革命至上的价值观和阶级斗争的社会发展观，否定性辩证法等哲学理论是意识形态的理论基础，而实事求是、政治中心、革命至上三大核心理念则构成了意识形态的基本范式。这种意识形态范式在那个革命历史时期以对中国国情的真实把握，焕发出了改天换地的、巨大的实践力量。

（二）中国特色社会主义理论的真理性品格

经过20世纪这一意识形态的历史风云，我们必须在和平发展的世界语境中再认马克思开辟的意识形态从虚假走向真实的理论之路，重温其确立的构成基本路标的一系列理论原则。

坚持历史唯物主义原则，主张以"人的现实生活过程"的生命性存在为本真对象和意识原型，从人的存在与发展去解释自然的意义和历史的生成，从物质生活条件出发、以经济关系为基础去解读政治关系和精神现象，从人的物质活动出发去解释精神活动。它不是在每个时代寻找某种范畴作为历史的基础，"而是始终站在现实历史的基础上"说明逻辑化的历史观念。

坚持实践的唯物主义原则，"把感性世界理解为构成这一世界的个人的全部活生生的感性活动"①，把全部世界历史看作通过人的实践活动而诞生的过程，坚持人的感性实践活动是人的世界的现实基础。"不是从观念出发来解释实践，而是从物质实践出发来解释各种

---

① 《马克思恩格斯文集》第1卷，人民出版社2009年版，第530页。

第二章 走向真实：中国化马克思主义意识形态的真理之光

观念形态。"① 理论只有从现实的人的活动及其场域出发，并回归人的感性实践活动，推动人的发展与社会的进步才是有价值的理论，只有介入人不断的实践活动并经过实践检验的理论才是真实的理论，理论随着实践的发展而发展，不存在亘古不变的永恒真理。

坚持辩证的唯物主义原则，坚持以人的实践活动作为方法论原型，以辩证法为历史展开的内在逻辑，坚信世界不是一成不变的事物的集合体，而是在矛盾的对立统一中不断发展的过程。于是，理想与现实、理论与实际、谬误与真理等意识中的两极张力在实践的基础上展开，并在人的活动中消解与再生，循环往复地推动着认识的不断发展。

坚持人民群众利益至上原则，以人的全面自由发展与全人类的解放为理论宗旨。马克思正是在对下层民众的利益关切中，致力于研究物质利益关系才发现了唯物史观，并始终把最大多数人的利益作为理论及现实运动的目标。理论离开了人民至上的阶级立场，离开了基于民众物质文化利益的精神诉求，不仅不能理解马克思主义，而且一定背离马克思主义，并且走向虚假意识。

可以说，坚持上述原则的马克思主义才是具有真实性的科学的意识形态。它不是绝对真理的终极体系，不是放之四海而皆准的宇宙真理，不是可以解释一切的教条化体系，更不是代表少数利益集团、打着全民性旗号、穿着普遍利益外衣的统治阶级的思想及其制度形式。

当然，坚持上述理论立场绝非易事，20世纪，历史上的意识形态包括前苏东社会主义国家尽管都打着为社会利益代言、为民请命的"人民性"旗号，最终却多有名无实或名多实少。马克思的关于统治阶级把自己特殊利益的意志表达美化成全民共同利益幻象的

---

① 《马克思恩格斯文集》第 1 卷，人民出版社 2009 年版，第 544 页。

概括，既是对数千年文明史中政治经济现象的客观描述，也是对社会主义道路探索失误的意识形态原因的历史预判。

然而，基于改革开放伟大实践的中国特色社会主义理论却坚持了马克思主义意识形态的真实性的基本原则。

首先，坚持了历史唯物主义原则，不是从教条化的社会主义概念剪裁现实，而是从现实历史的逻辑解释社会主义的理论逻辑，创立了中国特色社会主义理论（包括社会主义本质论、根本任务论、初级阶段论等）；不是从人的精神界定人，而是从人的生命存在解释人，将所有路线、方针、战略基于现实的人的实际生活过程之上；不是从思想关系、政治关系出发解读经济关系，而是将生产力的发展和生产方式的变迁作为全部政治关系、精神关系的基础，创立了"三个有利于"标准和社会主义市场经济理论。

其次，坚持实践的唯物主义原则，再认"实践是检验真理的唯一标准"的大讨论破除了以"两个凡是"为代表的教条主义精神枷锁，回归了解放思想、实事求是的存在论原则，基于新的实践把握战后的世界，洞悉和平与发展的时代主题和经济全球化、信息化世界潮流，重新确立了理论、路线、方针、政策的实践基石。坚持理论的实践导向和问题导向，"以我国改革开放和现代化建设的实际问题、以我们正在做的事情为中心，着眼于对马克思主义理论的运用，着眼于实际问题的理论思考，着眼于新的实践和新的发展"[①]，摒弃了关于一切亘古不变的永恒真理的教条，实现了中国特色社会主义理论体系的变化日新。

再次，在历史唯物主义前提下实现了辩证法由否定性辩证法向肯定性辩证法的范式转变，用发展了的辩证法视域观察中国和世界，创立了和谐社会和和谐世界理论、人类命运共同体理论、和平

---

① 《十五大以来重要文献选编》中，人民出版社2001年版，第1311页。

发展理论、文明多样性理论、一国两制论、科学发展观、改革稳定发展关系理论等，使中国的改革开放伟大实践有了一种基于新的存在论和方法论的马克思主义世界观。

最后，坚持人民群众利益至上的价值观，坚持以人为本的核心价值原则。将代表最广大人民的根本利益、全心全意为人民服务作为执政党的党性所在和根本宗旨，将立党为公、执政为民作为根本的执政理念，将人的全面自由发展具体化为物质文化生活水平提升的直接现实，将人民的根本利益作为治国理政的出发点和最终归宿，将"人民拥护不拥护""人民赞成不赞成""人民高兴不高兴""人民答应不答应"作为评判决策成败得失的试金石。实现了中国人民从低等收入向中高等收入的快速提升和从1981年到2012年有六亿多人口脱贫的奇迹。

同时，由于中国特色社会主义道路的开拓导致的社会巨大进步和中国奇迹创生，则是中国化马克思主义意识形态真实性与巨大实践力量的历史证明。

（三）思想路线与群众路线的实践重合

按照事实真实和价值真实的双重规定，总结中国化马克思主义意识形态的真理性品格的现实形式，可以将中国特色社会主义理论概括为思想路线与群众路线的实践重合。

首先，思想路线就是思想达于真实之路，就是"一切从实际出发，理论联系实际，实事求是，在实践中检验真理和发展真理"[①]，简而言之可称之为实事求是。"实事求是，是无产阶级世界观的基础，是马克思主义的思想基础。过去我们搞革命所取得的一切胜利，是靠实事求是；现在我们要实现四个现代化，同样要靠实事求

[①] 《十二大以来重要文献选编》上，人民出版社1986年版，第67页。

是。"① 实事求是是毛泽东思想的基本点，毛泽东思想的精髓，也是邓小平理论的精髓。

其次，中国特色社会主义意识形态的价值真实关键体现为始终代表最广大人民的利益，体现为"党的群众路线"及其当代进展。一切为了群众，一切依靠群众，全心全意为人民服务，权为民所用，利为民所谋等，都是对人民群众价值主体地位、利益主体地位、价值目标地位的意识形态确认。

二者的实践重合是在中国革命时期找到适合自己国情的"农村包围城市"道路，在社会主义建设时期创立了"中国特色社会主义道路"。正如邓小平所说："中国革命的成功，是毛泽东同志把马克思列宁主义同中国的实际相结合，走自己的路。现在中国搞建设，也要把马克思列宁主义同中国的实际相结合，走自己的路。"② "把马克思主义的普遍真理同我国的具体实际结合起来，走自己的道路，建设有中国特色的社会主义，这就是我们总结长期历史经验得出的基本结论。"③

当然，同中国革命道路探索的艰难一样，社会主义道路探索也历经曲折甚至走入迷途。走入迷途的思想根源是背离了实事求是的思想路线，伟大的历史转折与新道路的开拓的理论前提是向实事求是的思想路线的历史回归，思想路线的回归则意味着意识形态范式的转变。

---

① 《邓小平文选》第 2 卷，人民出版社 1994 年版，第 143 页。
② 《邓小平文选》第 3 卷，人民出版社 1993 年版，第 95 页。
③ 同上书，第 3 页。

第三章

意识形态范式的转换与社会主义新道路的开拓

当我们通过对马克思原典的分析走出被"虚假性"迷雾所笼罩的歧义丛生的意识形态丛林，沿着马克思所指引的意识形态走向真实的现实路径，重新理解中国化马克思主义意识形态的理论真谛和现实力量的时候，在新制度经济学关于意识形态与经济增长之间关联的未尽之处，将意识形态范式作为中国奇迹创生的理论归因，就有了相应的逻辑恰当性。然而，这种逻辑恰当性还需历史本身给予经验支持，在与中华人民共和国的历史高度关联的意识形态理念的转变中认识改革开放历史新时期的开辟和中国奇迹的创生。本书借用库恩的范式（paradigm）概念，认为意识形态范式是指由体现国家意志的意识形态核心理念构成的价值信念结构，是调控党和国家行为的根本价值尺度，主导着国家政治过程、国家战略、大政方针和制度安排。1978年十一届三中全会前后的意识形态范式转变，不仅开始了改革开放的新时期，而且开拓了中国特色社会主义新道路。

一 社会主义道路的早期探索与
意识形态范式的约束

（一）革命意识形态范式的形成与范式转向的历史尝试

科学哲学家库恩认为，"范式"是体现每一个科学发展阶段所具有的特殊内在结构的理论模型，是由许多相互联系、彼此影响的命题和原理组成的系统整体，是某一科学共同体在长期的探索、教育和训练中形成的共同信念。所有其他理论都围绕着这一核心结构展开。中国化马克思主义也形成了类似的由意识形态核心理念构成的范式结构。本书称之为由实事求是、革命至上、政治中心三大理念构成的革命意识形态范式。

从五四以来马克思主义哲学思潮的传播，到中国共产党对中国新民主主义革命实践指导思想的形成，以毛泽东思想为代表的中国化马克思主义哲学不是"书斋化"学理形式，而是"自己时代的精神上的精华"，是经过如火如荼的革命实践的选择，最终积淀而成的，由世界观、价值观、方法论等要素构成的意识形态的理念结构。

由于中国化马克思主义意识形态的其他观念都围绕核心理念展开。同时，这种核心理念又是马克思主义哲学与中国具体实际相结合的理论结晶，先天具有"理论"与"实际"的辩证结构。因此，中国化马克思主义哲学又可以被视作承载着马克思哲学灵魂并直接介入波澜壮阔的中国当代实践的、作为中国共产党意识形态核心理念的"意识形态范式"[①]。只有从意识形态范式变革角度才能客观描述中国化马克思主义的哲学精神的逻辑轨迹，解释中国革命道路

[①] 郭忠义：《论中国经济奇迹的意识形态原因》，《哲学研究》2008年第9期。

和社会主义发展道路的实践探索，解释中国35年的经济高速增长及其所伴生的历史性崛起。

实事求是、革命至上、政治中心三大理念构成了这一范式的基本结构，实质性地体现了马克思主义哲学之唯物论的宇宙观、革命价值论和矛盾辩证法。它是自己那个时代的精神上的精华，也是毛泽东思想的精神内核和党的实践纲领。翻开《毛泽东选集》和中共党史，全党的思维方式、评价方式、行为方式都以此为核心理念，全部意识形态和政治实践都围绕着这三大理念进行。

之所以说中国化马克思主义哲学是中国"自己时代的精神上的精华"，在于它反映了20世纪上半期世界战争与革命的时代主题。中国革命是在国际共产主义运动的背景下展开的。斯大林在《论列宁主义基础》中明确将列宁主义定义为"帝国主义和无产阶级革命时代的马克思主义"，成为第三国际对马克思主义的时代表述并得到了中国第一代共产党人的深刻认同。例如，瞿秋白关于"世界革命"，"列宁主义就是帝国主义和无产阶级革命时代的马克思主义"，"阶级论和阶级斗争论"，"在唯物史观之中实占着中心的位置"①的观点，得到了毛泽东的高度赞同并进行了创造性的阐发。这从史诗性著作《毛泽东选集》中可以得到证明。

首先，《毛泽东选集》的《中国社会各阶级的分析》开篇以革命和战争划分历史时期，体现了中国共产党人对时代特征和国情特征的理解逻辑和思维定势。

其次，阶级斗争不仅是现实的、历史的逻辑，也是世界观方法论的逻辑。"阶级斗争，一些阶级胜利了，一些阶级消灭了。这就是历史，这就是几千年的文明史。拿这个观点解释历史的就是历史的唯物主义，站在这个观点的反面的是历史的唯心主义。"②于是，

---

① 参见《瞿秋白文集：政治理论篇》第8卷，人民出版社2013年版，第417页。
② 庄福龄：《马克思主义中国化研究》第1卷，人民出版社2009年版，第33页。

阶级斗争是唯物史观的中心，革命是阶级斗争的最高形式，革命的最高形式是武装夺取政权，代表了战争与革命时代中国共产党人对马克思主义哲学的基本理解。

再次，革命是《毛泽东选集》全部理论的核心和主旨。"井冈山道路"是独具创意的中国革命道路。"新民主主义论"是中国独特的民主主义革命理论。毛泽东以分清敌友为"革命的首要问题"[①]，以对中国社会的各阶级分析为革命的出发点。所谓"凡是敌人拥护的我们就要反对，凡是敌人反对的我们就要拥护"[②]，很好地体现了非此即彼、两极对抗的革命思维。

如果说，"革命"是毛泽东思想的主旨和价值取向，那么，实事求是则构成了毛泽东思想的灵魂。《毛泽东选集》从开篇到最后的基本思想就是从中国的实际出发，制定路线、方针、战略和政策。所有哲学著作都强调实事求是地解决革命的所有问题，都坚决地反对教条主义、本本主义。

由于战争与革命本质上是政治的极端表现和现实形式。于是，政治工作成为理论和实践的中心，成为一切其他工作的生命线。革命实践的每一环节都从属于政治中心。固然，经济工作也得到相应的理论关注，但是始终处于从属地位。

这种以实事求是、革命至上、政治中心为核心哲学理念的意识形态范式**符合**战争与革命的时代主题和历史趋势，也符合中国社会革命斗争的现实需要，抓住了中国社会的主要矛盾和历史脉搏，因此，发挥出巨大的实践力量，在28年艰苦卓绝的革命斗争中取得了中国革命的伟大胜利，实现了中华民族的独立和国家的统一。又经过7年的社会主义革命，迎来了社会主义共和国的诞生。

中华人民共和国成立后，中共面临根本任务的转变和国情、党

---

① 《毛泽东选集》第1卷，人民出版社1991年版，第3页。
② 《毛泽东选集》第2卷，人民出版社1991年版，第590页。

情的根本转变。如何实事求是地根据新的实际适时调整自己的国家战略和大政方针,成为重大的历史考验。以毛泽东为核心的第一代领导集体由于坚持了实事求是的思想路线,取得了国民经济恢复、抗美援朝、社会主义改造和"一五"计划顺利完成等一系列辉煌成就。尤其是从1956年2月到1957年6月的一年半左右时间,以毛泽东为代表的领导集体,吸取苏共的错误教训,开始了建设适合国情的社会主义道路的主体性自觉,并取得了理论探索和实践探索的重大成就,为后来中国特色社会主义道路的开辟奠定了基础。正如中国共产党党史专家石仲泉所说,这是马克思主义同中国实际相结合的"第二次历史性飞跃的前奏曲"[①]。

这一开拓性探索的主要理论成就是毛泽东在《论十大关系》提出了探索适合中国国情的社会主义建设道路的历史任务的正确方向,并经全党的初期探索在党的八大(即,中国共产党第八次全国代表大会,后同)上提出了一系列正确的理论和决策。

首先,大会提出了"为建设一个伟大的社会主义的中国而奋斗"的目标,确认了"社会主义制度在我国已经基本上建立起来……国内主要矛盾已经不再是工人阶级和资产阶级的矛盾,而是人民对于经济文化迅速发展的需要同当前经济文化不能满足人民需要的状况之间的矛盾"[②]。

其次,提出全国人民的主要任务是集中力量发展社会生产,实现国家工业化,逐步满足人民日益增长的物质和文化需要。虽然还有阶级斗争,还要加强人民民主专政,但其根本任务已经是在新的生产关系下保护和发展生产力。

再次,大会坚持了1956年5月党中央提出的"既反保守又反

---

① 石仲泉:《第二次历史性飞跃的前奏曲——中国共产党在1956年前后对社会主义建设道路的探索》,《党的文献》1988年第2期。
② 《中国共产党中央委员会关于建国以来党的若干历史问题的决议》,人民出版社1981年版,第15页。

冒进即在综合平衡中稳步前进"的经济建设方针和处理好积累与消费的关系、农轻重比例等若干经济政策，提出了发挥地方和中央两个积极性的体制和计划经济为主、商品经济为辅的社会主义经济模式。

最后，大会着重提出了执政党的建设问题，强调要坚持民主集中制和集体领导制度，反对个人崇拜，发展党内民主和人民民主，加强党和群众的联系。还提出了发展科学和文化艺术的正确方针和扩大人民民主、健全社会主义法治的政治战略。

可以说，党的八大的路线在基于对国情、党情、历史任务、主要矛盾的正确判断的基础上，实现了党和国家工作中心的转向，它为新时期社会主义事业的发展和党的建设指明了方向。同时，也意味着国家的意识形态范式的理念发生了重大转向，即由革命导向转至发展导向，由政治中心转向经济中心。

（二）意识形态范式的逆转与社会主义道路探索的失误

中华人民共和国的诞生改变了全球的政治格局，信奉马克思主义意识形态的中国共产党必然"一边倒"地加入国际社会主义阵营，并历史地站在了社会主义（共产主义）国家与资本主义国家两极对立的前沿，尤其是中国曾一度成为两极对抗的"热战"（指抗美援朝和抗美援越）前沿和想象中的"世界革命中心"。革命意识形态范式中作为实践唯物主义精神精华的实事求是理念，受到革命至上的价值观和政治中心理念的制约，调控着第一代共产党人对国情、世情和党情的认知和判断，决定着社会主义道路探索的历史性选择。同时，还有作为传统意识形态的原发性古老而悠久的中华文明也深刻地影响着第一代共产党领导集体的政治决策。

这就决定了基于每个无产阶级革命家意识深层的意识形态范式的转向是艰难的。一方面，由于20世纪中期的世界是意识形态对

第三章　意识形态范式的转换与社会主义新道路的开拓

抗的世界，初露端倪的和平与发展的时代主题还深深地为冷战的阴云所遮蔽，革命时期的意识形态范式制约着对世情的认知和对苏共领导人赫鲁晓夫的否定斯大林错误及其"改革"的判断；另一方面，由于中共受意识形态对抗的影响全面拒斥苏联和西方的政治制度文明和执政经验，必然在潜意识中回眸悠久的历史镜鉴以弥补执政经验的相对不足。于是，革命的意识形态范式和传统意识形态犹如"大他者"的呼唤，影响了新生的中华人民共和国的政治思想和实践进程，导致了意识形态范式转向的逆转。

从1957年6月的"反右扩大化运动"到10月毛泽东对党的八大关于国内主要矛盾正确提法的改变，标志着意识形态范式转向的逆转。继而出现了一个接一个的"左"的运动，最终导致不堪回首的"十年浩劫"，社会主义探索步入"文化大革命"迷途。

对此，邓小平做出过经典的论断："从一九五七年开始我们的主要错误是'左'，'文化大革命'是极左。中国社会从一九五八年到一九七八年二十年间，实际上处于停滞和徘徊的状态，国家的经济和人民的生活没有得到多大的发展和提高。"[①]"就整个政治局面来说，是一个混乱状态；就整个经济情况来说，实际上是处于缓慢发展和停滞状态。"[②]

这段"左"的社会主义道路探索实践及其失误，主要责任在于毛泽东因对国际共产主义运动新局势、对1957年国内整风运动中民主党派和知识分子的政治参与、对农村农民社会主义改造中出现的新问题、对党内领导集体的不同意见做出了有别于党中央集体的思想判断，并且借助革命时期形成的崇高威望和体制化力量，扭转了党的八大所规定的中华人民共和国航船的历史走向。从意识形态角度而言，就是将自己晚年的错误思想，以"阶级斗争为纲"的方

---

① 《邓小平文选》第3卷，人民出版社1993年版，第237页。
② 同上书，第264页。

式变成党的意志和国家意志,实现了意识形态范式转向的回转。

　　著名学者党史专家廖盖隆曾经中肯地指出:毛泽东"在思想指导上犯的错误主要是三个:一个是把阶级斗争扩大化;一个是对社会主义建设急于求成;再一个是急于向共产主义过渡的空想性的错误"①。三个指导性的晚年理论可以归结为"阶级斗争为纲"论和"社会主义空想"论。其认识上的主要原因则是"不坚持理论和实际相结合,实事求是,不坚持群众路线的领导方法和认识方法,不坚持自我批评,随时准备坚持真理,随时准备修正错误。这三条是他犯错误的主要原因。至于没有经验,当然也是一个原因。中共中央《关于建国以来党的若干历史问题的决议》还讲,他对全面的社会主义建设没有思想准备。另外,毛泽东对现代经济、现代化的工业管理等方面的东西不熟悉,他对农村的情况了解一些,但也不是全部,他自己就说过,我只知道农业,也是知道一部分。我举个例子,60年代斯诺来访,他对毛泽东说,美国只用百分之三的劳动力从事农业。毛泽东听后不相信,认为这不可能。他不能想象怎么能用百分之三的劳力来搞农业。因此可以看出,毛泽东既不了解外面的情况,又没有调查,他实际上脱离了调查研究、实事求是,群众路线、自我批评这些基本的东西。丢掉了这些,犯错误就是必然的了"②。

　　然而,我们从意识形态分析来看,决不能忽视传统意识形态的力量和作用。邓小平曾睿智地指出,"民主集中制被破坏了,集体领导被破坏了,否则,就不能理解为什么会爆发'文化大革命'。……我们过去的一些制度,实际上受了封建主义的影响,包括个人迷信、家长制或家长作风,甚至包括干部职务终身制"③。

---

　　① 张素华、边彦军、吴晓梅:《访廖盖隆:毛泽东晚年的失误》 (http://cpc.people.com.cn/GB/69112/70190/70194/5206566.html)。
　　② 同上。
　　③ 《邓小平文选》第2卷,人民出版社1994年版,第348页。

"斯大林严重破坏社会主义法制,毛泽东同志就说过,这样的事件在英、法、美这样的西方国家不可能发生。他虽然认识到这一点,但是由于没有在实际上解决领导制度问题以及其他一些原因,仍然导致了'文化大革命'的十年浩劫。这个教训是极其深刻的。"①这种分析已经指向了传统意识形态的深层。

按照这一指向我们有必要尝试探索中国国情这一不可或缺的文明维度。

中华文明以农业生产方式为基础,形成了以血缘、地缘关系为纽带的宗法性社会结构、以大一统的封建专制为核心的政治国家结构、以家族伦理为核心的儒家文化,形成了极为稳定的制度文明结构,并且将农业封建文明发展到登峰造极的程度。在中古时期,它以文明绵延历史之长、幅员之辽阔、经济总量领先世界之久而独占世界鳌头。这种传统文明深深地影响着现代中国人的心灵,影响着政治家的决策,影响着几乎所有的制度安排和制度结构,这又赋予了中国意识形态以独特的气质。

第一,中国的意识形态结构与政党结构、政治结构、经济结构、军事结构、社会组织结构实现了高度的"一体化"整合,意识形态具有空前的社会力量和以国家机器为后盾的暴力潜能。这与中国数千年大一统的"一体化"结构传统相承接,又与现代社会管理工具相结合,不仅使意识形态具有价值导向的内在制度规范职能,而且具有了马尔库塞所说的国家机器职能。从而使意识形态在新中国将近30年的内政外交中发挥了前所未有的效能。于是,无论是在后来的作为两极对抗的东方前沿的抗美援朝、抗美援越中,还是在"反修防修"与苏联对抗以及所有外交活动中,意识形态都起到了近乎决定性的作用。

---

① 《邓小平文选》第2卷,人民出版社1994年版,第333页。

第二，由于这种"一体化"特征，使经济结构高度集中与政治结构高度集权一体化的"苏联模式"采取了更为特殊的中国形式，革命党的夺权意识和暴力革命经验助长了"权力崇拜"观念，从而出现了政治集权化趋势和专制化征兆，导致了社会主义宗旨的背离和民主集中制的破坏，最终导致了无政府主义的"群众专政"的民主怪胎，以及政治上的个人专断和个人崇拜。

第三，由于"一体化"所导致的权力与真理结盟，隐含着真理终极化倾向和教条主义倾向，既可能打开意识形态由真实到虚假的思想大门，又可能导致窒息意识形态真实性生命的思想僵化。

不幸的是，意识形态范式转变的中断、逆转与日益"左"转，成为1957年后中国的思想现实并日渐主导了改革开放前的政治现实和社会现实。

（三）革命意识形态范式的形而上学化

所谓形而上学，一是指恩格斯语境中的与辩证法相对立的孤立、静止、片面看问题的思维方式和方法论原则，其特征是在"不相容的两极对立中思维"[①]；一是指始自亚里士多德的关于经验以外对象的学说，其特征是作为世界本体存在本身又支配着所有其他存在者的终极性存在。这里用它来指称社会主义建设时期的革命意识形态范式，可能更加贴切地反映出其发展逻辑和一般特征。

如前所述，中华人民共和国成立前的意识形态范式是由政治中心、革命至上和实事求是三大核心理念构成的形式结构。所谓政治中心，是人们观察社会现象时聚焦于政治角度，思考问题时侧重于政治分析，解决问题时习惯于政治方式，评价问题时专注于政治尺度，政治价值优于其他价值，经济、文化、军事、外交政策都围着

---

① 《马克思恩格斯选集》第3卷，人民出版社1995年版，第360页。

政治中心旋转。所谓革命至上，是在价值观上以革命为最高价值，在思维方式上崇尚非此即彼、你死我活的两极思考，拒绝中庸、调和、妥协与宽容；在解决社会问题上主张彻底的全面改造和激进的根本解决，反对对问题的微观分析和逐步解决，反对渐进的社会改良；在人生价值上，政治生命优于自然生命、群体价值优于个体价值，重信念、信仰等精神价值而轻物质幸福和民生改善。

经过长期的革命斗争形成的意识形态范式一定意义上已经成为中国共产党人的思维方式和行为习惯，革命成为根本的价值尺度，阶级分析成为感性直观的基本模式。虽然在从实际出发、实事求是的理念指导下，适应国情、党情的新变化已经出现了由政治中心到经济中心、由革命到发展（以发展生产力为基础的全面社会主义建设）的范式转向，但不幸的是，1957年下半年后又出现了逆转。

逆转的关键原因之一是对具有崇高威望和最高权力的毛泽东主席的一些具体观点和政策主张的绝对化理解和绝对遵从，党的思想路线逐步背离了实事求是的原则，走向了教条主义。也就是在意识形态范式中实事求是的核心理念，逐渐变成了毛泽东曾经坚决批判和拒斥并给中国革命造成巨大损害的教条主义。

首先，对列宁关于时代问题的教条化理解，影响了对战后时代主题转换的把握进而影响了对国情的科学认知，并在指导思想上陷入"反修防修"迷雾。毛主席曾指出，"恩格斯生前曾经说过：在特定的条件下，美国和英国也可以和平进到社会主义。但到20世纪，到帝国主义时代，美国和英国都成为帝国主义国家，情况就不同了。列宁就不再那样说了"[①]。尽管第二次世界大战后社会主义与资本主义阵营的对立旗帜鲜明，世界出现冷战阴云，但是随着联合国的建立、欧洲国家对两次大战的深刻反省、一大批殖民地国家和

[①] 《毛泽东文集》第7卷，人民出版社1999年版，第16页。

平独立等事件发生,和平与发展日渐成为世界人民的呼声和战后世界的时代主题。面临复杂国际形势并处于两大阵营对抗前沿的中国共产党人却因没有发现时代主题转换的端倪,毛泽东在 1957 年 11 月的莫斯科会议上,对"和平过渡"问题提出了不同意见,1961 年苏共二十二大后,对赫鲁晓夫"三和""两全"战略和政策进行了否定性的理解,最终得出了苏联成为修正主义的判断,并开始了"反修防修"运动并一步步走入"文化大革命"迷途。

其次,对马克思主义经典理论家的阶级斗争理论进行了教条化理解,忽视对马克思的唯物史观中发展生产力的根本逻辑。沿袭革命时期的阶级分析思维而无视社会主义制度基本建立后阶级和阶级斗争状况的基本事实,将阶级斗争在实践上扩大化,在理论上绝对化。对 1956 年出现的"波匈事件"和 1957 年国内整风运动中党外人士大规模的批评意见,最终采用了阶级分析方式,并导致反右扩大化和国情判断的失误。反击"右派"开始不久,毛泽东"于 1957 年 6 月 19 日发表的《关于正确处理人民内部矛盾的问题》一文中,增加了无产阶级和资产阶级的阶级斗争'还是长期的,曲折的,有时是很激烈的','社会主义和资本主义谁胜谁负的问题还没有真正解决'的话"[1];在 7 月召开的省市委书记会议上,将反右定性为"在政治战线和思想战线上的伟大的社会主义革命",这一提法极大地扩张了社会主义革命的社会边界和历史边界,开"以言定罪"先河并中断了党的八大提出的民主和法制化进程;同年 10 月的八届三中全会上,提出"无产阶级和资产阶级的矛盾,社会主义道路和资本主义道路的矛盾,毫无疑问,这是当前我国社会的主要矛盾"[2] 的结论性意见,改变了党的八大关于主要矛盾和政治国情的基本判断;毛泽东在 1958 年 3 月成都中央工作会议上,提出

---

[1] 丛进:《曲折发展的十年》,河南人民出版社 1989 年版,第 74 页。
[2] 转引自丛进《曲折发展的十年》,河南人民出版社 1989 年版,第 81 页。

了"两个剥削阶级"新论点,将知识分子阶层划入剥削阶级行列。毛泽东的上述观点在1958年5月的八大二次会议上成为全党共识:"整个过渡时期,也就是说,在社会主义社会建成以前,无产阶级同资产阶级的斗争,社会主义道路同资本主义道路的斗争,始终是我国内部的主要矛盾。这个矛盾,在某些范围内表现为激烈的、你死我活的矛盾。"① 这标志着对八大正确判断的全面颠覆,全党重新回到用阶级斗争的观点观察和分析一切的思维定势。由于在1958年3月的成都会议上毛泽东改变了八大关于"反个人崇拜"的党建思想,提出要有"正确的个人崇拜",即对掌握真理的领袖的崇拜是正确个人崇拜的观点,有人甚至提出"相信毛主席要相信到迷信的程度,服从毛主席要服从到盲目的程度"②,实现了真理权威与领袖权威的结合,毛主席的话后来很快得到教条式的理解和贯彻。于是,庐山会议上党内不同意见的差异变为走社会主义道路还是走资本主义道路的党内路线斗争,成为"社会上两大对抗阶级生死斗争的继续"③。1962年八届十中全会上,毛泽东提出了阶级斗争"必须年年讲、月月讲、天天讲","千万不要忘记阶级斗争"很快成为意识形态共识,1963年中共中央《关于农村社会主义教育运动中一些具体政策的规定(草案)》中,提出基本方针是"以阶级斗争为纲"。于是,这个魔幻般的概念,很快成为后来意识形态的标志性图腾。

再次,对中国革命道路的教条化理解,导致了革命的绝对化。这种理解在党的八大前就初见端倪。1954年3月9日,英国共产党总书记波利特给中共中央来信,建议出版英译本《毛泽东选集》第2卷时,将《战争和战略问题》一文的前两段删去。这两段是:

---

① 丛进:《曲折发展的十年》,河南人民出版社1989年版,第82页。
② 同上书,第116页。
③ 同上书,第226页。

"革命的中心任务和最高形式是武装夺取政权,是战争解决问题。这个马克思列宁主义的革命原则是普遍地对的,不论在中国、在外国,一概都是对的。""但是,在同一个原则下,就无产阶级政党在各种条件下执行这个原则的表现说来,则基于条件的不同而不一致。"[①] 8月23日,中共中央复信明确表示不能同意删掉这两段的建议。"因为毛泽东同志在该文件中所说到的原则,是马列主义的普遍真理,并不因为国际形势的变化,而须要什么修正。"[②] 可见,正是由于以毛泽东为代表的中共党人将列宁的时代理论与中国革命实践相结合的巨大成功及其显示的真理性权威,使人们对之产生了教条主义的理解而不与时俱进。作为阶级斗争最高表现的战争与革命成为毛泽东对时代的基本判断、观察世界局势和国情变化的分析模式。1958年毛泽东提出社会主义条件下的"不断革命论"将革命推及所有社会领域。"大跃进"本质上就是用革命形式进行的生产力和所有制关系的"不断革命"。1959年庐山会议把阶级斗争扩大到党内,1966年的"文化大革命"和"无产阶级专政下继续革命"理论是"革命绝对化"的极端实践形式和理论形式。

历史证明,马克思主义与中国实际相结合中最艰难的理论问题是坚持马克思主义与教条主义、发展马克思主义与修正主义、理论联系实际与经验主义和实用主义的区分及其尺度问题。中国革命之所以处理好了这一问题,是坚持了实事求是的思想路线和实践标准的结果,也是残酷实践斗争压力下教条主义教训反思后全党在生死存亡面前的现实选择。然而,随着革命胜利和中国共产党成为执政党,以及中华人民共和国成立之初的一系列革命成就,理论权威与政治权威实现了一体化。于是,实事求是理念受革命理念的价值导向最终让位于理论权威和政治权威结盟的教条主义原则。

---

① 《毛泽东文集》第7卷,人民出版社1999年版,第18页。
② 同上。

于是，以"阶级斗争为纲"为逻辑主线联结而成的以政治中心、革命至上、教条主义三大理念结构，渐渐地构成了"异变"的革命意识形态范式。它成为"文化大革命"十年党和国家观察分析世界万象的根本的思维定势、分析模式、价值尺度和行为准则。可以说，中国社会主义道路探索的所有失误，都是与这种形而上学化的、极端化的意识形态范式直接相关。

二 意识形态范式转变与中国道路的历史性开拓

（一）对"文化大革命"的反思与"精神枷锁"的崩解

1976 年的中国以一连串的重大事件凝重地书写着共和国的历史纪年。周恩来、朱德、毛泽东等一代伟人的相继离世，史无前例的唐山大地震，"四人帮"的灰飞烟灭，史无前例的"文化大革命"的终结……人们在大悲大喜、大疑大惊中经历着历史的巨变。在对"四人帮"的清算中，人们走出满目疮痍的"十年浩劫"，进行着中华民族历史任务的觉解，"实现四化，振兴中华"成为全民共识和中华人民共和国新的历史走向。

然而，"左"的思想没有随着"四人帮"的幻灭走入坟墓，"急于求成"的"左"的遗风像梦魇一样纠缠着人们的头脑。旧的意识形态范式依然在个人崇拜的历史惯性中重复着"文化大革命"思维的历史叙事，并幻变成"两个凡是"的政治和思想的权威外观。犹如无形的精神枷锁铐住了思维的自由天性而导致了民族的思想僵化，形成了锁定中华人民共和国巨轮起航的精神锚链。曾被"四人帮"无限放大并高度社会化了的毛泽东晚年错误思想，使人们面临着十面埋伏般的思想禁区，带着令人胆寒的历史记忆的政治禁忌足以使人们在现代化道路上踟蹰不前、举步维艰，造成了粉碎"四人帮"后的两年徘徊局面。这一徘徊表象背后是意识形态理念的交锋和较量，是意识形态范式的艰难转换。

这是一个需要巨人而且产生巨人的时代。在历史转折的关键时期，中国共产党第二代领导以邓小平同志为核心，拥有大无畏的革命家胆略和理论家勇气，成为担当开拓改革开放新时代、实现中华民族历史复兴任务的历史巨人。

邓小平对"文化大革命"的反思与人们专注于哀鸿遍野的社会表象不同，思想锋芒直入旧的意识形态范式深层，透过教条主义藩篱的精神表象，直指"两个凡是"的意识形态虚假性本质，把回归马克思主义意识形态的真实性、回归实践唯物主义的存在论基础——"现实生活过程"，也就是实事求是，作为根本的思想路线，作为打开教条主义精神枷锁的钥匙。

正是对作为马克思主义的中国化升华的实事求是精神理念的高扬和重新确认，体现了党和中华人民共和国的意识形态范式由革命到发展的根本变迁。这一对马克思主义和毛泽东思想精髓和根本点的实践把握，推动了中国共产党历史上的思想转折和实践转折，推动了中国特色社会主义道路的历史性开拓。

如前所述，作为中国共产党政党意志和国家意志核心理念的意识形态范式，体现着中国共产党的马克思主义中国化实践进程的历史逻辑和精神逻辑。分为中国革命时期的革命的意识形态范式和改革开放新时期的发展的意识形态范式。从1957年下半年到1966年"左"倾思想逐渐上升为统治地位的时期，可以视为革命范式向发展范式转变的探索和革命意识形态范式的双重逻辑并行，1966—1976年则是极端化、教条化的意识形态范式的精神统治。我们所说的意识形态范式变迁，主要是指由极端化的、或者说异化的革命意识形态范式，向发展的意识形态范式的变迁。

1956年中国面临意识形态范式转变的社会发展需求和国际形势契机：战后和平与发展主题初露端倪，赫鲁晓夫改革打破了斯大林的个人迷信和斯大林模式的教条主义崇拜，国内社会主义制度的基本建立和大规模阶级斗争的结束，社会基本矛盾和主要矛盾的转换，党的执政地位确立和主要职能的变化，都要求由政治中心、革命至上的意识形态范式向以经济为中心的范式转变，中国共产党也作出了实事求是地探索适合中国自己的社会主义道路的积极尝试，并取得了以八大路线为标志的重大成果。同时，党内的教条化倾向也一度得到中共的自觉抑制。然而，由于复杂的国际国内环境和革命意识形态范式的习惯性制导，由于中国革命的巨大成功和传统封建意识形态的影响，由于毛泽东主席的巨大历史功绩形成的崇高威望和权力高度集中体制下的领袖地位，毛泽东主席逐渐淡化了实事求是原则而代之以基于革命经验的主观意志，固化了革命意识形态的价值尺度、思维定势和行为模式，导致了对世情、国情、党情认知的错误判断，推翻了党的八大所制定的一系列正确的路线方针和政策，最终使之没有随着时代主题、现实国情和党的中心任务的转变而转变，相反使之不断极端化、教条化，在其后十多年里这种范式逐步取得了主导地位，并使前期的实践探索和理论创新被定性为修正主义、资本主义，并遭到反复批判。到了1966年的"文化大革命"，在林彪、"四人帮"别有用心的鼓动下，教条主义、个人崇拜再度勃然兴起，实事求是理念最终被遮蔽。意识形态范式也就失去了永葆活力的唯物论基石和社会客观性基础。在教条化的"阶级斗争为纲"的基本理念指导下，中国共产党人的社会主义道路探索一步步地走入"文化大革命"迷途。

由此可见，这种极端化、教条化、异化的革命意识形态范式与原来意识形态范式的根本区别，是将基于唯物主义立场的实事求是理念变成了基于个人崇拜的教条主义，并将政治中心和革命至上绝对化、极端化、形而上学化，变为"阶级斗争为纲"。

所谓教条主义理念，本质上是神学唯心主义世界观，世俗表现则是神化和崇拜权力，迷信和盲从权威，视理论为不变之教义，把正确思想体系简化为教条式话语，并奉其为普世的绝对真理任意套用剪裁现实。例如，林彪把毛主席神化，鼓吹"天才论""顶峰论"。把毛泽东思想语录化、绝对化，鼓吹"一句顶一万句"。

教条主义导致了革命至上的绝对化。它以革命为终极价值尺度。视革命为社会存在常态和历史的根本逻辑，其特点是崇尚冲突和对抗，否定稳定和秩序，鼓吹"天下大乱"、越乱越好；以"阶级斗争为纲"为根本方法论原则，用阶级斗争的观点观察和分析一切；主张你死我活的对立和斗争，反对任何中庸、妥协、调和和宽容；主张彻底的、激进的、速成的、全面的社会变革，反对渐进的发展和任何局部改良。否定一切传统文化和外来文明，主张怀疑一切、打倒一切。"文化大革命"是其实践形式，"无产阶级专政下继续革命"是其理论形式。

教条主义导致了政治中心绝对化，就是视所有问题为政治问题进行政治分析，用政治方式解决一切问题，以政治尺度作为评价问题的根本尺度，将政治价值作为最高价值，将政治工作作为一切工作的中心和生命。如林彪鼓吹的"政治第一"①，"政治挂帅"，"政治工作可以冲击一切、压倒一切"，"四人帮"鼓吹的"宁要穷的社会主义，不要富的资本主义"，"宁要社会主义的草，不要资本主义的苗"，等等。由于政治的最基本内涵就是"两个阶级、两条道路、两条路线"的对立和斗争，因此，政治中心绝对化就是"阶级斗争为纲"。

上述意识形态范式在"文化大革命"实践中发挥得淋漓尽致、登峰造极。作为"文化大革命"指导思想的"阶级斗争为纲论"

---

① 林彪主持的1960年军委扩大会议上做出的《关于加强军队思想政治工作的决议》中将"四个第一"作为指导思想，即"人的因素第一""政治第一""思想工作第一""活的思想第一"。这是林彪搞个人崇拜的一大步骤，也是阉割马列主义、毛泽东思想将之语录化、警句化、教条化的一大举措，在"文化大革命"中推向全国。

最终被林彪"四人帮"系统化为"无产阶级专政下继续革命"理论，以"马克思主义发展史上第三个伟大的里程碑"之名写入了党的九大、十大的政治报告和四届人大通过的宪法。粉碎"四人帮"后，教条主义的"两个凡是"①成为这种意识形态范式的标志。

1977年8月党的十一大虽然宣告了"文化大革命"的结束并宣告中国进入社会主义革命和社会主义建设新时期，党在新时期的根本任务是21世纪内把中国建设成为伟大的社会主义的现代化强国，但同时宣告"文化大革命"是"无产阶级专政史上的伟大创举"将来还会"进行多次"；虽然批判了"四人帮"的罪恶之举，但是仍以他们所高扬的"无产阶级专政下继续革命"理论作为抓纲治国的指导思想，并认为"四人帮"是"形左实右"，继续奉行其极左路线。这说明极端化、教条化的意识形态范式依然成为党中央的思维定势和国家决策依据，不仅严重影响着对国情、世情和党情的正确认知，而且严重制约着党和国家工作重心的历史转变。

邓小平基于对"文化大革命"教训的深刻反思、对时代特征的深邃观察、对现实国情的正确把握，把意识形态的范式转变作为历史转折的思想前提，以无私无畏的革命家胆略和扭转乾坤的伟人气概，带领全党进行指导思想上的"拨乱反正"。而驱散教条主义思想迷雾，由"两个凡是"回归实事求是成为范式转变的关键之战。

邓小平在蒙冤尚未复出之时就敏锐发现意识形态虚假性的根本症结所在，批判的思想锋芒直指"两个凡是"。"两个凡是"一发表，邓小平就提出异议，认为这不是马克思主义、毛泽东思想。4月10日致信华国锋主席和中共中央提出"用准确完整的毛泽东思想来指导"的建议，旨在改变教条主义思维模式和"两个凡是"

---

① 指1977年2月7日经华国锋主席批准发表的《人民日报》、《红旗》杂志、《解放军报》社论中所提出的"凡是毛主席做出的决策，我们都坚决维护；凡是毛主席的指示，我们都始终不渝的遵循"。

的话语模式。5月24日提出"两个凡是"是个"是否坚持历史唯物主义"的重要的理论问题,马恩列斯都没有说过"凡是","毛泽东同志自己也没有说过'凡是'。"①

邓小平在7月21日十届三中全会上复职的讲话中,就明确提出"完整地、准确地理解毛泽东思想","群众路线和实事求是这两条是最根本的东西。"② 邓小平在复出后百废待兴、日理万机的情况下,率先突破"两个凡是"的限制,将恢复和发扬"实事求是的优良传统和作风"落实到自己所有的工作决策之中,不愧是冲破教条主义的开路先锋。

在1977年8月12—18日召开的中共十一大上,邓小平的上述洞见不仅出现在他所做的闭幕词中,而且出现在华国锋所做的政治报告中:"我们党形成了一整套无产阶级的优良作风。其中最根本的,就是群众路线和实事求是。毛主席历来倡导充分信任群众,依靠群众,倾听群众呼声,历来倡导实事求是,科学态度,老老实实地办事。"③ 这说明,随着邓小平的历史性复出,在作为全党意志的意识形态范式的核心理念实事求是与"两个凡是"之间,已经开始发生了后者向前者的转向。

如果说,指出"两个凡是,"是不符合对马克思主义、毛泽东思想的完整理解,使之没有出现在十一大的文件之中,撕破了教条主义精神藩篱;那么,重新确立真理的实践标准,重建实事求是的思想权威,则是对"两个凡是"的致命一击。在邓小平的支持和主导下,全国关于"真理标准问题的大讨论"标志着意识形态范式的核心理念由"两个凡是"向实事求是的重大转变。

1978年5月10日,中共中央党校内部刊物《理论动态》第60

---

① 冷溶、汪作玲:《邓小平年谱》上,中央文献出版社2004年版,第159页。
② 同上书,第163页。
③ 华国锋十一大上的政治报告(一九七七年八月十二日报告,八月十八日通过),http://chinadaily.com.cn/dfpd/18da/2012-08/29/content_15714533.htm,2012年8月29日。

第三章　意识形态范式的转换与社会主义新道路的开拓　　147

期，刊登了经胡耀邦审定的由南京大学胡福明教授撰写，杨希光、马佩文、王强华等修改的文章《实践是检验真理的唯一标准》。5月11日《光明日报》以特约评论员的名义转载，到5月13日，新华社、《人民日报》《解放军报》以及多数省级党报纷纷转载。文章提出"实践是检验真理的唯一标准"，真理在实践中发展而非一成不变。"'四人帮'加在人们身上的精神枷锁，还远没有完全粉碎。……无论在理论上或实际工作中，'四人帮'都设置了不少禁锢人们思想的'禁区'……凡有超越于实践并自奉为绝对的'禁区'的地方，就没有科学，就没有真正的马列主义、毛泽东思想，而只有蒙昧主义、唯心主义、文化专制主义。……躺在马列主义毛泽东思想的现成条文上，甚至拿现成的公式去限制、宰割、裁剪无限丰富的飞速发展的革命实践，这种态度是错误的。"[①] 可见文章是对林彪、"四人帮"炮制的精神枷锁的首次公开理论清算，锋芒指向则是与之同一思维模式的"两个凡是"。时任中央主管宣传的负责人认为此文"在理论上是荒谬的，在思想上是反动的，在政治上是砍旗的"而点名批评，一些拥护"两个凡是"的文章也对之进行理论挞伐。

在此关键时刻，邓小平支持并领导了真理标准问题的全国性大讨论。1978年5月30日在与胡乔木讨论全军政治工作会议上的讲话时，就批评了只能讲毛主席、华主席之所讲，唯上是听，唯书是从的教条主义，却唯独不讲毛泽东思想的根本态度、根本观点、根本方法，不从实际出发，连实践标准都成了问题，实际上是林彪"四人帮"那一套在起作用。把实事求是提升到了毛泽东思想根本的世界观方法论高度。邓小平在6月2日全军政治工作会议上的讲话，是意识形态核心理念从"两个凡是"回归实事求是的理论

---

① 资料：《实践是检验真理的唯一标准》（http://news.xinhuanet.com/politics/2008 – 05/09/content_ 8138077.htm）。

宣言。

首先,把实事求是作为马列主义毛泽东思想的根本理念。开篇就讲任何工作都为的是解决问题,能否解决问题和解决的是否正确,关键在于能否理论联系实际,采取实事求是的态度,一切从实际出发。只有这样才有可能正确地或者比较正确地解决问题,而究竟是否正确或者完全正确,还需要今后的实践来检验。

其次,严厉批评了教条主义,指出"有一些同志天天讲毛泽东思想,却往往忘记、抛弃甚至是反对毛泽东同志的实事求是、一切从实际出发、理论与实践相结合的这样一个马克思主义的根本观点,根本方法。不但如此,有的人还认为谁要是坚持实事求是,从实际出发,理论和实践相结合,谁就是犯了弥天大罪"①。因此,必须"打破精神枷锁,使我们的思想来一个大解放"②。

这一伟大的宣言犹如思想的闪电穿透了"两个凡是"的意识形态虚假性本质,将意识形态真理性重新建诸于唯物主义基石和实践标准之上。在邓小平主持下,《光明日报》6月24日以"本报特约评论员"的名义发表了吴江撰写罗瑞卿审定的文章《马克思主义的一个最基本的原则》,翌日,《人民日报》《光明日报》全文转载。全国理论界、新闻出版界、文化界等社会各界纷纷加入讨论中来,到年底中央和省级报刊发表真理标准论文650篇,掀起了全国性的大讨论。尤其是,全国各省市自治区党政军负责人纷纷就此发表讲话支持"实践是检验真理的唯一标准",理论问题已经成为国家意志的意识形态选择和自觉,成为国家力量在理性思考和讨论中对真理权威的认同,人们的思想从教条主义迷雾中拨云见日,回归简单明了的实践理性常识。正如历史所见证的那样,它冲破了"两个凡是"的严重束缚,推动了全国性的马

---

① 《邓小平文选》第2卷,人民出版社1994年版,第114页。
② 同上书,第119页。

克思主义思想解放运动，为党的十一届三中全会的召开做了重要的思想准备，是十一届三中全会实现中华人民共和国成立以来党的历史上具有深远意义的伟大转折的思想先导。解放思想、实事求是打碎了"两个凡是"的教条主义精神枷锁，使全党全民焕发出蓬勃的创新活力，成为开创马克思主义新境界、开辟社会主义新道路的思想前提。

（二）否定"阶级斗争为纲"与意识形态范式的转向

如果说，真理标准讨论打破了"两个凡是"的教条主义精神枷锁，那么，1978年11月10日召开的36天的中共中央工作会议，则把作为"无产阶级专政下继续革命"的理论纲领的"阶级斗争为纲"拉下神坛。会上，"十一大"决定的党和国家"实现现代化"和"阶级斗争为纲"的双工作重心论的矛盾白热化，对"两个凡是""文化大革命"评价、真理标准讨论的评价等大是大非问题取代了会议原定的经济主题。党中央在充分民主讨论的基础上，平反了几宗重大党内冤假错案，主要领导人华国锋承认了"两个凡是"的错误。邓小平做了《解放思想，实事求是，团结一致向前看》的重要讲话。指出，"关于实践是检验真理的唯一标准问题的讨论，实际上是要不要解放思想的争论。大家认为进行这个争论很有必要，意义很大。从争论的情况来看，越看越重要。一个党，一个国家，一个民族，如果一切从本本出发，思想僵化，迷信盛行那它就不能前进，它的生机就停止了，就要亡党亡国"[①]。"讲话"把坚持教条主义的"两个凡是"，还是坚持解放思想、实事求是，上升到党和国家生死存亡的高度。会议打破了革命至上的最高价值尺度，质疑无产阶级专政下继续革命——"文化大革命"的性质和成

---

① 《邓小平文选》第2卷，人民出版社1994年版，第143页。

果，邓小平的讲话则宣告改革关系到国家的生死存亡，"如果现在再不进行改革，我们的现代化事业和社会主义事业就会被葬送"①。这一重要讲话实际上成为几天后召开的十一届三中全会的主题报告。在这次伟大的历史性会议上，重新确立了党的实事求是的思想路线，宣告了全党工作重点从1979年开始转移到社会主义现代化建设上来，实现了党的政治路线根本上的"拨乱反正"，社会主义现代化建设成为中国最大的政治。毅然抛弃了"阶级斗争为纲"的"左"的指导方针和"无产阶级专政下继续革命"的"左"倾错误理论。

思想解放的伟大意义首先在于它带来了实践中的人的解放，其标志就是对"文化大革命"的"拨乱反正"，就是大规模平反冤假错案。正是由于思想解放导致的对革命至上的终极价值理念的怀疑和拒斥，才带来了对"无产阶级专政下继续革命"道路的毅然诀别。正如邓小平说："为什么我们能在七十年代末和八十年代提出了现行的一系列政策，就是总结了'文化大革命'的经验和教训。"②

"文化大革命"中全国被立案审查的干部占干部总数的17.5%，中共中央国务院副部级以上、地方副省级以上的高级干部被立案审查者占总数的75%。尽管1977年12月开始担任中国共产党中央组织部部长的胡耀邦为平反冤假错案奔走呼号且有成效，但林彪"四人帮"制造并为毛泽东主席所定、所知的一大批"铁案"难以昭雪并极大地影响了其他案件的平反。由于解放思想、实事求是成为根本的哲学理念和实践原则，十一届三中全会到六中全会期间，开始了包括对上述案件平反的大规模彻底平反冤假错案的"解放"运动。

---

① 《邓小平文选》第2卷，人民出版社1994年版，第150页。
② 《邓小平文选》第3卷，人民出版社1993年版，第172页。

"拨乱反正"意味着对"阶级斗争为纲"的彻底抛弃、对所谓阶级斗争在党内反映的"路线斗争"的彻底抛弃,对政治第一、政治挂帅等"空头政治"及其"贫穷社会主义"道路的彻底抛弃。

首先,"文化大革命"中姚文元、张春桥炮制的"两个基本估计"("文化大革命"前17年教育战线上基本是资产阶级专了无产阶级的政,即"黑线专政";教育战线工作的知识分子大多数人的世界观是资产阶级的,是资产阶级知识分子),将知识分子打入对立阶级的阵营。这是对毛主席1957年10月对知识分子错误判断的恶性发展。当时把知识分子和包括小业主和独立劳动者的"资本家"及其家属都打入资产阶级的错误判断,是毛泽东推翻"八大"关于阶级问题的正确观点,推行"阶级斗争为纲"的重要现实依据。而"两个基本估计"进一步把共和国培养的知识分子都打入资产阶级,在一个科技竞争、人才竞争已经成为国际竞争的主要领域、人才成为最主要的生产要素的和平发展时代,这对一个新生的共和国所造成的损失和危害,是永远无法估量的。1978年全国科学大会上邓小平在开幕式上的讲话,把知识分子划归了工人阶级自己的一部分,尤其是1978年11月彻底摘掉了55万多1957年划为右派,在"文化大革命"中又带上"右派分子"的帽子的知识分子,1980年为株连2100多人的"胡风反革命集团"案平反,这意味着涉及数千万人的知识分子及其家属的政治解放。

其次,否定了"路线斗争"是党内阶级斗争反映的说法,1980年起,先后为刘少奇、彭德怀、瞿秋白平反,为李维汉、邓子恢、潘汉年平反。政治化的"路线斗争"自此淡出了血雨腥风的阶级斗争舞台。否定了"文化大革命"中对"地、富、反、坏、右、军、警、伪、宪、特、资"等阶级属性永恒化的现代"种姓论",摘掉了他们带了数十年的"阶级敌人"的政治帽子,恢复了他们的公民权。这又是涉及数千万人的解放,因为,仅前五种的"黑五类",毛泽东在1958年就估计有3000万人,并将之划为"第一个剥削阶级"① 的行列,那么,这么多人的解放将带来多么巨大的"实现四化,振兴中华"的伟大力量。

人的解放是可以视为意识形态范式转变的直接现实,解放了的人是中国特色社会主义道路探索的现实力量。当中国共产党人在理论和实践上毅然告别我们曾奉为马列主义发展史上里程碑的"无产阶级专政下继续革命"道路,毅然告别可以冲击一切的"空头政治",坚决从"文化大革命"迷途上"拨乱反正"重新进行路向选择时,实际上本能地回到了作为自己灵魂的唯物史观,回到了生产力发展推动历史发展的马列主义基本常识,回到了作为马克思主义及其中国化理论精髓的实事求是。

作为党的第二代领导集体核心的邓小平的思维指向,代表了意识形态范式的转向。这种转向是通过对政治和革命的重新解释这一环节完成的。邓小平指出:"革命是要搞阶级斗争,但革命不只是搞阶级斗争。生产力方面的革命也是革命,而且是很重要的革命,从历史发展来讲是最根本的革命。"② 这就以生产力革命的方式告别了以"阶级斗争为纲"的政治革命。实现现代化就"是一场新的大革命。我们革命的目的就是解放生产力,发展生产力。离开了生产力的发展、国家的富强、人民生活的改善,革命就是空的"③。"什么是中国最大的政治?四个现代化就是中国最大的政治。"④ 于是,政治和革命被赋予了新的历史内容和概念内涵。

---

① 丛进:《曲折发展的岁月》,河南人民出版社1989年版,第84页。
② 《邓小平文选》第2卷,人民出版社1994年版,第311页。
③ 同上书,第231页。
④ 同上书,第234页。

由此可见，从1978年真理标准问题的大讨论开始，意识形态核心理念的要素和结构——意识形态范式发生了根本的变化。正如邓小平指出，"党的十一届三中全会对过去做了系统的总结，提出了一系列新的方针政策。中心点是从以阶级斗争为纲转到以发展生产力为中心，从封闭转到开放，从固守成规转到各方面的改革。"①这就是说，在邓小平的领导下，历经两年多的努力，党和国家实现了意识形态范式的伟大变迁：即由教条主义的"两个凡是"转向了实事求是，由政治第一即"阶级斗争为纲"转向以经济建设为中心，由革命至上转向改革开放。

（三）中国特色社会主义道路的历史性开拓

1997年9月12日，时任中共中央总书记的江泽民在党的十五大报告中指出，"1978年邓小平《解放思想，实事求是，团结一致向前看》这篇讲话，是在'文化大革命'结束以后，中国面临向何处去的重大历史关头，冲破'两个凡是'的禁锢，开辟新时期新道路、开创建设有中国特色社会主义新理论的宣言书"②。

什么是社会主义？怎样建设社会主义？是困扰中国共产党人的重大问题。过去的一切失误都与对这个根本问题的认识有关。确切地说，是用马克思、恩格斯、列宁的理论猜想和斯大林模式为蓝本建设中国的社会主义。然而，我们是在落后国家建成社会主义的，与马恩的设想不合。于是，我们将马克思、列宁的个别理论和话语教条化，并引申出"无产阶级的专政下继续革命"来搞社会主义。例如，"对列宁关于小生产每日每时地大批地产生资本主义和资产阶级这一段话的误解或教条化，搬错了"③。"文

---

① 《邓小平文选》第2卷，人民出版社1994年版，第269页。
② 《中国共产党第十五次全国代表大会文件汇编》，人民出版社1997年版，第10页。
③ 同上。

化大革命"的沉痛教训说明,我们不仅离开了马克思主义,而且离开了世界文明发展的大道。邓小平在总结"文化大革命"教训后,基于唯物史观的基本常识,对这一理论难题进行了深沉的思考,以生产力发展和人民生活水平为根本价值尺度,对中国现实国情和世界发展的情势,对"什么是社会主义"做出了否证性回答:"贫穷不是社会主义"!

首先,"社会主义总要比资本主义优越,社会主义国家应该使经济发展得比较快,人民生活逐渐好起来,国家也就相应地更强盛一些"[1]。"要建设对资本主义具有优越性的社会主义,首先必须摆脱贫穷。现在虽说我们也在搞社会主义,但事实上不够格。"[2]"根据我们自己的经验,讲社会主义,首先就要使生产力发展,这是主要的。只有这样,才能表明社会主义的优越性。社会主义经济政策对不对,归根到底要看生产力是否发展,人民收入是否增加,这是压倒一切的标准。空讲社会主义不行,人们不相信。"[3]

其次,"贫穷不是社会主义,更不是共产主义"[4]。"为什么好多非洲国家搞社会主义越搞越穷。不能因为有社会主义的名字就光荣、就好。"[5]"现在说我们穷还不够,是太穷,同自己的地位完全不相称。……包括什么叫社会主义这个问题也要解放思想。经济长期处于停滞状态总不能叫社会主义。人民生活长期停止在很低的水平总不能叫社会主义。"[6]

邓小平对实事求是的分析,使我们党的国情判断趋向于意识

---

[1] 《邓小平文选》第2卷,人民出版社1994年版,第311页。
[2] 《邓小平文选》第3卷,人民出版社1993年版,第225页。
[3] 《邓小平文选》第2卷,人民出版社1994年版,第314页。
[4] 《邓小平文选》第3卷,人民出版社1993年版,第64页。
[5] 《邓小平文选》第2卷,人民出版社1994年版,第313页。
[6] 同上书,第312页。

形态真实。实际上，后来经济学研究证明，1978年的中国是世界上最贫困的国家之一，按照世界银行的指标，人均GDP只有155美元，不足撒哈拉沙漠以南非洲国家人均GDP（490美元）水平的三分之一。"贫穷不是社会主义"是对20世纪全球社会主义实践历史教训深刻反思后得出的科学结论，也是向马克思唯物史观的真正回归。

早在《1844年经济学—哲学手稿》中，马克思就批判了以贫穷和"到处否定人的个性"为特征的"粗陋共产主义"，"只不过是私有财产的彻底表现"。如果说，普遍的和作为权力而形成的嫉妒心是贪财欲所采取的使自己得到满足的隐蔽形式，那么，"粗陋的共产主义者不过是充分体现了这种嫉妒和这种从想象的最低限度出发的平均主义"[①]。它特定的、有限的尺度就是"对整个文化和文明的世界的抽象否定，向贫穷的、需求不高的人——他不仅没有超越私有财产的水平，甚至从来没有达到私有财产的水平——的非自然简单状态的倒退，恰恰证明私有财产的这种扬弃绝不是真正的占有"[②]。"对私有财产的最初的积极扬弃，即粗陋的共产主义，不过是想把自己设定为积极的共同体的私有财产的卑鄙性的一种表现形式。"[③]

马克思恩格斯在《德意志意识形态》中也明确指出，共产主义的实现必须以"生产力的巨大增长和高度发展"为绝对必须的前提。"如果没有这种发展，那就只会有贫穷、极端贫困的普遍化；而在极端贫困的情况下，必须重新开始争取必需品的斗争，全部陈腐污浊的东西又要死灰复燃。"[④] 以此可见，无论是人的发展阶段还是社会发展形态都必须建诸于相应的生产力发展水平之上，离开生

[①] 《马克思恩格斯文集》第1卷，人民出版社2009年版，第184页。
[②] 同上书，第295—296页。
[③] 同上书，第297页。
[④] 《马克思恩格斯选集》第1卷，人民出版社1995年版，第86页。

产力发展的社会主义一定是否定人的个性与发展的历史倒退，贫穷不是社会主义。

按照唯物史观，"什么是社会主义？"没有普遍适用的绝对化模式，但必须具备相应的生产力基础。社会主义不是一个经典理论家铸就的普世"模板"，"不是现实应当与之相适应的理想"①，而是改变现实状况的现实运动，是历史主体根据自己的国情实践着的现实运动——探索中行进着的道路。"怎样建设社会主义"不是依赖抽象的形而上学观念，而是要依据自己的国情现实。社会主义国家既然都是在相对落后的国家中产生的，那么，发展生产力就是建设社会主义的重中之重。把马克思主义与中国社会主义建设实际相结合，就是中国人民的必然选择。正如邓小平指出，"要坚持马克思主义，坚持走社会主义道路。但是，马克思主义必须是同中国实际相结合的马克思主义，社会主义必须是切合中国实际的有中国特色的社会主义"②。"过去搞民主革命，要适合中国的情况，走毛泽东同志开辟的农村包围城市道路。现在搞建设，也要适合中国的情况，走出一条中国式的现代化道路。"③"把马克思主义的普遍真理同我国的具体实际结合起来，走自己的道路，建设有中国特色的社会主义，这就是我们总结长期历史经验得出的基本结论。"④

正是基于这种对社会主义的理解，以邓小平为核心的中国共产党人，开拓了建设中国特色社会主义的"中国道路"，实现了我国历史上的一个伟大转折，开始了一个新的历史阶段的伟大开端。

---

① 《马克思恩格斯选集》第1卷，人民出版社1995年版，第89页。
② 《邓小平文选》第3卷，人民出版社1993年版，第62页。
③ 《邓小平文选》第2卷，人民出版社1994年版，第163页。
④ 《邓小平文选》第3卷，人民出版社1993年版，第3页。

三 意识形态范式转变与历史逻辑的理论呈现

意识形态范式的转变，也就是从教条主义的"两个凡是"向实事求是、从以政治为中心向以发展生产力为中心、从革命至上到改革开放的转变，本质上是向唯物史观的回归。一定意义上说，唯物史观就是对现实的人的历史本身发展规律的逻辑表达，或者说是历史逻辑的理论呈现；而意识形态范式的转变是唯物史观视域转换的中国化表征。

（一）唯物史观的历史逻辑和两大视域

恩格斯说，"我们根本没想到要怀疑或轻视'历史的启示'；历史就是我们的一切，我们比任何一个哲学学派，甚至比黑格尔，都更重视历史"[1]。"我们仅仅知道一门唯一的科学，即历史科学。"[2] 从这个意义上说，代表马克思哲学本性的理论就是唯物史观。马克思哲学与德国古典哲学尤其是青年黑格尔派哲学的根本差异，不在于世界有无历史性，而在于历史本身是绝对观念逻辑展开的历史，还是现实的人的感性活动的历史；世界的本质是逻辑的世界，还是历史中的客观世界。正是唯物史观这种指向经验事实的现实性向度，即"按照事物的真实面目及其产生情况来理解事物"[3]的向度，才可以称之为"新唯物主义"，才可以称之为"描述人们实践活动和实际发展过程的真正的实证科学"[4]。可以说，唯物史观本质上就是在全球历史视野下的以人类历史为出发点的新的世界观，就是一种着眼于人和人的历史发展规律的世界历史理论。

---

[1]《马克思恩格斯全集》第1卷，人民出版社1956年版，第650页。
[2]《马克思恩格斯文集》第1卷，人民出版社2009年版，第516页。
[3]《马克思恩格斯选集》第1卷，人民出版社1995年版，第76页。
[4] 同上书，第73页。

唯物史观正是基于世界历史的实证分析和考察，发现了世界历史发展规律的三重逻辑：一是从政治制度角度从原始社会到共产主义社会的社会发展逻辑；二是从人的发展三大形态界定社会发展的人的发展逻辑；三是从生产方式角度，将人类历史分为前工业化时期、工业化时期，并逻辑地隐含着他在世时尚未显现的后工业化时期。后两重逻辑在马克思的《资本论》及其手稿中得到十分明确的阐述。比较而言，第三条逻辑线索成为唯物史观所揭示的世界历史的逻辑主线，因为，马克思、恩格斯始终强调从现实的人的生产方式和交换方式出发分析社会变迁和历史发展趋势，始终强调从经济结构和经济关系的社会存在出发分析社会政治结构和精神现象，这构成了贯穿唯物史观全部理论的根本要义。

唯物史观视野中的人类社会发展过程，或曰"可实证"的世界历史进程，包含着制度结构根本剧变的革命时段和制度结构成长的渐变的发展时段。因此，其理论视域也分为革命与发展两大视域，前者聚焦于以制度的根本变革推动历史进步，后者聚焦于以生产力的发展推动社会发展。第一重逻辑在革命视域中张扬，第二、第三重逻辑则在发展视域中凸显。实际上，在马克思、恩格斯关于唯物史观的每一个经典定义中，都包含着两大视域的理论原点。直到1892年恩格斯为《共产党宣言》写的英文版导言中，还是强调"历史唯物主义"，认为"一切重要历史事件的终极原因和伟大动力是社会的经济发展，是生产方式和交换方式的改变，是由此产生的社会之划分为不同的阶级，是这些阶级彼此之间的斗争"[1]。由此可见，发展视域的理论原点是生产方式，革命视域的理论原点是阶级斗争。前者的理论逻辑是生产方式的变迁和人的发展，后者的逻辑是政治制度的根本变革。生产方式的变迁逻辑是历史发展的主干。

---

[1] 《马克思恩格斯选集》第3卷，人民出版社1995年版，第704页。

新的意识形态范式的形成，正是向唯物史观基本逻辑的思想回归，改革开放伟大实践正是发展视域的唯物史观——新意识形态范式的直接现实。

（二）社会主义初级阶段论：走向历史真实和价值真实

受战争与革命时代的影响和经典文献译介所制约的对唯物史观认知水平的限制，尤其是受苏联历史唯物主义教科书的影响，唯物史观的政治制度变革的逻辑被赋予"原理"的形式，得到了彻底的理论表达。人的发展逻辑和生产方式变迁的逻辑却不同程度地处于被遮蔽状态。如前所述，第一代中共理论家主要是从革命视域理解唯物史观，将阶级斗争作为唯物史观的根本原理。尽管生产力决定生产关系、经济基础决定上层建筑的社会基本矛盾规律已经成为全党的共识，但是受新民主主义革命成功后社会主义革命快速顺利完成影响，几乎生产力相同条件下的制度巨变，使党内产生了急于求成的"左"的心理并成为全党共识。似乎通过政治制度的革命变革，共产主义就会很快到来。尤其是毛泽东没有看到"一穷二白"的现实国情下建设社会主义的艰难卓绝，相反却产生了可以画"最新最美的图画"的乐观情绪，无意地导致用政治变迁的理论逻辑剪裁历史现实的主观任意，陷入了"社会主义空想论"的理论误区。"大跃进"和"文化大革命"两大失误的重要原因之一是超越生产力所规定的历史现实任意界定社会发展阶段，并离开真实发展阶段制定路线、方针、政策。具体说来，就是在历史方位的判断上，无视生产力发展水平，不是从生产方式上界定政治制度，而是从政治制度出发界定生产方式，认为我们处于社会主义阶段并处于向共产主义过渡的历史时期，并通过继续革命完成过渡走向共产主义。这种理论理解完全背离了历史真实和唯物史观常识，将革命视域的唯物史观绝对化了。一旦成为国家意志的意识形态，必然导致生产关系严重束缚生产力发展，陷入"贫穷社会主义"。

邓小平正是基于唯物史观的基本常识，基于对"大跃进"和"文化大革命"错误的反思，毅然带领全党实现了党和国家工作中心的转变，完成了"我国历史上的一个伟大的转折"。在1979年3月的《坚持四项基本原则》中，不仅明确指出，工作中心转移是向马列主义、毛泽东思想正确轨道的历史回归，而且，重新确立了"八大"关于我国社会基本矛盾和主要矛盾的正确判断。对无产阶级专政下继续革命的内容给予了理论否定并对"阶级斗争"的成见提出质疑。现在看来，这是唯物史观发展视域的历史性开启。它表现为不仅用唯物史观的基本理论逻辑评判社会主义的社会样态，而且以之分析中国社会发展的历史方位，为中国特色社会主义理论和实践奠定存在论基石。

1980年，邓小平打破了对社会主义的教条化理解，提出"贫穷不是社会主义"的历史明断，明确申明发展生产力是社会主义的主要内涵，是衡量一切工作是非得失的根本尺度。"生产力是否发展，人民的收入是否增加。这是压倒一切的标准。"[①] 生产方式变迁的逻辑和人的发展逻辑成为改革开放历史新时期的双重主题。1981年党的十一届六中全会决议全面分析、批判、否定了"文化大革命"时期"阶级斗争为纲"的社会主义。

同时，邓小平领导全党在深刻总结"十年动乱"的历史教训基础上，以唯物史观基本原理为依据，殚精竭虑地探索什么是社会主义以及中国的历史方位问题。1987年8月，邓小平强调指出："党的十三大要阐述中国社会主义是处在一个什么阶段，就是处在初级阶段，是初级阶段的社会主义。社会主义本身是共产主义的初级阶段，而我们中国又处在社会主义的初级阶段，就是不发达的阶段。

---

① 《邓小平文选》第2卷，人民出版社1994年版，第314页。

一切都要从这个实际出发,根据这个实际来制定规划。"①

"社会主义初级阶段论"在党的十三大应运而生,成为全党、全民、全国集体智慧的结晶和意识形态共识。它在马克思主义发展史和国际共产主义运动史上,第一次科学回答了中国社会主义的历史方位,一个贫穷落后的发展中大国如何建设社会主义等重大理论问题,隐含着什么是社会主义的本质和根本任务的必然答案,实现了实践基础上中国特色社会主义理论的存在论自觉,实现了对以现实国情为基本内涵的历史方位的科学认知,为社会主义中国的经济腾飞和历史性崛起奠定了意识形态的真理性基石。

十三大报告指出:"正确认识我国社会现在所处的历史阶段,是建设有中国特色的社会主义的首要问题,是我们制定和执行正确的路线和政策的根本依据。对这个问题,我们党已经有了明确的回答:我国正处在社会主义的初级阶段。这个论断,包括两层含义。第一,我国社会已经是社会主义社会。我们必须坚持而不能离开社会主义。第二,我国的社会主义社会还处在初级阶段。我们必须从这个实际出发,而不能超越这个阶段。在近代中国的具体历史条件下,不承认中国人民可以不经过资本主义充分发展阶段而走上社会主义道路,是革命发展问题上的机械论,是右倾错误的重要认识根源;以为不经过生产力的巨大发展就可以越过社会主义初级阶段,是革命发展问题上的空想论,是'左'倾错误的重要认识根源。"②

"我国社会主义的初级阶段,是一个什么样的历史阶段呢?它不是泛指任何国家进入社会主义都会经历的起始阶段,而是特指我国在生产力落后、商品经济不发达条件下建设社会主义必然要经历的特定阶段。我国从20世纪50年代生产资料私有制的社会主义改

---

① 《邓小平文选》第3卷,人民出版社1993年版,第252页。
② 《改革开放三十年重要文献选编》上,人民出版社2008年版,第474页。

造基本完成，到社会主义现代化的基本实现，至少需要上百年时间，都属于社会主义初级阶段。这个阶段，既不同于社会主义经济基础尚未奠定的过渡时期，又不同于已经实现社会主义现代化的阶段。我们在现阶段所面临的主要矛盾，是人民日益增长的物质文化需要同落后的社会生产之间的矛盾。"①

"总起来说，我国社会主义初级阶段，是逐步摆脱贫穷、摆脱落后的阶段；是由农业人口占多数的手工劳动为基础的农业国，逐步变为非农产业人口占多数的现代化的工业国的阶段；是由自然经济半自然经济占很大比重，变为商品经济高度发达的阶段；是通过改革和探索，建立和发展充满活力的社会主义经济、政治、文化体制的阶段；是全民奋起，艰苦创业，实现中华民族伟大复兴的阶段。"②

社会主义初级阶段论的伟大意义之一，是党坚持实事求是的根本世界观方法论原则，超越了"左倾""右倾"教条主义的藩篱，对国情的认知达到了空前的历史真实。

首先，它达到了事实真实。"我国当前的情况是怎样的呢？一方面，以生产资料公有制为基础的社会主义经济制度、人民民主专政的社会主义政治制度和马克思主义在意识形态领域中的指导地位已经确立，剥削制度和剥削阶级已经消灭，国家经济实力有了巨大增长，教育科学文化事业有了相当发展。另一方面，人口多，底子薄，人均国民生产总值仍居世界后列。……在上层建筑方面，建设高度社会主义民主政治所必需的一系列经济文化条件很不充分，封建主义、资本主义腐朽思想和小生产习惯势力在社会上还有广泛影响，并且经常侵袭党的干部和国家公务员队伍。"③

----

① 《改革开放三十年重要文献选编》上，人民出版社 2008 年版，第 471—476 页。
② 同上书，第 476 页。
③ 同上书，第 474—475 页。

其次，它达到了价值真实。社会主义不再是一个抽象的美名，不再是不关乎人民物质文化生活水平和财富状况的抽象的制度形式，不再是导致共同贫穷的"一大二公"的产权安排、平均主义的分配方式和计划经济，而是"解放生产力，发展生产力，提高人民生活水平，实现人民幸福的制度选择"。社会主义建设不再是一串串数字指标和未来图景的展示，而是与人的生活相关的"实际生活过程"，是由国民收入所规定的具体的"温饱""小康"发展阶段。现代化目标和中华民族复兴的宏伟目标，不再是某个阶级的利益和事业，而是代表了整个国家和民族的根本利益，第一次与衣食住行柴米油盐的实际利益结合并成为全社会的利益。人们的价值尺度也发生了巨大变化。人们不再以"天下大乱"的"冲突""无序"状态为人民的节日，而是以社会"共生""和谐"为社会愿景，以"发展"为第一要义，以实现富强民主、文明和谐的社会主义现代化为现实纲领，以和谐社会为现实目标，以政治和社会稳定为实现经济、社会、制度和人的发展的首要前提，以改革开放为决定当代中国命运、实现中华民族伟大复兴的必由之路。人们的生命权利得到了前所未有的伸张，追求幸福生活及其物质基础——财富的权利得到前所未有的尊重，以人为本成为国家路线、方针、战略、政策的终极尺度，"立党为公，执政为民"，"发展为了人民，发展依靠人民，发展成果由人民共享"，"让发展成果更多更公平惠及全体人民"，一句话，以人民为主体的社会的共同利益成为全部政策的出发点和根本归宿。由此可见，意识形态实现了利益真实。

党的十五大对社会主义初级阶段理论的科学性和现实性进一步进行了意识形态确认，制定了党在社会主义初级阶段的基本纲领，精辟地回答了什么是社会主义初级阶段中国特色社会主义的经济、政治和文化，以及怎样建设这样的经济、政治和文化，并成为面向

21世纪的全党、全民的共识和国家意志。

正是由于社会主义初级阶段论，作为意识形态化的国家意志，达到了事实真实和价值真实的统一，才犹如真理之光照亮了中国特色社会主义的康庄大道，转变为改天换地的实践伟力。

（三）社会主义初级阶段的基本路线：历史逻辑的真实再现

20世纪90年代初期，美国著名经济学家米尔顿·弗里德曼曾经这样调侃：当今中国面临转型和发展两大历史难题，谁能解决这两大历史难题，谁就应获得诺贝尔经济学奖。这两大历史难题也是世界各个民族面临现代化难题的"中国表现"。西方200年来以工业化为核心的现代化的历史进程要压缩在改革开放这个相对短暂的历史新时期，而且要解决当代重大的世界性经济难题——由计划经济向市场经济的经济转轨。

当时世界经济学界的一流学者无不把工业化（发展）和市场化（转型）作为中国面临的最重大问题。中国著名经济学家厉以宁也敏锐地将中国当代的发展定义为"转型发展"，并提出了自己的"转型发展"理论。到了20世纪90年代中期，"转型发展"成为中外发展经济学界对中国经济发展基本特征在概念表述上的共识。

工业化是不可抗拒的历史潮流，也是20世纪中华民族面临的两大历史任务之一。这是中国无数仁人志士振兴中华的梦想。中国共产党人完成了民族独立的历史任务，完成了中华民族站起来了的历史使命后，计划经济的经济体制选择虽然为工业化奠定了一定的基础，但是30年的民族努力并未完成工业化的历史任务。相反，消弭了世界历史所证明的市场经济的制度动力。加之其他复杂的原因，"中国社会从一九五八年到一九七八年二十年时间，实际上处于停滞和徘徊状态，国家的经济和人民的生活没有得到多大的发展和提高"①。正如党的十三大报告所说，"人口多，底子薄，人均国民生产总值仍居世界后列。突出的景象是：十亿多人口，八亿在农村，基本上还是用手工工具搞饭吃；一部分现代化工业，同大量落后于现代水平几十年甚至上百年的工业，同时存在；一部分经济比较发达的地区，同广大不发达地区和贫困地区，同时存在；少量具有世界先进水平的科学技术，同普遍的科技水平不高，文盲半文盲还占人口近四分之一的状况，同时存在。……生产社会化程度还很低，商品经济和国内市场很不发达，自然经济和半自然经济占相当比重……"②我们还是一个地地道道的工业化、市场化程度很低的农业国家，一个世界上最大的发展中国家。

这就意味着，工业化与市场化是当代中国的双重历史任务。它规定了改革开放历史新时期的客观历史本身的逻辑。这一逻辑规定了作为中国特色社会主义理念形态的理论逻辑必须以工业化市场化为双重主题。这一主题所体现的正是唯物史观的核心逻辑主线——生产方式的变迁。

正是基于唯物史观揭示的世界历史发展的最终动力，中国特色社会主义把发展生产力作为根本任务，党的十三大规定了中国共产党在整个社会主义初级阶段建设有中国特色的社会主义的基本路线："领导和团结全国各族人民，以经济建设为中心，坚持四项基本原则，坚持改革开放，自力更生，艰苦创业，为把我国建设成为富强、民主、文明的社会主义现代化国家而奋斗。"这就毅然抛弃了"一个长期、四个存在"的基本路线，代之以"一个中心、两个基本点"的基本路线。从后来党的十五大将其作为社会主义初级阶段的最低纲领来看，这是党的纲领性转变。从意识形态来看这是意识形态范式转换的理论完成。自此闪烁着真理之光的意识形态范

---

① 《邓小平文选》第3卷，人民出版社1993年版，第237页。
② 《改革开放三十年重要文献选编》上，人民出版社2008年版，第475页。

式成为国家意志和全民共识。

　　首先，确立了实现富强、民主、文明的现代化的核心实践理念是以经济为中心。党的十三大报告确立的"具有长远意义的指导方针"，第一就是"必须集中力量进行现代化建设。社会主义社会的根本任务是发展生产力。在初级阶段，为了摆脱贫穷和落后，尤其要把发展生产力作为全部工作的中心。是否有利于发展生产力，应当成为我们考虑一切问题的出发点和检验一切工作的根本标准"[①]。这样，"以经济建设为中心"彻底取代了"阶级斗争为纲"。党的基本路线改写了政治第一和革命至上的基本内涵，实现现代化、发展生产力作为最大的政治，作为党的政治路线，生产力方面的革命作为最根本的革命，第一次得到全党的纲领化、方针化、战略化、政策化的确证。把以经济建设为中心上升到基本路线、基本纲领的高度，标志着意识形态范式转变的完成。因此，以发展生产力和提高人民生活水平为基本内涵的经济中心理念后来贯穿于中国特色社会主义理论体系始终，是三个代表的首要规定，也是科学发展观的第一要义。同时，它也成为和每个人利益息息相关的整个民族的实践理念，成为一个发展中贫穷落后大国的现实追求。因此，当有人提出经济建设和反和平演变双中心论时，并没有被全党全民所认同，说明社会主义初级阶段论已经成为国家意志和全民共识。

　　其次，把改革开放作为"具有长远意义的指导方针"的第二、第三位置，使之成为建设中国特色社会主义的基本国策。全党以基本路线的高度确认："必须坚持全面改革。社会主义是在改革中前进的社会。在初级阶段，特别在当前时期，由于长期形成的僵化体制严重束缚着生产力的发展，改革更成为迫切的历史要求。改革是

[①]《改革开放三十年重要文献选编》上，人民出版社2008年版，第476页。

社会主义生产关系和上层建筑的自我完善，是推进一切工作的动力。""必须坚持对外开放。当代国际经济关系越来越密切，任何国家都不可能在封闭状态下求得发展。"① 必须坚持改革开放的总方针，"改革是振兴中国的唯一出路，是人心所向，大势所趋，不可逆转"②。此后，改革理念彻底替代了寻求激进变革的革命思维，发展生产力、提高人民生活水平的价值尺度彻底替代了"空头政治"的革命价值尺度，从实际出发的全面改革开放替代了教条主义的墨守成规和闭关锁国。这既凝结着对历史教训的深刻反思，也是对改革开放以来成功经验的理论升华。更重要的是，它决定了中国的改革坚决拒斥西方推销和苏联东欧热盼并在中国学界很有影响的"一步过渡"和"休克疗法"，为"双轨制"过渡奠定了哲学基础和意识形态理念基石。

再次，党的基本路线确认，"坚持社会主义道路、坚持人民民主专政、坚持中国共产党的领导、坚持马克思列宁主义毛泽东思想这四项基本原则，是我们的立国之本"③。改革开放赋予了四项基本原则以新的时代内容，"我们为什么要坚持四项基本原则？就是因为在当代中国，只有这样做，才能从根本上保证生产力的发展"④。今天看来，四项基本原则实际上就是包含着意识形态国家机器在内的一体化的国家力量。它是维护社会稳定的基石，是整个民族安定团结的前提，是保证改革开放顺利进行的宪法秩序的基础。没有这一力量，作为一个世界第一人口大国实现史无前例的经济增长和社会巨变是不可能的。

党的基本路线把握了中国社会发展的时代脉搏，理论再现了现代化的客观历史逻辑。所谓"四个现代化"本质上都是以科学革命

---

① 《改革开放三十年重要文献选编》，人民出版社2008年版，第476页。
② 同上书，第474页。
③ 同上书，第477页。
④ 同上书，第502页。

为动力推动的工业化，所谓改革开放本质上就是市场化取向的改革，是建立开放的社会主义市场经济体系。党的十三大报告提出的"国家调节市场，市场引导企业"的经济运行机制，本质上属于社会主义市场经济基本原则。所以，党的基本路线理论凝缩了世界各国现代化的基本进程，再现了中国历史本身的逻辑主题。

由此可见，社会主义初级阶段论的创立是一个改革开放实践基础上的综合性理论创新。正如党的十三大报告所说并被党的十五大报告所进一步确认的那样，是马克思主义与中国实践相结合的第二次理论飞跃。"第一次飞跃，发生在新民主主义革命时期，中国共产党人经过反复探索，在总结成功和失败经验的基础上，找到了有中国特色的革命道路，把革命引向胜利。第二次飞跃，发生在十一届三中全会以后，中国共产党人在总结建国三十多年来正反两方面经验的基础上，在研究国际经验和世界形势的基础上，开始找到一条建设有中国特色的社会主义的道路，开辟了社会主义建设的新阶段。十一届三中全会以来，我们党在对社会主义再认识的过程中，在哲学、政治经济学和科学社会主义等方面，发挥和发展了一系列科学理论观点。包括：关于解放思想，实事求是，以实践作为检验真理的唯一标准的观点；关于建设社会主义必须根据本国国情，走自己的路的观点；关于在经济文化落后的条件下，建设社会主义必须有一个很长的初级阶段的观点；关于社会主义社会的根本任务是发展生产力，集中力量实现现代化的观点；关于社会主义经济是有计划的商品经济的观点；关于改革是社会主义社会发展的重要动力，对外开放是实现社会主义现代化的必要条件的观点；关于社会主义民主政治和社会主义精神文明是社会主义的重要特征的观点；关于坚持四项基本原则同坚持改革开放的总方针这两个基本点相互结合、缺一不可的观点；关于用'一个国家、两种制度'来实现国家统一的观点；关于执政党的党风关系到党的生死存亡的观点；关

第三章　意识形态范式的转换与社会主义新道路的开拓 / 169

于按照独立自主、完全平等、互相尊重、互不干涉内部事务的原则，发展同外国共产党和其他政党的关系的观点；关于和平与发展是当代世界的主题的观点，等等。这些观点，构成了建设有中国特色的社会主义理论的轮廓，初步回答了我国社会主义建设的阶段、任务、动力、条件、布局和国际环境等基本问题，规划了我们前进的科学轨道。"①

中国特色社会主义理论基本轮廓的形成，证明了意识形态范式转换的完成。党在社会主义初级阶段的基本路线，实现了以实事求是、经济中心、改革开放为核心理念的新意识形态范式的纲领化、方针化和战略化。此后30年来中华民族改天换地的创新实践和辉煌成就，在于党的基本路线理论再现了中国社会历史的客观逻辑，为完成工业化、市场化的历史任务找到了根本的解决之道，并在改革开放的伟大实践中日益呈现出意识形态新范式的真理之光。

实践证明，从计划经济为主市场经济为辅，到有计划的商品经济、社会主义市场经济理论的横空出世；从联产承包责任制的伟大实践创新，到国企股份制改革，公有制实现形式的理论创造；从以经济建设为中心，到生产力标准、"三个有利于"、社会主义本质论和根本任务论、社会主义现代化总体战略；从和平与发展的国际战略、"一国两制"的战略构想，到全面开放加入WTO的战略选择；无不体现着思想解放、实事求是的精神主题，无不贯穿着改革开放的内在逻辑，无不体现以经济为中心的精神理念。中国特色社会主义新道路的开辟，以轰轰烈烈的经济体制改革为基础的巨型社会变迁，以及由此导致的中国奇迹的创生和历史性崛起，无一不是党的社会主义初级阶段的基本路线及其改革思维和开放理念的实践成

---

① 《改革开放三十年重要文献选编》，人民出版社2008年版，第501页。

就。正是由于这种意识形态范式转变，党和人民才以一往无前的进取精神和波澜壮阔的创新实践，创造出了改变世界面貌的中国奇迹。只有回顾艰苦卓绝、波澜壮阔的改革开放历程，我们才能深刻理解习近平总书记关于"党的基本路线是中国共产党和国家的生命线，人民的幸福线"的深刻内涵。

四 新意识形态范式的现代哲学气质

改革开放之前的意识形态范式忽略了作为"思想中的时代"的哲学精神的历史变迁，成为教条主义的理论集成。以解放思想打破精神枷锁为开端的新意识形态范式的哲学理念，则指导了1978年改革开放前后的国家意志的巨变，指导了中国特色社会主义道路的实践探索。中国哲学理论界往往以学科规范性为尺度而忽视意识形态的哲学意义，更有人以远离意识形态为哲学学科规范化和哲学研究现代化的标志，以远离现实实际的象牙塔中的独白式思辨表现哲学的高贵气质。实际上，伟大的实践必然产生伟大的理论。当我们深思熟虑地反思新意识形态范式的理念时，就会发现它与当代世界哲学同行。只有从中国特色社会主义的总体考察中，才能发现新意识形态范式蕴含的现代哲学气质，领悟其何以产生如此巨大的现实力量的精神真谛。

那么，新意识形态范式所蕴含的现代哲学气质是什么呢？

（一）从终极关怀到现实关切

现代哲学告别了抽象的形而上学本体而强调生存论的本体意识。后黑格尔哲学告别了建构宏大体系的狂妄，淡化了对终极存在、终极理想的理论关怀。科学主义流派拒斥形而上学实体，人本主义流派在对存在的理解中凸显人的存在，追求世界对人所呈现的意义。思想不再专注于外在于人的世界的本质，而是面向人的生活世界。

邓小平的理论旨趣和话语方式，恰恰体现了这一当代哲学的精神主题。在旧的意识形态范式中，教条主义和本体论思维高扬终极的社会理想，否认现实生活福利的价值；革命至上的价值观贬抑了生命的意义，于是革命过程变成走向终极壮丽目标的现实苦旅，现实物质生活的艰苦因追求终极理想而获得其乐无穷的意义。正是这种"使徒意识"使人们走入"贫穷社会主义"的泥沼。新意识形态范式处处洋溢着对经济社会发展的热情和对现实幸福生活的追求，从战略发展目标的设计、"三个有利于"标准，到以人为本的核心理念和共享发展成果的政策原则，从和谐社会建设的社会规划，到对现实民生问题的殷切关注，无不反映出对人民生活境遇的现实关切。

黑格尔之前的传统哲学总是在不断地追求本体，追求世界问题的最终解决和最终解释。这种哲学是一种终极关怀。它具有如下的鲜明特质：首先，它是超感性的或者是超验的，即超越了现象世界，是现象世界背后的本质和实体。正是在此意义上，海德格尔指出："自柏拉图以来……这一超感性领域就被当作真实的和真正的现实世界。与之相区别，感性世界只不过是尘世的、易变的、因而是完全表象的、非现实的世界。"[①] 其次，它是绝对的、自因的、超时空和永恒在场的。现象界变幻无常，但是超验本体是永恒存在。此外，这一超验本体也超越了现象世界的杂多，它本身是绝对同一的，统摄差别于自身之中，统摄过去和未来于永恒之中。最后，它是绝对真实和完满的。超验本体是现象背后的纯粹本质，是避免任何虚假、谬误的本真存在，它将提供永恒的真理，提供与历史无关

[①] ［德］海德格尔：《存在与时间》，陈嘉映等译，生活·读书·新知三联书店2012年版，第114页。

的价值原则，为正义、美德和善行等奠定一劳永逸的最终根基。

正是这种终极关怀的哲学本身所具有的理论特质，决定了他自身具有无法解决的深刻困境。那就是，超验的本体世界如何来解释人们具体的、多样的现实生活的存在。人们的现实生活总是特殊的、具体的、多种多样的、充满矛盾的、在历史之中的，那么，一元的、普遍的、抽象的、僵固的、单向的、非时间的永恒本体何以能做出令人信服的说明？终极世界作为一个超感世界，在实质上不过是一种与现象世界不同的特殊存在者，那么，从这种存在者出发，如何能够论证和解释多种多样的现实存在者之存在？面对这样的困境和诘难，传统形而上学暴露出了其全部理论硬伤。现实生活本来是在时间中变化和发展的，而本体世界却是在时间历史之外的永恒存在。以后者来说明前者，必然导致现实生活的抽象化，使其陷入一个虚构世界。

而马克思哲学正是在超越传统哲学的立场上，从生存论视域来理解人类世界的本源性存在，所谓人类世界的本源性存在就是指从人类的现实生命存在和现实活动方式来理解人本身。马克思指出："人是自然存在物"，"人作为对象性的、感性的存在物，是一个受动的存在物；因为他感到自己是受动的，所以是一个激情的存在物。激情热情是人强烈追求自己对象的本质力量"[1]。另一方面，"人不仅仅是自然存在物，而且是人的自然存在物，就是说，是自为地存在着的存在物，因而是类存在物。他必须既在自己的存在中也在自己的知识中确证并表现自身"[2]。因而，不难看出，人类既是具有自然需求的自然存在者，又是具有崇高价值追求的类存在者，以意义为导向。一方面"全部人类历史的第一个前提无疑是有生命

---

[1] 《马克思恩格斯全集》第42卷，人民出版社1982年版，第169页。
[2] 《马克思恩格斯选集》第1卷，人民出版社1995年版，第67页。

的个人的存在"①。这种个人的存在是现实中的个人的存在,也就是说"这些个人是从事活动的,进行物质生产的,因而是在一定的物质的,不受任意支配的界限、前提和条件下活动着的"②。需要"吃、喝、住、穿"等。"人开始生产自己的生活资料,即迈出由他们的肉体组织所决定的这一步的时候,人本身就开始把自己和动物区分开,人生产自己的生活资料,同时也间接的生产着自己的物质生活本身。"③

综上可见,马克思立足于人的现实生存,彻底颠倒了逻辑与生存的关系,放弃了从高高在上的原则和教条的终极关怀来规范现实的主张。马克思坚信人的现实生存、人的生命价值以及追求幸福的生活实践具有超越理论思辨的优先地位。传统哲学所指向的终极关怀应让位于我们的现实关切,这是人的本源性生命存在和活动方式提出的内在要求。

正由于马克思哲学的现实指向,使马克思哲学自然而然成为意识形态化的马克思主义哲学,成为无产阶级革命的行动指南和纲领。处在社会矛盾尖锐、社会冲突不断的历史时期的中国,马克思哲学一经传入,就产生不可估量的时代回响,产生了中国化的马克思主义。

以毛泽东为代表的第一代共产党人将马克思主义与中国实际相结合,发生了伟大的理论飞跃——毛泽东思想创生。因此,短短28年中国共产党就取得了中国革命的胜利,完成了民族独立的历史使命。

然而,由于伟大的成功经验固化了传统革命范式真理性的精神价值,把革命视为能够解决一切问题的唯一路径和最终手段,此时

---

① 《马克思恩格斯文集》第1卷,人民出版社2009年版,第519页。
② 同上书,第524页。
③ [德] 马克思:《德意志意识形态》(节选本),人民出版社2003年版,第11、16页。

革命已经成为一种"形而上学",已经成为我们党的终极指向和终极关怀。一切都以革命的立场和你死我活视角来解释,一切都从革命的路径和斗争的方式加以解决。忽视了现实种种复杂的国内国际状况变换,最终使我们的革命意识形态范式没有随着时代主题、现实国情和党的中心任务的转变而转变,也使社会主义道路的艰难探索步入了"文化大革命"的迷途,陷入"贫穷社会主义"的现实困境。

邓小平基于对"文化大革命"教训的深刻反思、对时代特征的深刻观察、对现实国情的正确把握,开创了中国特色社会主义道路,从意识形态上说,实现了由革命的意识形态范式向发展的意识形态范式的转变,摆脱了离开经济社会发展的"空头政治",摒弃了离开国情、远离中国实际的革命形而上学。将意识形态的关注点集中于中国人民的实际生活过程。正是在这样的现实关切之下,我们党和国家才作出了一系列符合时代要求、顺应历史发展、指向民众所需的重大选择和决定。

1978年年底召开的具有重大历史意义的十一届三中全会彻底否定了"以阶级斗争为纲"的错误理论和实践,科学地评价了毛泽东思想。作出把党和国家的工作重心转移到经济建设上来,实行改革开放的历史性决策。邓小平明确指出:"经济工作是当前的最大政治,经济问题是压倒一切的政治问题,不只是当前恐怕今后长期的工作重点都要放到经济工作上面。"[①]"三个代表"重要思想同样是关切现实的新意识样态的理论展开。从无产阶级的先锋队扩展到中华民族的先锋队,革命对象从中国社会彻底淡出。"代表最广大人民的根本利益",即执政党基础的全民化,彻底荡涤了意识形态中的阶级斗争印迹和革命色彩,"代表先进生产力发展要求"和"发

---

① 《邓小平文选》第2卷,人民出版社1994年版,第194页。

展是执政兴国的第一要务"是对经济中心理念的进一步诠释,"代表先进文化的发展方向"和文明多样性理论,体现了执政党吸纳全球文明发展成果的开放胸襟。科学发展观是关切现实的新意识样态的延展。作为价值核心的以人为本与经济中心是相互依存的共生性关系。以人为本是对经济中心的人文价值目标的再确认,是经济运行的价值尺度,是国家立法、公共政策和公共行政的指南。科学发展观从国情和实践经验出发,吸纳了20世纪全球发展的成果,表现了实事求是、改革思维和开放意识。因而整个中国特色社会主义理论体系,都贯穿现实关切的理论指向。

(二) 从追求绝对真理到追求有限知识

当代哲学告别了欧洲启蒙以来追求绝对真理的理论信念,强调有限理性的认识论原则,放弃了黑格尔那样绝对真理拥有者的理性狂妄,主张"理智的谦虚",承认人的认知能力的有限性和知识的相对性成为人们的基本哲学研究共识。

邓小平哲学恰恰蕴含着这种哲学精神。旧意识形态范式的教条化思维认为,我们不仅是马列主义毛泽东思想绝对真理的占有者,而且这种真理一劳永逸地解决了中国社会的所有问题。邓小平则认为,世界在变化、在发展,马克思主义要在实践中发展,不与中国实际相结合的马克思主义没有意义。正是基于有限理性的认识论前提,邓小平才告别了基于绝对真理的理性设计和根本性革命式解决方案。改革思维和开放意识正是有限知识的认识论前提的必然结果。

黑格尔之前的哲学把追求绝对真理作为最终指向有其特定的合理性。在19世纪以前,人类要对世界追根问底,而当时的具体科学却不发达。正是在这种背景下,追求绝对的哲学理念应运而生。此时,绝对真理是哲学的最高目的。纵观黑格尔以前的哲学史,不论是古希腊的"智者",还是中世纪的"教父",不论是意大利文艺复兴时代的先驱,还是 17 世纪前后的启蒙者或沉思者,他们从事哲学研究的最高目的就是追寻对世界的绝对认知。哲学家们总是以认识世界的终极实在和终极知识为最高使命。古希腊罗马哲学是这样的哲学,中世纪的经院哲学则以神学形式为表征。文艺复兴以后的英法哲学则以本体论作为哲学思考的起点、原点和终点。德国古典哲学走向了追求绝对的最高形式,并在黑格尔那里,将之推向了最高极限。

一定意义上说,现代哲学是以批判黑格尔的绝对真理体系为开端的,哲学家们不同程度地告别了追求绝对真理的狂妄,以有限的理性能力,把握有限的知识成为一大理论特征。马克思哲学以一系列富有创意的思想实现了对传统哲学的革命性变革。基于进化论和物质生产活动决定精神活动的唯物史观,由充盈着主体精神的实践原则所诠释的自然观,继承了黑格尔哲学能动创造原则的历史主义的辩证法,立足于现实生活世界并以改变世界为理论宗旨的实践哲学特质,无不彰显出独特的现代风貌。

然而,马克思哲学不是黑格尔式的纯思辨哲学,而是关于人的发展与历史发展的哲学。马克思反复强调哲学的实践本质。"社会生活在本质上是实践的",哲学家的根本任务不是"解释世界"而是"改造世界","实践是检验认识的现实性力量和真理性的根本标准"等观点都凸显了马克思哲学的现实性指向。马克思的一生就是为了消除人类异化样态实现全人类解放而奋斗的一生。他痛斥青年黑格尔派和所谓的"真正社会主义者"空喊革命词句,畏惧和脱离现实状况的卑下行为,并与其空谈幻想的哲学决裂。他身体力行地揭露了资本主义社会的根本矛盾和内在实质,提出了无产阶级联合起来革命的学说。由此,为当时社会底层工人阶级和广大群众提供了一条有效的改变自身命运的现实路

第三章 意识形态范式的转换与社会主义新道路的开拓 / 177

径。马克思哲学自然而然地成为马克思主义哲学，成为意识形态化的"工人阶级的圣经"。

处在各种矛盾交织的历史时期的中国，马克思哲学一经传入，就产生巨大的影响。在革命主题和现实斗争的压力下，中国共产党对马克思哲学的接受就不是书斋中从容的思想运动，而是基于斗争需要对"百科全书"式马克思理论的现实选择。因此，产生了中国化的马克思主义。

毛泽东在领导中国革命和建设的过程中十分重视运用和发展马克思主义哲学，这样做的目的就是解决中国革命和建设中的理论和实践问题。由于毛泽东运用和发展马克思主义哲学的活动开始于革命的年代，把马克思主义哲学的普遍原理与中国实际相结合的目的也是为了解决中国革命的理论和策略问题，作为马克思主义普遍原理和中国实际相结合的历史性飞跃的第一个伟大成果的毛泽东思想也产生于革命的年代。从这个角度来看，毛泽东思想主要是一种革命的哲学。由于中国革命的特殊性和残酷性，马克思主义哲学的革命性也就被中国共产党人发挥到了极致。提出了"以阶级斗争为纲"的革命观。

这种以"以阶级斗争为纲"为主题的革命发展观，是适应革命斗争的实际需要而形成的，反映了实际革命斗争的客观要求，在革命战争年代是合理的、必要的、正确的。它不仅符合当时通过冲突实现社会进步的世界历史趋势与战争和革命的时代潮流，而且符合中国的现实国情，抓住了中国社会的主要矛盾，因此，中国共产党取得了中国革命的胜利，完成了民族独立的历史使命。

然而，由于伟大的成功经验固化了传统范式的真理性精神价值，加之种种复杂的国内国际状况，最终使我们的革命意识形态范式没有随着时代主题、现实国情和党的中心任务的转变而转变。相反，由于意识形态的独立性和路径依赖，革命理念最终异化为绝对真理和教条主义（到改革开放前僵化为"两个凡是"），这种教条化思维认为，我们不仅是马列主义毛泽东思想绝对真理的占有者，而且这种真理一劳永逸地解决了中国社会的所有问题。这种理解使理论失去了永葆活力的唯物论基石和社会客观性基础。邓小平认为，世界在变化、在发展，"绝不能要求马克思为解决他去世之后上百年、几百年所产生的问题提供现成的答案"①。

邓小平理论在马克思主义哲学中国化方面一个极有特色的思想贡献是用实事求是来简要地概括整个马克思主义哲学，即辩证唯物主义和历史唯物主义，从而揭示马克思主义哲学的精髓。

实事求是，就意味着没有永恒不变的绝对真理，意味着人类理智必须具有必要的谦虚，意味着承认人的认知能力的有限性和知识的相对性应当是哲学研究的前提。因为，世界上没有一种万能的理论，能够洞悉世俗生活的全部真理，只有相对真理和符合实际的有限知识。改革没有预先的设计图，改革没有万无一失的方案。所以，"我们的方针是，胆子要大，步子要稳，走一步，看一步。……关键是要善于总结经验，哪一步走得不妥当，就赶快改"②。有限知识的认识论原则必然是改革思维。

邓小平直接指出："我是主张改革的，不改革就没有出路，旧的那一套经过几十年的实践证明是不成功的。过去我们搬用别国模式，结果阻碍了生产力的发展，在思想上导致僵化，妨碍人民和基层积极性的发挥。"③ 因而"不改革开放，不发展经济，不改善人民生活，只能是死路一条"④。所谓的改革开放就是变革社会主义生产关系、上层建筑同生产力发展不相适应的环节，最终实现解放和发展生产力。建设中国特色社会主义，关键要找到社会主义发展的

---

① 《邓小平文选》第3卷，人民出版社1993年版，第291页。
② 同上书，第267、113页。
③ 同上书，第237页。
④ 同上书，第370页。

内在核心动力。历史唯物主义认为生产力的发展是推进历史的最终动力。改革是建设中国特色社会主义的必由之路。

由此可见，新意识形态范式告别了启蒙以来追求绝对真理的理论信念，放弃了黑格尔那样绝对真理发现者、拥有者的理性狂妄。"理智的谦虚"，即承认人的认知能力的有限性和知识的相对性成为中国化的马克思主义与时俱进的认识论基础。

（三）从否定性辩证法到肯定性辩证法

尽管社会批判理论的著名代表阿德诺将否定性辩证法推向了绝对化的极端，然而，随着时代主题的变化，此后的哲学不主张非此即彼的两极对抗辩证法，相反强调共存、和谐、相互承认、共同发展。即使在法兰克福学派内部，辩证法开始了肯定性转向。从哈贝马斯社会交往理论的"商谈伦理"，到罗尔斯的正义论的"寻求共识"和霍耐特的"承认理论"，都体现了由否定性辩证法到肯定性辩证法的转变。而正是这种现代哲学注重和谐的方法论趋向，使中国辩证智慧实现了当代的回归，并以创造中国奇迹的方法论纲领的形式实现了历史性凯旋。

马克思有一句名言"辩证法在对现存事物的肯定的理解中同时包含对现存事物的否定的理解，即对现存事物的必然灭亡的理解……辩证法不崇拜任何东西"[1]，因此，辩证法是批判的、革命的。据此人们把辩证法的批判本质理解为否定性辩证法。问题在于，辩证法的否定性理解是内含在肯定性的理解之中的，换言之，否定性理解以肯定性的理解为前提和最终结果。肯定性的理解为主还是否定性理解为主取决于现实实践的需求和时代的呼唤。在当代，以革命为主导的否定性辩证法已经转向以和谐为主导的肯定性辩证法。如

---

[1] 《马克思恩格斯文集》第5卷，人民出版社2009年版，第22页。

果说旧意识形态范式是否定性辩证法的典型反映,新范式则处处体现了肯定性辩证法。从改革开放、市场经济建立、多种所有制经济共同发展,到各种分配方式并存,从全面协调可持续的发展观,到和平发展道路、和谐社会、和谐世界理论,无不反映这种哲学气质。

1. 辩证精神的肯定性转向与改革开放

新时期最鲜明的特点是改革开放,最显著的成就是快速发展,这是中国共产党对中国奇迹原因的抽象表达。意识形态理念由革命到改革、由封闭到开放,实质上实现了辩证思维由否定性到肯定性的转向。因为改革是制度的肯定性自我完善,而非否定性的制度革命;开放意味着制度的共存并立和相互交融,而非否定性的两极排斥和你死我活。教条主义是辩证精神的天敌,辩证精神教条化更意味着辩证精神的死灭。辩证精神的重生在于对其唯物论前提的恢复和重建,在于对辩证思维的知性逻辑前提的重建。这一前提重新确立就是由教条主义到实事求是的转变。正是因此,邓小平才将全部理论、战略、政策建诸具体国情之上,开辟了中国特色社会主义道路的创新实践。

2. 辩证精神的时代交响与社会主义市场经济的建立

市场经济模式是中国奇迹的主因几乎是所有经济学家的共识,但是将社会主义与市场经济制度结合起来,却是绝大多数经济学家认为不可能的创想。原因在于都信奉"市场经济等于资本主义"的理论教条,都在知性思维视域中认为公有制产权形式的社会主义与市场经济不能兼容。"市场社会主义"的理论探索和东欧的相关改革都认为不可能使市场与计划兼容。因此,有人认为,"苏联、东欧社会主义国家的解体,在很大程度上与没有能够在社会主义范畴内找到计划与市场有效结合的途径和形式有关"[1]。邓小平关于社

---

[1] 马林:《发展社会主义市场经济 完善计划与市场相结合的新体制》,载日山编《著名学者论社会主义市场经济》,人民日报出版社1993年版,第13页。

主义市场经济的论述，不仅基于对中国改革开放实践的理论总结，而且基于肯定性的辩证精神。从辩证法的意义上说，看似对立的两个事物是可以相容的。这一理论创建和实践选择，成为20世纪后半期具有世界意义的伟大事件。

3. 辩证精神的肯定性转向与经济转轨路径的正确选择

20世纪后半期世界经济转轨大潮中，共识性的观点是由于中国选择了"双轨制过渡"在实现了"转轨绩效"上伟大的领先，由于独联体国家选择了基于"华盛顿共识"的"休克疗法"，导致"失去的十年"。笔者认为，决策者们之所以选择截然不同的转轨路径，关键在于奉行不同的思维形式。"华盛顿共识"是新自由主义经济学家从现代成熟的市场经济抽象出的标准模式，是知性思维的产物；"休克疗法"也是基于知性思维原则得出的计划与市场绝不相容后的必由之路；他们都是基于"在绝对不相容的对立中思维"，"是就是、不是就不是"[1]的形而上学思维方式。它的缺陷是无视市场经济制度建立的历史过程，想超越历史完成经济模式的瞬间置换。然而，经济转轨不是精神展开的逻辑过程，而是社会的制度变迁过程。无论是市场经济制度信息，还是系统的法制化规则，还是主体交易的制度平台，它们的建立与完善都是一组过程集合，都是对计划经济的否定之否定。把握这一实践过程知性思维无能为力，辩证思维却游刃有余。从双轨并存到并轨运行，从计划经济为主、市场经济为辅，到社会主义市场经济模式的确立，就是辩证思维的逻辑轨迹和辩证精神的实践展开。

4. 辩证精神的肯定性转向与中国的产权革命

诺贝尔奖得主道格拉斯·诺思证明，有效率的产权制度是西方世界兴起的关键原因，也是决定经济效率的关键要素。产权经济学

---

[1] 《马克思恩格斯选集》第3卷，人民出版社1995年版，第734页。

证明，计划经济下公有制企业由于找不到产权实现形式导致产权模糊和产权虚置、缺少责任主体，必然导致经济低效。而计划经济在与市场经济的制度竞赛中纷纷败北，又对此理论做出了经验证实。于是，如何建立有效率的产权制度，成为所有转轨国家面临的攻坚难题。东欧、独联体国家基于形而上学思维采取"全盘私有化"措施，结果不仅没有带来预期效率，却陷入转轨经济危机。中国人民以特有的辩证智慧通过三次大的产权革命，解决了这一世界性难题并创造了中国的经济奇迹。首先，农业改革创造了"统分结合"的联产承包责任制，实现了集体所有制下土地占有权与用益权的分离，取得了空前的经济效益，为改革开放创造了良好的开局。这实际上是辩证思维的肯定性转向的结果，19世纪60年代就有过成功先例却遭到作为辩证法大师的毛泽东的坚决反对，恰恰是因为否定性的两极思考所致。其次，国企改革是改革难题，破解这一难题的创新方式是将股份制作为国有经济主要的实现形式，建立现代企业制度。其理论前提是，股份制不姓公，也不姓私，关键看控股权掌握在谁手里。于是，国有经济退出一般性经济领域，进入大有可为的命脉产业和关键领域，使国有企业从全面亏损变为充满活力。毫无疑问，改革的基础依然是肯定性辩证思维。再次，确立了公有制为主体，多种所有制形式共同发展的基本经济制度，不仅调动了全民的创造财富能力，而且为转变和优化产业结构创造了所有制前提；更重要的是，正是这种经济制度使国家具有了超常的宏观调控能力，创造了中国经济在2008全球金融危机中一枝独秀、高速增长的经济奇迹。这种两极兼容并生、互相促进、互相转化、共同发展的经济制度，无疑是辩证精神的运行逻辑和实践形式。

5. 辩证精神的肯定性转向与和平国际环境的开辟

中国奇迹的创生，无疑包括张五常、陈志武等所说的积极参与"经济全球化"的原因，固然也是林毅夫等人所说的国家采取了具有比较优势的发展战略的结果；但这一切必须取决于对时代主题与当代世界体系的科学把握和认知，因为它构成了国家对外开放战略的思想前提。中华人民共和国成立后30年的"一边倒"战略、"两个拳头打人"战略、"一条线、一大片"战略，"反帝防修"、"大三线"战略，无不打上否定性辩证精神的逻辑印章。而改革开放后的一系列对外理论与战略，无不清晰显示辩证精神肯定性转向的逻辑轨迹。

6. 辩证精神的肯定性转向与科学发展观

科学发展观是21世纪中国经济的理论宪章，它凝结着20世纪世界发展理论的优秀成果和全球发展实践的经验教训，立足中国的国情和实践，贯穿着马克思哲学的理论精神和价值情怀。以人为本体现了马克思辩证法的价值旨归，"全面协调可持续"和"统筹兼顾"体现了辩证精神的肯定性取向。

综上所述，由于辩证精神由否定性到肯定性的转向，由于这种和谐的方法论原则的确立，促成了国家意志的意识形态理念的变革，使中国成功实现了从高度集中的计划经济体制到充满活力的社会主义市场经济体制，从封闭半封闭到全方位开放的伟大历史转折，创造了举世瞩目的中国奇迹。

（四）从革命史观到渐进史观

当代哲学的历史观放弃了启蒙以来形成的两大历史观念，一是存在着"不依赖于人"的客观历史必然规律的历史宿命观念，二是以进化论和对科学崇拜为基础的历史必然进步观念。两次世界大战使人们所坚信的历史进步观念几乎崩溃，全球问题和增长的资源约束使人们对未来充满着不确定的历史忧患。而20世纪中叶以后世界各国的发展实践也加剧了人们对机械历史决定论的怀疑。新的历史观念强调主体对社会形态、社会制度的创造性和选择性，强调对人类行为的反省和约束。这种观念增进了全球的对话与合作，对和平与发展具有重大的积极意义。如果说旧意识形态范式是基于机械的历史决定观念，新意识形态范式则反映出历史主体的选择性和在创造历史过程中的忧患意识。从改革开放基本国策的选择、社会主义初级阶段长期性的认识、可持续发展战略的力行，到提出科学发展观、对全球金融危机挑战下国家经济政策的适时调整，都可以被视为当代历史观念的哲学回应。这种哲学回应的深层内涵就是从革命史观到渐进史观的转变。

革命史观主张阶级斗争、革命才是历史发展的唯一动力。它在革命时期无疑抓住了实践主体活的本质。然而，在和平发展时期，必然与实际相背离。革命史观在背离党的实事求是的思想路线后的极端表现就是"斗争哲学""阶级斗争为纲论"和"无产阶级专政下继续革命论"。中国的改革开放是对异化后的革命史观反思的重大政治成果。因为在20世纪60年代中期开始的"文化大革命"时期，个人专断、革命至上、教条主义都达到了登峰造极的程度，产生了永远都无法估量的灾难性后果。人民民主专政的性质部分地发生了变化，国民经济濒临崩溃的边缘，文化经历了空前的浩劫。

革命是用暴力手段或者以暴力为最终力量推翻统治阶级，从根本上破坏现存的经济基础和上层建筑，通过对社会进行彻底改造实现社会进步与发展。正如恩格斯所评价的那样："革命是历史的火车头。"[①] 革命无疑会有力地推动历史变迁。可是，以剧烈的社会震荡为代价的革命是有前提的，并非可以按照人的意志随意发生。只有在现存的经济基础和上层建筑已经成为生产力进一步发展的严重阻碍，使生产力没有发展的任何余地，并且不能通过局部调整解决其发展困境，同时，普通大众不能够容忍现存制度、统治阶级也无

---

① 《马克思恩格斯文集》第2卷，人民出版社2009年版，第161页。

力回天的情况下，革命才是必要和可能的。改革则是在保存现存制度的基本前提下，对社会结构和运行方式做出调整、改进、更新。改革不同于突变式的革命，它是一种渐进的发展样式，是社会本身自我协调的渐进方式。在和平与发展成为世界主题的大背景下，无论是社会主义国家还是资本主义国家，都或多或少地开始了发展经济、调节社会矛盾、提高社会福利、促进社会公平的渐进式的改革。后发的中国则成为改革开放发展模式的突出代表。

改革开放既是施政纲领，也是与革命思维不同的思维方式。革命思维一般都是坚持两极对抗的思考，必然在政治上、制度上、文化上甚至管理方式上具有与当代资本主义文明彻底决裂的性质，必然有排他性。因此，在思维定势上往往墨守成规、固步自封，在文化上走向封闭。它与计划经济运行的封闭性相辅相成。而改革必然要向西方学习，学习一切有利于经济发展和提高人民生活水平的科学技术、管理模式和制度文明，所以，必然要开放。改革意味着循序渐进和逐步变革；意味着不能寻求根本解决、全面改造、剧变速成，不能追求纯政治目标和崇尚阶级斗争，更不能坚持"天下大乱，越乱越好"的革命价值观。正是因此，改革开放标志着渐进史观取代了革命史观。

中国的体制转型，从区域经济和生产力布局上表现为先农村改革后城市改革。从制度结构上，先边际调整后纵深突破。从主要方法上，先局部试验后全面推广。在市场结构上，先商品市场，后生产要素市场、房地产市场。在城市改革中，先分配制度改革，后产权制度改革；先中小企业改革，后大中型国企改革；先企业制度改革，后政府管理制度改革。从宏观管理的"条条"结构上，先价格机制改革，后财税体制改革；先金融体制改革，后外汇体制改革……。这一切都表现出了渐进性质。在整个转轨过程中，新的意识形态理念都起到了重要的作用，经济中心、改革思维、渐进史观不仅支配着决策者的思想，也渗透于全民族的经济活动和制度创新之中。

　　作为开国元勋、社会主义建设领导者之一的邓小平，最深切地知道在社会主义制度建立后的和平时期里，革命方式的危害和改革思维的可贵，最深切地知道在俄罗斯和东欧那些期盼从"天下大乱达到天下大治"的革命激情会产生什么样的后果，最深切地知道"打倒一切，否定一切"的革命方式会导致何种结果。正是因此，他才坚信，以渐进史观为主导的渐进式的改革开放才是唯一的强国之路。

　　因此，从上面的论述中我们清晰地看到，中国化马克思主义哲学的发展有着鲜明的逻辑进路，即国家意识形态范式的变革。马克思主义哲学在中国以意识形态方式，通过主导政治决策、政治过程的方式，发挥了巨大的实践力量，诠释了马克思哲学"改变世界"的哲学本质，诠释了与时代潮流激荡的"自己时代精神上的精华"的真正含义。同时，也适应了当代世界哲学发展的时代潮流，体现出当代哲学精神的最新进展，并在这种进展中表现出自己独特的中国智慧。

第 四 章

新意识形态范式与改革开放的关键选择

在 20 世纪后半期世界"经济转轨",即计划经济国家的资源配置和经济运行方式向市场经济转轨的大潮中,中国卓越的经济表现成为西方经济学界惊诧的"中国之谜"。自改革开放以来中国经济一路绝尘实现了跨世纪的领跑,并保持了 35 年 GDP 年均近 10% 的高速增长,创造了中国奇迹。相反,以俄罗斯为代表的所有前社会主义转轨国家几乎都经历过激烈的经济衰退。而以乌克兰为代表的个别转轨国家至今尚未走出经济低迷、政治动荡的转轨困局。为什么同时面临着工业化和市场化两大历史难题的中国,比其他转轨国家有着更薄弱的经济基础、更沉重的人口负担、更低的工业化程度、更低的社会发展水平和更复杂的现实,却创造了转型增长的经济奇迹?无论西方主流经济学还是以经济增长为研究主题的发展经济学都认为,在一个发展中大国不可能有持续几十年的高速增长而无重大的经济波动。那么,为什么中国实现了史无前例的持续的高速经济增长,为什么只有中国在经济转轨中没有出现明显的经济衰退呢?

市场经济是最有效率的经济运行方式,似乎在 20 世纪后半期的制度竞争中得到不容置疑的经验证明并成为全球政学两界的基本共识，新经济自由主义成为英美政府的经济宪章并风靡全球。"市场经济＝效率"似乎成为不容置疑的经济信念和政治信条。那么，"中国之谜"的求解中，向市场经济转型成为共识性谜底。全部问题在于转轨路径的差异。包括一些诺贝尔奖得主在内的许多学者，对中国所选择的独特转轨道路，并最终产生经济发展的奇迹都惊诧不已，却难以给出令绝大多数人信服的合理解释。

2007年，党的十七大关于"改革开放是决定当代中国命运的关键抉择，是发展中国特色社会主义、实现中华民族伟大复兴的必由之路；只有社会主义才能救中国，只有改革开放才能发展中国、发展社会主义、发展马克思主义"的英明论断，在10年后的十九大报告中依然得到历史性的确认。从一定意义上说，改革开放是中国奇迹创生的根本原因，而改革开放伟大实践本质上是市场化取向为主流的改革开放。市场化取向的确立、市场主体的确立、市场制度与秩序的创生，无不以思想解放——意识形态范式转换为根本前提。

由于世界经济转轨大潮是在苏联解体、东欧剧变后形成的，在那里经济转轨是意识形态剧变和政治剧变的必然继续。因此，绝大多数西方学者都忽略或否认意识形态尤其是社会主义意识形态国家机器对转轨路径的决定作用和"转轨绩效"的重大影响。对中国特色社会主义的意识形态与中国奇迹的关系讳莫如深。即使是赞誉中国转轨成功的学者，也对社会主义意识形态与市场经济结合的未来前景深存疑虑。中国的经济学家对中国奇迹的创生作出了不可磨灭的理论贡献，为中国的转型发展提供了智力支持。但是，习惯于数学分析和实证研究的经济学家们似乎更专注于经济本身叙事。结果中外学者都忽略了一个重要的解释维度——意识形态。更忽略了中国作为国家意志的意识形态范式的艰难转换及其产生的巨大思想力量。

第四章 新意识形态范式与改革开放的关键选择

我们认为，正确的市场经济体制改革目标模式的确立与转轨路径选择的也好，具有比较优势的发展战略和高效的经济政策的推出也好，和平发展的外交路线的确立和全面开放融入世界经济进程也好，和平的国际环境营造和"一国两制"的和平统一构想也好，都取决于意识形态的范式变革，即，作为中共的指导思想的新意识形态核心理念成为以人民利益为尺度的国家意志，都取决于意识形态范式回归了对"国情、世情、党情"的真实性把握，并以此为基点制定了正确的理论路线方针和政策，推动鼓舞中国人民焕发出自由自觉的创造历史的伟大力量，造就了中国的经济奇迹。

从产权经济学视角来看，市场经济本质上是产权自由交易的经济制度，所有的市场交易本质上都是产权交易。诺思的经济史研究证明，有效率的产权制度是经济增长的关键，界定和实施及保护产权也是经济增长的关键。[①] 同时他还认为，离开意识形态，所有关于经济增长的解释都面临着无数的困境。这确实对中国经济高速增长有很强的解释能力。然而他虽然在产权要素上提到了马克思的洞见，但他在意识形态内涵上却缺少马克思关于"统治阶级的意志"的政治维度，难以解释中国的意识形态结构。

如果将诺思的制度变迁模型进行改造（即将意识形态首先作为国家意志并范式化），从产权、国家和意识形态三大变量解读中国奇迹，就可以得出这样的结论。中国取得"转轨绩效"领先、经济30多年持续高速增长并成功抵御金融危机的主要原因，首先在于逐步实现了从计划到市场的制度变迁（经济转轨），即创立了以"有效率的产权制度"为核心的社会主义市场经济体制。其次在于中国政府作为"制度供给者"不仅在市场制度安排与创新中扮演了积极的主导角色，而且在调控引导经济运行中推出了连续、稳定、

[①] 参见［美］道格拉斯·C. 诺思《经济史中的结构与变迁》，陈郁、罗华平译，上海三联书店、上海人民出版社1994年版，第20页。

高效的经济政策。而这一切又取决于主导党和国家意志的新意识形态范式。意识形态范式转变是中国奇迹创生的关键。

一 新意识形态理念与市场化改革取向的确立

按照唯物史观的逻辑主线来分析，1978年以来的历史逻辑主要是生产方式变迁逻辑和人的发展逻辑的展开，现实的历史逻辑主线是改革开放的逻辑，改革主要是以市场化为主线的改革，开放是市场经济必然要求的开放。这一历史逻辑的确立及其波澜壮阔的历史展开，每一历史的关键时刻即历史逻辑的关键环节，都以新意识形态范式导致的理论突破和旧意识形态观念的崩解为前提。同时，还应注意的是，新意识形态范式与市场经济具有同质性，是改革的市场化取向确立的隐形前提。

（一）改革开放的本体论基石和价值论导向

从"有中国特色社会主义"概念的提出到党在社会主义初级阶段基本路线的确立，标志着意识形态核心理念的转换和新范式理论的完成及其指导方针化、战略化。新意识形态范式所确立的实事求是、以经济建设为中心、改革开放三大理念要素已经形成了相生相成的系统结构。在对国情、世情的宏观把握上达到了前所未有的真实，在思想中精准地把握了中华民族当代历史任务所决定的工业化、市场化的时代主题，使中国历史进入了全球历史由传统到现代转型的洪流。现代化目标就是当代新工业化的中国形式，社会主义市场经济就是市场化的中国形式，改革开放无非是以市场化为基本内涵的改革开放，"社会主义"无非是保证市场化人民属性的国家力量。

转轨经济学家们清楚地知道中国的改革基本上是政府主导的以

市场化为基本取向的渐进改革。国家鼓励地方政府、民众和企业先行实验，取得经验后，再从统筹的角度不断适时、高效地"供给"有效率的各种制度安排和经济政策，保证了制度供给的规模效益。然而，转轨经济学家不知道的是，国家在保证了以四项基本原则为标志的社会制度稳定的前提下，在传统意识形态藩篱下，大力推进市场化改革是何等的艰难。没有指导思想上核心理念的根本变革——意识形态范式的根本转换，中国根本无法完成新型工业化和市场化的历史使命，亦谈不上实现中华民族的伟大复兴。也就是说，正是解放思想、实事求是、以经济建设为中心、坚持改革开放的核心理念确立了中国市场化改革的本体论基石和其价值论导向。

以邓小平同志为领导核心的新一代领导集体指出，在新的时代背景下，我们应从"两个凡是""以阶级斗争为纲"教条主义转向解放思想、实事求是，转向"以经济建设为中心"。新的时代背景，就是我们党已经成为为人民服务的执政党，国内的核心矛盾不再是你死我活的敌我矛盾，而是生产力的落后与人民日益增长的物质文化需求之间的矛盾。由于长久、反复地专注于阶级革命的理念，导致不能复归理性和恢复正常的社会秩序，造成了人们生活水平的实质性下降和"贫穷社会主义"的现实。生活在现实世界的人们，不可能总是满足于精神上澎湃的革命激情而长期忽略和忍受物质福利的匮乏，也不可能无视革命会带来美好生活的原初承诺迟迟不能兑现的生活境况。随着时代主题由战争转向和平发展，全球化、一体化趋势日益加深使世界人民的命运息息相关。各种社会制度并存，和平竞争共同发展，已经成为世界的基本态势，两极对抗和"世界革命"已经有悖于人类历史的潮流。正是在对世情和国情的清醒认识下，我们党和国家转变了原有僵化的意识理念，做出了一系列符合时代要求、顺应历史发展、关切民生所需的重大选择和决定。并经过波澜壮阔的伟大实践，结晶于中国特色社会主义理论体系之中，在理论与实践的良性互动中处处彰显出新意识形态范式的核心理念和基本精神。

邓小平的理论旨趣和话语方式，本质上是将现实的人的生活过程作为改革开放的存在论基石和其价值论导向。这一精神主旨贯穿中国特色社会主义理论体系始终。邓小平理论处处从唯物史观的解释维度出发，对经济社会发展和现实幸福生活进行论证和说明，凸显了中国共产党全心全意为人民服务的执政理念和价值追求。"三个代表"重要思想同样是关切人现实生活的新意识形态理念的理论展开。党的阶级基础从无产阶级的先锋队扩展到中华民族的先锋队，标志着革命对象从中国社会彻底淡出。"代表最广大人民的根本利益"，即执政党基础的全民化，彻底涤荡了"阶级斗争为纲论"的印迹和"无产阶级专政下继续革命论"的色彩。"代表先进生产力发展要求"和"发展是执政兴国的第一要务"是对经济中心理念的进一步诠释。"代表先进文化的发展方向"和"文明多样性"理论，体现了执政党吸纳全球文明发展的成果的开放胸襟。科学发展观是关切人现实生活的新意识理念的延展。作为价值核心的以人为本与以经济建设为中心是相互依存的共生性关系。以人为本理念以人民主体论、人民中心论、人民本位论的形式反复陈述着马克思哲学的基本立场和社会主义本质的价值规定。它是对经济中心理念的人文价值目标的再确认，是社会主义市场经济运行的价值尺度，是国家立法、公共政策和公共行政的指南。科学发展观从国情和实践经验出发，吸纳了20世纪全球发展成果，表现了实事求是、改革思维和开放意识。因而整个中国特色社会主义理论体系，都贯穿着对人的现实生活关切的理论指向。因而从现代化战略发展目标的设计、"三个有利于"标准，到以人为本的核心理念和共享发展成果的政策原则；从和谐社会建设的社会规划，到对现实民生问题的殷切关注，无不反映出市场化改革取向的本体论基石和价值论导向。

（二）解放思想与经济中心理念对改革取向的制导

在邓小平带领全党实现党的思想路线的历史性回归中，实事求是总是以解放思想为前提的，解放思想是实事求是的固有内涵。中国最早的思想解放是从回归唯物史观的经济中心立场开始，推动思想路线和政治路线实现历史转折的。

"文化大革命"时期，"四人帮"即王洪文、江青、张春桥、姚文元编制了束缚国人精神的重重精神枷锁。粉碎"四人帮"伊始的中央高层，在毛泽东思想与毛泽东晚年错误思想以及"四人帮"的胡言乱语之间很难做出科学精准的甄别和剥离，在高举毛泽东思想伟大旗帜与墨守毛泽东晚年一些错误语录之间缺少实事求是又饱含政治智慧的思想定位和边界划分，于是在1977年2月7日"两报一刊"社论《学好文件抓住纲》中提出了"两个凡是"的思想纲领，不仅使批判"四人帮"和"拨乱反正"举步维艰，而且客观上形成全党全民思想僵化的意识形态坚冰。

打破思想坚冰的组织者是时任中共中央党校副校长的胡耀邦。人们都熟知他主持了《实践是检验真理的唯一标准》的雄文的面世，并且引发了全国的真理标准问题的大讨论，却往往忽略和淡忘一年前1977年5月30日《光明日报》发表的经济学者周叔莲的文章《科学·技术·生产力》。当作者4月中旬把文章寄给《光明日报》后，理论部负责人深感文章的重要性，怕把握不准，便把其寄给刚刚恢复工作一个月的胡耀邦，这篇文章正是在他的审阅修改把关下才发表的。[①] 1975年中国科学院在胡耀邦领导下写过一份关于

[①] 参见柳红《80年代：中国经济学人的光荣与梦想》，广西师范大学出版社2010年版，第243—245页。

科学技术的《汇报提纲》，被"四人帮"认定为"大毒草"而被批判，理由是"科学技术是生产力"否定了劳动群众的作用、阶级斗争的存在和无产阶级专政的必要性，并武断地认定马克思没有说过科学技术是生产力。文章正是对此谬说的"拨乱反正"。也正是为此胡耀邦写了近千字的修改意见。这是经济学界第一次在"文化大革命"后公开论证"科学技术是生产力"。意味着科学家、知识分子是生产力的贡献者而不是"臭老九"。一定意义上说，这是思想界第一次对突破"两个凡是"坚冰的尝试。在"文化大革命"中被大批特批的"唯生产力论"，第一次与现代化目标相联系，回归唯物史观的基本常识。

1977年在实际调查的基础上，周叔莲写了《论社会主义工资及其具体形式》，经吴敬琏修改，汪海波参与讨论，形成了2万字的文章交给了胡耀邦，胡耀邦提出了修改意见，修改后在10月底于光远组织的按劳分配会上，由吴敬琏作为代表发言，文章发表于12月5日和12日的《光明日报》上。1975年毛主席最新指示中还讲按劳分配、等价交换都是"资产阶级权利"。由此可见，文章主张按劳分配，为工资和奖金恢复名誉的观点，是对"两个凡是"精神枷锁的挑战。也由此开始了由"两个凡是"到实事求是、由"阶级斗争为纲"到发展生产力为中心的意识形态范式转向，胡耀邦无疑在这一范式转向中发挥了举足轻重的作用。

随着十一届三中全会实现的伟大历史转折，"以经济建设为中心"的治国理念下，国务院财经委成立了经济体制改革研究小组，张劲夫、薛暮桥等一批懂经济的政治学家和经济学家在"没有脚本"的中国改革历史活剧中，承担了"编剧"角色，任务是制定一个适合国情、方法配套、步骤恰当的经济体制改革方案。1979年12月3日他们草拟了《关于经济体制改革总体设想的初步意见》：

"主张用经济手段管理经济,实行计划调节与市场调节相结合,扩大企业自主权,划分中央和地方职权。"[1] 中国经济的指导思想已经从粉碎"四人帮"后的完善计划经济,开始进入市场经济方向。1980年5月8日,旨在制定改革总体规划、协调各方面改革的国务院体制改革办公室成立,薛暮桥任顾问。又起草第二份《经济体制改革的初步意见》,吸取了6—7月薛暮桥关于经济体制改革文章中的诸多观点,突破性地提出"我国现阶段的社会主义经济是生产资料公有制占优势,多种经济成分并存的商品经济。我国经济改革的原则和方向应当是,按照发展商品经济的要求,自觉运用价值规律,把单一的计划调节改为在计划指导下,充分发挥市场调节作用"[2]。这第二份《经济体制改革的初步意见》"堪称中国市场取向改革的第一个纲领性草案"[3]。它标志着市场化改革取向的确立。虽然它当时没有成为中央领导的集体共识,但却在改革实践中不断得到经验的证明。

从十一届三中全会到党的十三大,意识形态的思想解放,极大地推动了改革开放的伟大进程,市场化改革成为中国发展的历史趋势。

第一,随着1978年意识形态范式的转变,党的十二大确立了"计划调节为主、市场调节为辅"的方针,确立了市场机制的合法性前提并开辟了经济改革新取向。1984年党的十二届三中全会上,突破了把计划经济同商品经济对立起来的传统观念并提出了"改革计划体制"的任务,在《中共中央关于经济体制改革的决定》中第一次明确提出社会主义计划经济"是公有制基础上的有计划的商

---

[1] 中共中央党史研究室:《中华人民共和国大事记(1949—2000)》,人民出版社2009年版,第300页。
[2] 薛暮桥:《薛暮桥回忆录》,天津人民出版社1996年版,第356页。
[3] 柳红:《80年代:中国经济学人的光荣与梦想》,广西师范大学出版社2010年版,第200页。

品经济"，"必须自觉依据和运用价值规律"的新概念，第一次提出"商品经济的充分发展，是社会经济发展的不可逾越的阶段，是实现我国经济现代化的必要条件"①的历史观。1985年的国家"七五"计划已经改变了以往的计划传统，开始了由指令性计划向指导性计划的历史性转向。这一切都是在彻底摒弃了"贫穷社会主义"并确立了社会主义的根本任务是发展生产力的思想前提下进行的。

第二，1986年10月中央开始起草党的十三大决议，核心论题之一是计划和市场的关系。在国内许多经济学家的讨论和政策建议中，廖季立、高尚全的"国家调控市场，市场导向（引导）企业"等观点被中央所认同，最终写入十三大报告。②这实际上已经描绘出社会主义市场经济体制框架的基本轮廓。而这一切正是在社会主义初级阶段的基本路线实现了意识形态范式转变的基础上完成的。

第三，1992年邓小平"南方谈话"到党的十四大确立社会主义市场经济的目标模式。"南方谈话"的理论内涵至今已经家喻户晓耳熟能详，其伟大历史意义已被世界公认并彪炳史册。对"姓社""姓资"的形而上学迷雾的历史性澄明，无疑显示着解放思想、实事求是的理念之光。

这三大历史阶段不仅是转轨经济学家所描述的"双轨制"过渡的理论逻辑轨迹，而且是中国社会主义市场经济现实历史逻辑进程的三大里程碑。

（三）新意识形态范式与市场经济的同质性对改革取向的约束

十一届三中全会提出改革开放实际上没有设定市场化目标指向。后来市场化目标的最终确立，人们往往更多归因于实践探索的

---

① 《中共中央关于经济体制改革的决定》，人民出版社1984年版，第17页。
② 柳红：《80年代：中国经济学人的光荣与梦想》，广西师范大学出版社2010年版，第200—201页。

经验证明，即哪里商品化、市场化程度高，哪里的经济就活，发展就快，人民生活水平就会提高。根据这个经验，国家主导的改革一步步趋向于市场化目标。这是确定无疑的。然而，还有个隐形的原因，就是新意识形态范式与市场经济有些共同的性质，包括效率至上与激励兼容，有限理性与主体精神，功利主义与民生关切。这种同质性使作为国家意志的意识形态自觉地趋近于市场经济，促成了改革的市场化取向。

1. 效率至上和激励兼容

粉碎"四人帮"后，从把"四人帮"耽误的时间抢回来，实现"四化"，振兴中华，到十一届三中全会的意识形态范式开始转变，以经济建设为中心，就是以迅速发展生产力为中心，从社会主义的本质和根本任务，到发展是硬道理和"三个有利于"，始终凸显效率至上原则。

在资源配置方式上，根据传统和习惯来做出经济决定，协调信息和分配产品的自然经济配置方式，以及按行政指令性中央计划配置资源、协调全社会流通的计划经济配置方式，都是不讲效率或低效的。20世纪的历史证明市场经济最有配置效率，计划经济因不能解决信息和激励问题而低效。

亚当·斯密的《国富论》认为，经济效率的源泉，主要在于分工和交换。社会分工使人专心从事自己擅长的工作，分工越细密效率越高。分工需要交换来实现社会协作。自然生成的交换方式是通过市场形成的。市场经济就是人们自愿交换产品和劳动服务的社会系统，货币是普遍性的交换媒介。没有谁要求你生产什么，怎样生产，人人都在追求自身的利益，通过市场价格信号决定自己的行为。价格机制就像看不见的手一样，协调着无数人的生产和消费，进而协调整个经济运行，配置所有经济资源。"看不见的手"的有效运作，是由于以货币为计量的商品价格机制为人们的生产和消费提供正确的信息和有效的激励，使人做出有效率的决定。

市场经济能充分地贯彻效率原则，充分地发挥人们的潜力。原因是有激励机制的利益的制导和自由竞争、优胜劣汰的竞争压力。这促使人最大限度地发挥潜能，提供最好的产品和服务，以实现效益的最大化。

市场经济的激励机制之所以是有效的，在于能实现激励兼容。不仅在市场交换中生产者、消费者实现互利双赢，而且，通过每个人的趋利动机和行为，在平等竞争中也能最大限度地满足社会需求，提高社会福利。原因是个人自利目标的实现，必须以满足他人的需要为中介。

计划经济设计上是"人人为我，我为人人"，但运行中往往个人利益和社会利益、个人福利和公共福利是不兼容的，所以，"搭便车""大锅饭"现象普遍存在，难以解决激励问题。

中国改革之初，平均主义"大锅饭"已经到了相当严重的程度，如何实现国家利益、集体利益和个人利益的统一，调动每个生产者的劳动积极性，成为发展生产力的第一难题。1978年经济理论界最早要解决的问题之一就是强调按劳分配，探索激励机制。那么，只有市场化改革才能实现激励兼容。

2. 有限理性与主体精神

市场经济的哲学理念，反对理性万能的观念，认为人的认知能力是有限的，即有限理性。计划经济恰恰相反，认为人的理性能力是无限的，可以掌握全部信息，有效满足所有人的需求。因此，市场经济运行是分散决策的，假定每个人在自己所熟悉的领域是理性的，并能够自主地解决所面临的难题。

新意识形态范式中实事求是的核心理念，包含着反对教条主义和解放思想的固有前提。这就是说，没有全知全能的救世主，也没有天神般的英明领袖。人的理性是有限的，认知能力是有限的。改革开放的核心理念，也是以有限理性为前提。没有谁能设计出最新最美的制度蓝图，完美无缺的理想模式，所以，要摸着石头过河，要大胆地闯，要渐进决策。

市场经济是建立在自愿交换、自由选择和分散决策的经济制度基础上的，承认每个参与者都是具有平等、自由权利的市场主体，具有独立个性的现实的个人，也就是具有主体精神的人。市场经济坚持个体本位原则，把人视为自主的，具有独立人格的个人实体。鼓励每个人的自由创造性，是实现群众创造历史的经济形式。

原有的计划经济体制是由政府垄断资源的配置权，通过计划统一配给的行政方式，进行资源的总体配置。这种体制名义上是以高于市场经济发展阶段即商品生产消亡的阶段的理想模式为蓝本，实质上是以低于市场经济发展和运行阶段的社会实际为根据，形成的一种大家庭式的半自然经济体制。它把有机的社会经济运行体系按照行政系统和区划"块""条"分割，造成大大小小的半自给、自给经济单位。中央政府是所有经济单位的共同"大家长"，通过统拨统调和统收统支来统一掌管全国的物资供给和财政系统，以计划分配代替自由交换，以指令调拨代替自由流通。强制执行的指令性计划是政府寻求总供给与总需求平衡的主要方式，行政性的直接干预是国家管理社会生产的主要手段。这种机制使人又回到马克思所描述的"依附于他所在的共同体"的依附性的人，处于狭隘的地缘关系中的人，没有主体自我意识的客体人。

在旧的意识形态范式中，教条主义和本体论思维高扬终极的社会理想，以唯一的国家计划手段来达成社会的终极理想，从而否认多样性的现实生活福利的价值；国家至上的价值观贬抑了生命的意义，于是计划过程变成走向终极壮丽目标的现实苦旅，现实个人生活成为终极意义的牺牲品。正是这种"使徒"意识使人们走入"贫穷社会主义"的泥沼。新意识形态范式处处洋溢着对经济社会发展的热情和对现实幸福生活的追求,从战略发展目标的设计、"三个有利于"标准,到以人为本的核心理念和共享发展成果的政策原则,从和谐社会建设的社会规划,到对现实民生问题的殷切关注,无不反映出对人民生活境遇的现实关切。与此同时,新的意识形态自然而然地放弃国家无限理性的终极信念,突出"群众创造历史"的核心作用。

3. 功利主义与民生关切

功利主义是市场经济的伦理基础之一。尽管功利主义在当代发展到很详尽的程度,但基础原理还是英国哲学家边沁提出的功利原则。

边沁的《道德与立法原理绪论》,显然受到了爱尔维修"利益至上"思想和休谟的"功利是道德最后裁判者"的观点的影响,书中以数学原理般清晰、系统地阐述了功利主义的学说。所谓的功利原则就是:"当我们对任何一种行为予以赞成或不赞成的时候,我们是看该行为是增多还是减少当事者的幸福:换句话说,就是看该行为是增进或者违反当事者的幸福为准。"[1] 他明确主张把功利原则即"最大多数人的最大幸福"作为道德判断和立法的唯一标准。边沁认为,既然每个人都关心自己的最大幸福,那么社会、国家的目的就可以看作"最大多数人的最大幸福"。

市场经济的基本前提假设,一是理性假设,理性意味着每个人都会在给定的(法律法规)约束条件下争取自身最大利益;二是交易者在市场交换中对它所买卖的商品和劳务具有完全的选择自由。从道德角度来看就是合理利己主义。它与功利主义坚持同样的前提,即人人生而平等、自由。追求个人的幸福是每一个人的天赋权利。与古典自由主义的自由放任主张不同,功利原则强调政府、国

---

[1] 周辅成:《西方伦理学名著选集》下卷,商务印书馆1987年版,第211—212页。

家负有实现"最大多数人的最大幸福"的责任。政府和国家不能无所作为，而应主动促成个人的和社会的福利目标的实现，这也是强调宏观调控的现代市场经济理论的伦理基础之一。

由于长久专注于以"阶级斗争为纲"的理念，加之计划经济本身的重工业优先的特质，激励问题造成的"短缺经济"，忽视人民物质利益及其"高积累"战略，使改革前的中国，商品与服务极度匮乏，民生维艰，近乎举国贫困。基于对"文化大革命"教训的深刻反思和对现实国情的正确把握，中国改革的探索者无不有着忧国忧民的民本情怀和对民生的关切。例如，没有万里对改变安徽农村贫困面貌的忧思，就没有对"包产到户"的默认和政治支持。没有习仲勋对"逃港"农民的深切理解，就没有深圳特区的诞生。

中国改革将以经济建设为中心作为核心理念，新时期党的路线、方针、政策处处洋溢着对经济社会发展的热情和对人民现实幸福生活的追求，从战略发展目标的设计、"三个有利于"标准，到以人为本的核心理念和共享发展成果的政策原则，无不反映出对人民生活境遇的殷切关注。

整个中国特色社会主义理论体系，都始终贯穿追求"最大多数人的最大幸福"的功利原则和现实民生关切的理论指向。

二 新意识形态范式下联产承包责任制的创生

（一）联产承包责任制的艰难历程

1978年年末中国发生了标志新中国历史伟大转折的两大历史事件，一是党的十一届三中全会召开，二是安徽省凤阳县凤梨公社小岗村的"包产到户"的誓约的签订。它们说明中国最高层和最底层的群体在改革不适合生产力发展的生产关系和上层建筑方面达成了历史性的默契，从而出现了中华民族复兴的历史征兆。中国农民由此开始以自己的特有方式率先走出计划经济的藩篱，走出血缘、地缘关系的束缚，成为身份自由的市场经济主体，成为马克思所说的"世界历史中的个人"，进入了全球化大潮，开始了改变自身历史命运和民族命运的历史征程。

1978年11月24日晚上，安徽省凤阳县凤梨公社小岗村严立华等18位农民签订了一份不到百字的"包干"保证书。其中最主要的内容有三条：一是分田到户；二是不再伸手向国家要钱要粮；三是如果干部坐牢，社员保证把他们的小孩养活到18岁。前两条内容说明这是一个农户以交付国家一定"公粮"为前提、承包集体产权土地的用益权的合约。后一条意味着这是冒天下之大不韪的，甚至是"生命不能承受之重"的"誓约"。这张合约被收藏在中国革命博物馆，是人民群众创造历史的最佳证明。

"包产到户"似乎并非伟大的制度发明，无非是把生产队土地划分到农户由其自我负责、自我管理、自负盈亏地去经营；承包也并非他们的原创，早在1956年下半年的浙江永嘉县就已经出现了。刚刚进入到高级社的农民为克服"出工不出力"的消极倾向，在县委领导组织下，有条件地把集体土地划分到农户，约束家庭成员努力劳动。然而，适时的领导者县委副书记李云河，却因赞成"包产到户""犯了错误"，被开除党籍和公职，遣返老家务农长达21年之久。在1957年"社会主义和资本主义两条道路大辩论"中，"包产到户"被赋予资本主义属性而胎死腹中。

1959年"大跃进"和"人民公社化"，使农民深受"一大二公"和"大锅饭"之苦，江苏、湖南、河南的一些地区又出现了"包产到户"，即把土地、车马、农具按劳动力固定到户，农活包工到户的现象，并且得到有的领导的支持。例如："新乡地委第一书记耿起昌认为，我们的社会主义集体生产和集体生活方式，对农民卡的过死，剥夺了农民自由，打乱了生产秩序，没有生产责任制了，农民生产不积极。……因此于 5 月提出：包工到户，定产到田，个人负责，超产奖励。"①

洛阳地委第二书记王慧智主张并推行了"包工包产到户，以产定工，产工一致，全奖全罚，三年不变"②。然而，这些按照党的八届七中全会有关调整生产关系适合生产力的要求做的实践探索，在庐山会议背景下受到了中央的坚决批判。8—10 月，中央在对江苏、河南、湖南相关报告所作的批示中，明确指出"把全部或者大部农活包工到户或者包产到户的作法，实际上是在农村中反对社会主义道路，而走资本主义道路的作法"，"是要走资本主义道路，是企图使资本主义在中国复辟，实际上是反党反人民的资产阶级思想在党内的反映"③。于是，"包产到户"的尝试再次夭折，穷过渡的"共产风"又风靡全国。

1961 年年初，随着"大跃进"造成的大饥荒，"包产到户"再次兴起，最突出的是安徽。起因是 1960 年"安徽省宿县的一位 70 多岁的老农，得到公社允许，带生病的儿子到山区养病和生产自救，开荒 16 亩，收回了口粮、种子和饲料粮 1500 斤，交给公社 1800 斤和饲养猪鸡得的 60 元钱。这与当时困难到极点的农村形势形成了鲜明的对照。当地农民得到启发要求包田耕种"④。省委书记曾希圣悔于"大跃进"中自己的错误给农民造成的困境，体谅农民的要求又避开"包产到户"的"姓资"禁区，于 1961 年 3 月在全省 39.2% 的生产队试行了"定产到田、责任到人"的包工包产责任制。

受到中央批评暂停试行后，曾希圣于 3 月 20 日向毛泽东、刘少奇、周恩来、邓小平等领导申明其诸多优点。又于 4 月和 7 月两

---

① 丛进：《曲折发展的岁月》，河南人民出版社 1989 年版，第 233—234 页。
② 同上书，第 234。
③ 同上书，第 235 页。
④ 同上书，第 483 页。

次以省委名义向中央报告，说明"包工包产责任制"与"包产到户""单干"的区别。曾希圣在7月还向毛主席当面作了"责任田"的汇报，得到了毛主席"同意试一试"的认可。于是，到了秋末，实行"责任田"的生产队"增加到了85.4%"[①]。然而，11月13日中央《关于在农村开展社会主义教育的通知》明确规定，"包产到户"和"变相单干"的办法不符合社会主义原则。曾希圣在1962年的"七千人大会"上受到上下批评，后被免去安徽省委书记职务。

与中央1961年决定"公共食堂办不办由农民自行决定"后公共食堂一哄而散相反，1962年纠正"包产到户"却很困难。于是，在党内上下引起了一番大讨论。中共中央农村工作部部长邓子恢在五省区经过一年多系统的实地调查基础上，于1962年5月24日向中央和毛主席提出了《关于当前农村人民公社若干政策问题的意见》的报告。指出"在农业生产力还处于以人力畜力经营为主的当前阶段，（自留地、自留山、饲养家禽家畜和经营其它家庭副业）这种小自由小私有，是最能调动农民劳动积极性和责任心的"，"允许社员在一定范围内经营一些小自由小私有是只有好处没有坏处的"，"集市贸易是不能关死的"。[②] 7月11日他在中央高级党校的报告中，已经提出了联产承包责任制的基本内涵并对"包产到户"做了肯定性的评价。

在"大跃进"和"穷过渡"造成的后果面前，中共中央领导集体对农业生产方式的盲目"跃进"是有共识的，但是要退到什么程度尚有分歧。邓子恢在1962年5月的中共中央常委工作会上有条件地支持了"包产到户"，刘少奇也在总结说过"农业上要退够，包括'包产到户'"的话。邓子恢还在6月的中央书记处会议

[①] 丛进：《曲折发展的岁月》，河南人民出版社1989年版，第485页。
[②] 同上书，第487页。

上支持了安徽的"责任田",邓小平表示支持。7月陈云也对毛主席和其他几位常委提出可以分田到户的主张。"邓子恢、陈云、邓小平对'包产到户'等生产责任制的支持,是对自苏联20世纪30年代和中国20世纪50年代以来,社会主义农业必须是一大二公高度集中管理传统观念的根本性突破,事实上是中国农业经济体制改革的先导。"① 那么,为什么没有实行呢?

原因在于,毛泽东在1962年8月的中共中央政治局北戴河会议上,提出了阶级斗争和修正主义问题。9月中共八届十中全会上,毛泽东提出了"阶级斗争"必须"年年讲、月月讲、天天讲"和"反修""防修"战略,将"包产到户""单干"等做法纳入了"阶级斗争为纲论"的视野,赋予"资本主义复辟"、修正主义等意识形态性质。全会公报提出,在无产阶级革命和无产阶级专政的整个历史时期,在由资本主义过渡到共产主义的整个历史时期存在着无产阶级和资产阶级、社会主义道路与资本主义道路的斗争。这标志着传统意识形态范式已经离开了实事求是的根本理念和中国国情的存在论基石,异化为一种离开唯物史观基本立场的错误理念,并不幸地主导了后来的社会主义探索进程而最终走入"文化大革命"迷途。这也决定了"包产到户"的探索者们的历史际遇。

(二) 联产承包责任制的向死而生

小岗村农民"包产到户"的"合约",显然具有"誓约"的性质。因为,它承受着以往意识形态的重压,那不仅仅是观念,而且是承载着意识形态国家机器。突破"姓社""姓资"的意识形态藩篱,需要多么大的勇气和气概。这一事件标志着8亿农民试图通过

---

① 丛进:《曲折发展的岁月》,河南人民出版社1989年版,第493页。

改革生产方式改变自身命运和民族命运的精神觉醒和实践担当，与中国的顶层设计达到了历史性的契合。它有以下几点哲学意义。

首先，这是中国农民在物质极度匮乏的环境下为了生存的无畏选择，是触及哲学终极之问——生存还是毁灭——后生命理念的高扬，是向死而生的实践选择。它说明任何制度安排都是为了人的生存与幸福，形而上学的抽象政治观念及其制度形式不能以牺牲"现实的人"的生命为代价。实际上，它与邓小平关于"一个党、一个国家，一个民族，如果一切从本本出发、思想僵化，迷信盛行……它的生机就停止了，就要亡党亡国"[1]的判断一样，是向死而生的历史抉择。

其次，它是中国农民主体意识的历史性觉醒，是自主自立的主体人格的现代性生成，他以自己的主体性意识主导实践，订立自发的合约，冲破了现实的体制羁绊，打破了教条主义的精神枷锁，争取"自为"的自由。

再次，按照马克思关于人的发展三阶段理论来说，这是中国农民由依附性的人，到物的依赖性基础上的人格独立的人的第一步。由于中国农民是在生产力极不发达、商品经济极不发达的小农经济条件下，进入了封闭性的计划经济，地缘依附、血缘依附的状况不仅无大改观，而且又加上了城乡分割的身份定位和行政依附，农民被牢牢地束缚于他所在的共同体。由身份到契约、由依附到独立是人的发展的重大进步。这第一步就由这里走出。

按照诺思的制度变迁模型，国家在制度供给中具有规模效益。然而，国家既是经济增长的关键，又是经济衰退的根源。诺思并未明确指出如何有效地克服这一"国家悖论"。笔者认为，根据中国经验，国家要成为推动经济增长的关键，必须推出有效率的产权制

---

[1]《邓小平文选》第2卷，人民出版社1994年版，第143页。

度并实施有效率的产权保护。而能否做到则取决于作为国家意志的意识形态对产权确立、实施、保护的基本态度。

虽然1978年年末这两大历史事件在本质上高度一致并达到了历史性默契,但是,"十一届三中全会决议的规定是'不许包产到户'"[1]。那么,为什么两年后联产承包责任制风靡神州大地呢?关键是经过1977—1978年思想上的"拨乱反正",实践标准、生产力标准的重新确立,党的实事求是的思想路线重新确立,作为国家意志的意识形态范式已经发生了根本的转变。

在历史上曾经多次被实践证明的能够有效提高产量、抵御饥荒的联产承包责任制,为什么没有得到国家制度(包括非正式制度如意识形态等)认可呢?原因是我们对农业的社会主义改造的目标是建立苏联式模式化的、高度集中的计划经济,其特征是政治上高度集权的"命令经济"。"从'三条驴腿的合作社'到几万,甚至几十万人组成的超级人民公社,从要不要办集体食堂到可不可以由社员私养集体的母猪,一切皆由中央和中央主席定夺。"[2]而毛主席当时奉行政治中心、革命至上理念和阶级斗争为纲原则,在革命和"生命"的价值天平上倾向于前者。即使是迫于大饥荒他默许"包产到户",也不过是权宜之计,经济状况稍有好转便将之视为"资本主义复辟"而无情打击,屡批不止。

邓小平实现了意识形态范式转变后,以发展生产力提高人民生活水平为基本内涵的经济中心理念和解放思想、实事求是理念成为核心的评价尺度,成为党和国家的意志,也就顺理成章了。据杜润生回忆,早在1962年邓小平就谈到,生产关系究竟什么形式为最好,"就是哪种形式在哪个地方能够比较容易比较快地恢复和发展

---

[1] 柳红:《80年代:中国经济学人的光荣与梦想》,广西师范大学出版社2010年版,第177页。

[2] 周其仁:《改革的逻辑》,中信出版社2013年版,第8页。

农业生产，就采取哪种形式；群众愿意采取哪种形式就应该采取哪种形式，不合法的使它合法起来"①。同年邓小平也是针对责任田问题，提出了"不管白猫黑猫，能捉住老鼠就是好猫"的格言。然而，那时由于意识形态核心理念的约束，这种观念不可能上升为国家意志——"合法起来"。"合法起来"必须以意识形态范式转变为前提。尽管意识形态观念束缚重重，但核心内核的转换为勇于担当的创新者提供了打破精神枷锁的理念支持。

1978年年底，中央农村政策的基调是"休养生息"和加强基层自主权。即使按照最新的决议，"包产到户仍在明确被禁之列。由当时的中央来统一完成对'包产到户'的合法化，是不可能的"②。然而，加强基层自主权为生产队自主决策提供了政治宽容的空间，强调"地方积极性"的分省决策却为其合法化提供了行政前提。关键是实践标准（经济上的生产力标准）和实事求是根本点的确立为"包产到户"合法化提供了根本保证。

小岗村的"包产到户"创举得到了时任中共安徽省委书记万里的支持，并经过省委讨论同意进行试验。万里的决心和信念正是来源于实事求是调查基础上对贫困实情的深刻了解，来源于对贫穷社会主义的怀疑和否定，来源于发展生产力和提高人民生活水平的价值信念。据他调查"农民生活特别困难……吃不饱，穿不暖，住的房子不像个房子样，门窗都是泥土坯（做）的，桌子、凳子也是泥土坯的，找不到一件木器家具，真是家徒四壁呀！我真没料到，解放几十年了，不少农村还这么穷！我不能不问自己，这是什么原因？这能算是社会主义吗？人民公社到底有什么问题？为什么农民的积极性没有了？我刚到安徽那一年，全省28万多个生产队，只有10%的生产队能维持温饱，67%的生

---

① 周其仁：《改革的逻辑》，中信出版社2013年版，第9页。
② 同上书，第125页。

产队人均年收入低于60元，40元以下的约占25%"①。所以，不改革就没有出路。

20世纪60年代农民在克服大饥荒中的"包产到户"创举虽然后来被扼杀，"自由集市"命若游丝，"自留地"却在1960年周总理主持起草的旨在克服危机的《紧急指示信》的落实下得到了合法化存活。在全国农村自留地与集体地截然不同的庄稼长势景观年复一年地证明着"包产到户"的优势。"集体大田的生产率差不多只及农民小块自留地的1/7—1/5。"② 因此，一旦运用实践检验的真理尺度，结果便一目了然。

1979年10月，生产队当年粮食总产量66吨，相当于全队1966—1970年5年粮食产量的总和。1979年安徽虽然遇到旱灾，但粮食还是增产了。不久，四川、内蒙、河南、贵州都普遍推行"包产到户"。1980年4月2日邓小平在同万里谈话时，充分肯定了安徽的做法，称赞安徽凤阳县绝大多数人搞了大包干，也是一年翻身，改变面貌。此后，1982—1986年中央连续推出5个"一号文件"，联产承包责任制改革获得了合法化而星火燎原。

（三）联产承包责任制对市场化改革取向的实践确认

联产承包责任制这一伟大的制度创新及其实践，在中国特色社会主义道路开拓中具有重大的历史意义。如果说秋收起义及后来的向井冈山进军，开拓了中国特色的革命道路，那么，联产承包责任制则打响了中国改革的第一枪，开始了中国第二次"农村包围城市"。它的伟大实践成果确认了中国的市场化改革方向并为之奠定了坚实基础。

---

① 新华网：《当年曾流传"要吃米找万里"》，https://new.qq.com/cmsn/20150715/20150715041302，2009年2月11日。

② 周其仁：《改革的逻辑》，中信出版社2013年版，第73页。

首先，它导致了计划经济的农业形式——"人民公社"的体制崩解和市场体制的孕育。在中国广大的地域之上摆脱了无效率的计划体制。这种体制以土地公有、政社合一、行政控制、指令生产、统购统销、平均分配、固定农民身份、限制人口流动为特征，农民被牢牢束缚于土地之上并依附于其所在"集体"，甚至失去了古代本有的经济自由和财产权利，极大地束缚了农民积极性，陷入了马克思早就批判的极度贫困普遍化的"粗陋的共产主义"泥潭。联产承包责任制的推行实际上重新设计了产权制度，赋予农民以自主支配自身劳动力、决定生产什么、怎样生产和处置生产剩余的经济自由。这种生产方式很快与自由集市（后发育为农贸市场）这一法国著名经济史专家布罗代尔所认为的真正的市场经济相结合，在计划经济体制外生成了市场经济的原始结构，使市场要素和市场秩序在广袤的农村大地历史性地生成。

其次，它使农民获得了财产权利和身份自由，这是农民的伟大解放，也是劳动力资源的解放。"人民公社"的制度设计不仅从属于实现共产主义的理想目标，更从属于快速工业化的现实目标，于是，工农业的"剪刀差"与以"贡赋"形式为工业化做贡献相结合，使农民迅速无产化。按照周其仁的研究，改革前农村财产的唯一主体是"人民公社"集体，全国8亿农民自有财产不足800亿元，"中国农民几乎已近于农村无产者"。当然，也就无所谓财产权利。农民在择业、迁徙和改变社会身份的自由也受到种种限制。"到了'用无产阶级专政'来办农业的时代，不仅农民改变社会身份的自由丧失殆尽，而且连农民怎样当农民的自由也在相当程度上遭到剥夺。"[①] 联产承包责任制重新确立了农民的产权主体地位，使之获得了土地用益权，也就是经济自由权利。结果大大刺激了总产

[①] 周其仁：《改革的逻辑》，中信出版社2013年版，第73页。

出和剩余产品增加，反过来农民可以把归于自己所得的剩余产品再投资，并逐步形成了财产权利。农民不仅获得了迁徙自由和劳动自由，也获得了靠自己的劳动改变社会身份的自由，实现了在劳动力资源解放基础上的改变社会身份的人的解放。从而使中国在全球化竞争中获得了战无不胜的劳动力资源比较优势，促进了中国经济的快速增长。

再次，它使8亿农民获得了经济自由，培育了最为广大的市场主体。联产承包责任制实行后，中国农民与知青大返城中的自谋职业者及其体制外人员，及其与之相伴而生的乡镇企业和民营企业，成为中国第一代劳动力产权主体和自主经营、自负盈亏的市场主体。原有集体所有制财产的存在形式发生了变化。耕地、部分水面、草场、山林、荒滩都实行了承包经营，农机具折价给农户，原有社队企业固定资产承包给企业集体或个人经营，或折股形成小型企业，导致了乡镇企业的异军突起。它们与外企和合资企业一起开辟了自由市场经济的中国空间。尽管农民由于先天的社会禀赋在竞争中始终处于弱势地位，然而却以艰苦卓绝的奋斗精神和艰辛的创造性劳动改变着自身和中华民族的命运。他们以劳动者、劳动力资源市场化价值实现的方式，不仅推动国家的工业化、城市化转型和经济增长，而且通过特区开启的开放之路，义无反顾地参与了全球化大潮，成为世界历史中的个人，成为历史的真正创造者。乡镇企业和民营企业在与外企和国企的不平等竞争中，尽管带着原始的野性，也在推动中国经济增长和解决就业中起到了不可替代的作用。在20世纪90年代中期国有经济全民所有制亏损即零剩余的情况下，乡镇企业异军突起，迅速成为国民经济的半壁江山，支撑了中国经济的增长。没有由农村改革孕育的市场主体、市场组织、市场秩序，中国经济转轨的绩效领先和经济奇迹的创生都将是天方夜谭。

三 新意识形态范式与社会主义市场经济历史逻辑的确立

20世纪社会主义与资本主义的制度竞争，无论是战争与革命的制度较量还是意识形态的冷战，都最终表现为计划经济与市场经济的制度对决。在这种制度演进的竞争中，计划经济与市场经济构成了百年经济表象后的历史逻辑。"三十年河东，三十年河西"的格言大致表述了计划经济与市场经济的历史嬗变。然而，这种经济逻辑却与社会主义与资本主义的制度属性紧密纠缠，并成为意识形态理念，支配着决策者的行为选择，使经济体制的变迁不能把意识形态作为可有可无的外生制度变量。

（一）计划经济与市场经济——20世纪世界经济的历史逻辑

自由市场经济在不到一百年的时间里创造的生产力超过了过去所有的世纪，但在19—20世纪之交却似乎走到了尽头，社会主义从一种思想运动变成现实的运动，并在20世纪初的俄国变成了制度现实，社会主义成为时代的精神潮流，计划经济与社会主义捆绑在一起，成为世界先进知识分子憧憬的理想经济形式。

实际上，资本主义与社会主义一样都主要来源于启蒙运动所确立的自由、平等、民主、博爱、富裕、幸福等思想原则。不过，后者是在对前者的批判中对各种原则的进一步更彻底的发展。在马克思那里，计划经济还只是一种没有进行严密的逻辑论证的理想性描述，他提出的计划模型有许多条件，其一便是资本主义创造的高度发达的生产力基础和社会物质财富的极大丰富，其二是"消灭私有制"。在恩格斯看来，社会主义，包括计划经济的具体实践还是一个不可解方程。列宁创造性地提出了"一国胜利"学说，通过十月革命使社会主义从理想变成现实。斯大林领导了社会主义建设的实践，并创造了政治上高度集权、经济上高度集中的斯大林模式，并作为标准范式推及东欧等整个社会主义阵营，计划经济成为20世纪与市场经济对立的基本经济体制。

作为经济运行方式或资源配置方式的计划经济，思想来源是《资本论》中对资本主义（等同于市场经济）的批判及其未来制度的预言，实践模型是苏俄1917—1920年的战时共产主义实践。因此，在现实制度安排上都奉行与自由市场经济对立的制度设计。

计划经济是与自由市场经济对立的，以促进经济高速增长和社会平等为目标的，由国家掌握经济资源，通过集中计划组织社会生产、交换、分配过程，支配经济运行的资源配置方式。其结构特征有以下几点。

第一，在产权结构上，与市场经济的产权分立不同，由国家集中掌握资源和财产，企业之间的产权边界模糊不清，个人与个人、个人与集体也无清晰的利益边界。

第二，在动力结构上，与市场经济的经济利益驱动不同，经济行为主体的收入分配与生产结果相分离，主要靠行政权力驱动和精神激励、政治激励。

第三，在决策结构上，与市场经济的分散决策不同，一切生产经营决策由国家集中作出，向企业发布指令，企业贯彻落实，结果由国家负责。

第四，在信息结构上，与市场经济信息由市场价格信号横向传播与接受不同，政府纵向地自下而上地收集信息，并自上而下地层层发布指令信息。

这种结构使计划经济具有了与市场经济不同的本质特征。一是与自愿交换的市场行为模型不同，却与军事化行为同质的命令经济。二是与市场通过价格机制自动配置资源不同，国家是唯一的或最大的产权主体，拥有对所有资源的绝对控制和支配能力，具有政治经济一体化的和行政化特质。三是与市场经济由市场需求和比较优势决定的发展战略不同，都把优先发展重工业作为实现赶超的基本战略。四是因缺少市场经济的竞争压力，计划经济强调产量上的"竞赛"又预算软约束，无不采用粗放型经济增长方式。五是因马克思曾断言共产主义是没有商品、货币和市场的自给自足的封闭的经济共同体，所以斯大林体制把商品严格限定于"个人消费品"的狭小范围，于是形成了国家直接控制经济资源，直接分配社会劳动、资金、土地及生产资料的封闭经济。

计划经济是20世纪的人类最具雄心的制度设计与构建。它旨在克服已经成长了几百年的市场经济（资本主义经济）的固有缺陷，以"有计划、按比例、高速度"的经济增长，创造出政治上平等、民主、正义、人道，经济上高度繁荣的人间天堂。因此，它一问世就被绝大多数知识分子视为人类文明的曙光。

然而，它也受到极少数经济学家的尖锐挑战，认为这种体制要想达到它的设计效率，需要几乎无法实现的极为苛刻的前提条件。

首先，1920年新奥地利学派的领袖冯·米瑟斯针对苏联的战时共产主义政策和计划经济认为，有效率的经济体制必须以合理的经济核算为基础，合理的经济核算必须以反映生产要素和商品稀缺程度的竞争性的货币价格体系为必要前提。取消了商品和货币的计划经济不可能有合理的经济核算。除非计划价格可以趋近市场价格，计划经济不可能有效率地运行。其门徒哈耶克据此提出"安全信息假设"，即计划者必须掌握瞬息万变的全部信息，计划经济才能有效运行。计划者根据数学方法和计算机进行资源配置，即便列出天文数字般的供给和需求联立方程式并解出结果，但由于信息链过长导致依据数据过时或失真而最终结果必然失效。

其次，社会主义不是心想事成的乐土，只有通过劳动才能满足人们的需求。劳动是辛苦而不是享受，需要持久的激励。计划经济下"工作业绩与报酬之间通常没有关联。由于不能计算出不同生产要素的贡献大小，从而任何确定个人工作的业绩，从而决定其报酬的企图是注定要失败的"①。人们对计划经济的效率的信奉不是由于经济本身，而是基于"根本摆脱了利己主义"的"社会主义新人"及其高尚的责任感和"为普遍福祉奉献出自己全部力量"的人性假设；劳动的无法衡量使按劳分配不可能实现而只能诉诸于平均分配，而平均分配必然"降低劳动生产率，导致短缺和贫困普遍化"②。行政化官僚化管理只能导致人人奉命行事的循规蹈矩，不可能有独立精神的创新人才的脱颖而出，"只能培养出一批亦步亦趋的蠢材"③。概括言之，计划经济的有效运行，除非"计划者如上帝，执行者如天使"。前者如上帝般全知全能，掌握人的需求与经济结构的完全信息；后者如天使般毫不利己专门利人，忠实无误地执行全部计划。

尽管当时美国经济学家泰勒认为国家计划价格可以替代市场价格，波兰经济学家兰格提出了"模拟市场价格理论"，理论上论证了计划经济的可能性。然而，经济危机导致了自由主义"市场万能"神话的破产，世界大战及其后果使社会主义成为20世纪初的时代精神。市场原教旨主义眼中的"社会主义"——凯恩斯主义，在第二次世界大战之后吸收了社会主义计划经济中的合理思想，创立了宏观经济学，不仅使经济学从古典走向现代，而且成为发达资本主义国家的经济宪章，造成了战后资本主义近30年的黄金增长。

斯大林模式的计划经济仅用3个"五年计划"就造成了欧洲第一、世界第二的辉煌经济成就，掩盖了自身的理论与实践缺陷。同

---

① ［奥］路德维希·冯·米瑟斯：《社会主义经济与社会学的分析》，中国社会科学出版社2012年版，第139页。
② 同上书，第140、146页。
③ 同上书，第154页。

时，也由于意识形态的阶级分析框架使人对米瑟斯的理论采取非此即彼的排斥立场，并坚信政治斗争的国家力量和共产主义新人的道德力量，计划经济正是在这种意识形态的强力作用下，一定程度上和一定时期内克服了自身缺陷，实现了令世人瞩目的经济增长。

然而，离开利益激励的道德激励必然效率递减，政治激励的隐性福利也加剧效率递减过程，导致经济增长激励不足而不可持续。马克思早就指出"人们奋斗所争取的一切，都同他们的利益有关"[①]，无现实利益的理想承诺和道德追求在物质匮乏的现实中流于虚幻。政治中心和革命至上的意识形态理念决定了用政治方式管理经济问题进而使经济低效成为必然。到了20世纪70年代社会主义无不落入米瑟斯"短缺"经济的咒语，苏联及东欧计划经济国家的经济表现在经济增长率上，在与资本主义国家的和平竞赛中落伍，中国也被米瑟斯的社会主义将陷入"贫困化"预言不幸言中。相反，日本经济的迅速崛起和亚洲"四小龙"的经济腾飞，促使社会主义国家纷纷进行经济改革。20世纪70年代初发达国家的"滞胀"危机，使哈耶克的新经济自由主义重新主导了美英资本主义世界的经济政策。里根和撒切尔夫人推行的"私有化"改革，开启了新一轮经济全球化大潮，导致了社会主义国家改革的市场化主调，也确立了中国改革开放历史的逻辑走向。现代市场经济成为20世纪后30年的世界经济潮流。

（二）计划经济与市场经济的理论博弈与实践对决

计划经济在中国经过20多年实践的突出教训，就是其前提假设在现实中难以确立，在实际运行中缺乏活力。著名学者、改革战略和政策的参与者吴敬琏和高尚全的理论论述相当准确。

[①] 《马克思恩格斯全集》第1卷，人民出版社1995年版，第82页。

著名经济学家吴敬琏总结了计划经济的实践教训后指出:"主观制定的计划要能够反映客观实际,达到资源优化配置的目的,必须具备两个前提:第一,中央计划机关对全社会的一切经济活动,包括物质资源和人力资源状况、技术可行性、需求结构等拥有全部信息('完全信息假设');第二,全社会利益一体化,不存在相互分离的利益主体和不同的价值判断('单一利益主体假定')。如果不具备这两个条件,经济计划就会由于①计算会出现偏差,②不可能严格地得到执行,而出现失误。问题在于,至少在可以预见的未来,上述两个前提条件是不可能具备的,因此,采用这种资源配置方式,在制定计划或执行计划时,会遇到难以克服的信息方面的障碍和激励方面的困难。"① 实际上,笔者认为,还有计划经济的人性利他(超人—圣人)假设、按劳分配所需的"劳动同质可通约"假设、计划价格可以趋近于市场价格假设都是纸上谈兵,实际运行中是无法成立的,必然造成资源的误配置和生产的低效率。

著名经济学家高尚全认为中国运行中的计划经济有四大弊病。一是政企不分使企业失去自主权,严重压抑企业的生产积极性。二是条块分割,权责不明。把完整的国民经济分割为众多的部门所有制和地区所有制,造成部门壁垒和地区封锁,限制了它们之间的横向联系和专业化协作,强化了纵向权力最大化和责任最小化。三是依靠行政命令和指令计划管理经济而非商品生产和价格机制调节,使企业缺少竞争力和应变能力。四是分配中平均主义——"大锅饭"严重,没有真正体现按劳分配原则,干好干坏一个样,严重抑制企业和个人的积极性和创造性。"以上弊端使社会主义经济失去了活力,严重束缚了社会生产力的发展,影响了社会主义制度优越性的发挥。"②

---

① 日山编:《著名学者论社会主义市场经济》上,人民日报出版社1993年版,第55页。
② 高尚全等:《改革历程》,经济科学出版社2008年版,第7页。

那么，计划经济在中国何以能够运行呢？靠的就是与国家力量一体化的传统政治中心的意识形态范式的支撑和社会主义道德精神的有效协同。尤其是到了"文化大革命"十年，"四人帮"在曲解马克思主义经典基础上对两个阶级、两条道路斗争的极度强调及其社会化，造成了"左"的意识形态的精神枷锁。这就使每一重大改革必须以思想解放为前提。每一次思想解放又是以十一届三中全会以来确立的新意识形态核心理念为前提。与之相应，中国的经济体制改革与转型的每一重大步骤，甚至是一个纯经济概念都是以冲破"姓社""姓资""姓公""姓私"的意识形态定性为前提的，离开了意识形态范式的转变解读中国社会主义市场经济的制度创新和中国奇迹的创生，就会存在无数的解释困境。

联产承包责任制改革，尽管涉及国民绝大多数和国土的绝大部分，但是，农村、农民、农业尚属于计划经济体制的边缘地带，且原有人民公社体制的维护成本已经高到了无法运转的程度。[①] 农民更多的是基于历史经验而非理论创新，基于生存困境和改变绝对贫困命运的需要而非为改革经济体制。决策者也是为了改变贫困农村现状、提高农业产出和提高农民生活水平，用实事求是代替了教条主义和政治空谈。实践先行而理论尚未涉及改变计划经济体制本身，但是，却为理论突破奠定了坚实的实践基础。

计划与市场的理论博弈首先在经济学人与政府决策者的互动中展开，有实际经验和开拓创新精神的经济学家成为改革开放新时期的第一代"智囊"。打破与计划经济相联系的意识形态观念坚冰，最初的关键是从中国实际出发对社会主义经济本质的商品经济属性的理论确认和政治确认。

首先，在计划经济中嵌入"市场"，为理论上确立市场在社会

[①] 参见周其仁《改革的逻辑》，中信出版社2013年版，第4页。

主义经济中的地位和作用打开了空间。20世纪60年代经济学者卓炯就提出了社会主义经济是商品经济的概念，1979年得到有些学者的认同并影响了国家的政策建议，国务院财委体制改革研究小组先后提出两个《关于经济体制改革总体设想的初步意见》。前者提出用经济手段管理经济，把单一计划调节改为计划调节和市场调节相结合。后者汲取了薛暮桥等经济学家的意见，对中国现实经济运行模式做出了实事求是的理论概括，提出了我国现阶段的社会主义经济是生产资料公有制占优势，多种经济充分并存的商品经济的论断，并提出了改革的市场化取向。1982年党的十二大报告提出了"计划经济为主，市场调节为辅"的原则，确立了市场调节不可或缺的经济地位，划分了指令性计划和指导性计划的使用边界。这就在传统计划经济领地上开辟了市场空间，在顶层设计上确立了"双轨制"改革的转轨路径和增量改革的基本战略。

其次，在党的十二届三中全会上做出了《中共中央关于经济体制改革的决定》（以下简称《决定》），实现了"社会主义经济是公有制基础上有计划的商品经济"的历史性确认。本质上说"有计划"的"计划"已非计划经济的"计划"，"商品经济"也就是超越政治制度属性的广义的"市场经济"。这在顶层设计上已经实现了市场经济的目标指向，规划了经济转轨的基本蓝图。

这一重大突破是相当艰难的。据高尚全所述，在《决定》起草过程中，有人不同意把"商品经济"写入《决定》，主要是担心把社会主义混同于资本主义。他多次建议在《决定》草稿中写上"商品经济"的概念，但多次被否定了。可见意识形态博弈之激烈。后来，在高尚全建议下，中国经济体制改革研究会和中国经济体制改革研究所于1984年9月初召开了一次20多位专家学者参加的理论研讨会。会议围绕着"商品经济"的概念展开讨论并形成了一些突破性观点共识："商品经济和资本主义制度并无必然联系，商品经济并不是资本主义制度的特有范畴";"商品经济与计划经济也不是对立的";"商品经济是社会经济发展的一个必经阶段";"改革正是要为迅速发展社会主义商品经济扫清道路";"只有社会主义才能救中国,而只有发展商品经济才能富中国"。会议讨论的结论呈报中央,受到了中央的重视。经总理批示给《决定》起草小组。"经过各部门、各地方党委、理论界的反复讨论,经过文件起草小组的反复修改,经过了中央全会的讨论修改,最后于1984年10月20日全会正式通过了《中共中央关于经济体制改革的决定》。"[1]

《决定》明确指出:"商品经济的充分发展,是社会经济发展的不可逾越的阶段,是实现我国经济现代化的必要条件"[2],"实行计划经济同运用价值规律、发展商品经济,不是互相排斥的,而是统一的"[3]。并提出"价格是最有效的调节手段……价格体系的改革是整个经济体制改革成败的关键"[4]。这就为市场化改革指明了方向。《决定》还打破了公有产权不可分的观念,认为国有企业所有权经营权可以适当分离,应当使企业成为相对独立的经济实体;打破了平均主义分配观念,重申让一部分人通过劳动先富起来的政策;打破了国家包揽一切的做法,提出了政企职责分开的原则和政府部门原则上不再直接经营管理企业。这一系列凝结着全党全民智慧结晶的理论突破,最终化为党和国家改革意志的政治表达。它是凝结着中国历史教训和改革经验,尤其是农村联产承包责任制改革经验的思想结晶。所以,《决定》被邓小平称之为"马克思主义基本原理和中国社会主义实践相结合的政治经济学"[5]。

再次,1987年党的十三大提出了"国家调节市场、市场引导

---

[1] 高尚全等:《改革历程》,经济科学出版社2008年版,第62页。
[2] 《中共中央关于经济体制改革的决定》,人民出版社1984年版,第17页。
[3] 同上。
[4] 同上书,第19页。
[5] 高尚全等:《改革历程》,经济科学出版社2008年版,第60页。

企业"的宏观经济框架，同时提出"通过国家与企业之间、企业与企业之间按照等价交换原则签订订货合同等办法，逐步缩小指令性计划"的具体构想。已经初步呈现了社会主义实行市场经济的基本轮廓。当然，中国共产党内也有不同声音，比如认为匈牙利"取消了指令性计划就是取消计划经济，取消了计划经济就是取消社会主义"[①]。然而，党的十三大确立了党在社会主义初级阶段的基本路线，实现了意识形态范式的根本转变，成为改革开放大潮中的定海神针，在潮起潮落中规定着中国发展的时代潮流和历史巨轮的根本走向。

随着国际形势的风云突变和国内国企改革不尽人意，20世纪90年代初的舆论界、思想界出现了计划经济回潮，姓"社"姓"资"的道路辨识成为意识形态的显著符号。许多人把苏联解体、东欧剧变视为市场化改革的结果，权威媒体连续发文认为改革执行的是资本主义路线。有人认为市场经济就是否认公有制、否定党的领导、否定社会主义制度，搞资本主义。

最后，在历史向何处去的关键时刻，一代伟人邓小平发表了南方谈话。南方谈话破解了什么是社会主义的百年理论之谜，将社会主义的本质和根本任务做了独创性的规定，就是解放生产力，发展生产力，消灭剥削，消除两极分化，最后达到共同富裕。从这个理论尺度来说，计划经济不姓"社"，市场经济也不姓"资"，都是资源配置方式。那么，从效率来说，计划经济显然不是社会主义必然的经济形式，社会主义市场经济则是社会主义发展的必由之路。因为，建设社会主义的根本尺度，衡量党的路线方针政策的标准，就在于能否提高生产力、提高社会主义的综合国力、提高人民的物质文化生活水平。1992年党的十四大确立了建立社会主义市场经济

---

① 高尚全等：《改革历程》，经济科学出版社2008年版，第64页。

的改革目标和蓝图。这就实现了20世纪最伟大的理论创新和制度创新。为外贸依存度已经达到36.6%的中国经济进一步走向世界，以积极主动的姿态进入全球化大潮扫清了观念障碍。党的十四大终结了长期以来的计划与市场之争，引发了新一轮思想解放，推动中国的改革开放进入一个崭新的阶段。社会主义市场经济在与计划经济的理论博弈中最终完胜，并结出了丰硕的实践果实。

（三）"公""私"之争与国企的浴火重生

中国以企业改革为重点的城市改革虽略晚于农村改革，但几乎是比肩进行的。与之不同的是，农村改革表现为体制外的"增量改革"，并未进入计划经济的体制深层；企业改革则一开始就进入计划经济制度本身。虽说计划经济的企业仅仅是履行生产职能的"工厂"，但却是计划经济结构中的微观实体。计划经济到市场经济的体制转轨基本内容之一就是企业由计划经济结构中的物质实体——工厂变为市场经济结构中的独立主体——公司的转型。企业改革的过程，从哲学角度看，是企业主体性的生成过程，也即从听命于计划指令的物性实体变成自主、自立、自为的自由主体的过程。市场主体就是具有财产权利和平等自由交易权利的经济实体。那么，一定意义上说，企业改革就是企业产权的重新界定过程。这就涉及社会主义经济制度的基础——公有制问题。

在传统意识形态中，国有企业政治上的"所有制"意义往往大于经济上的"企业"意义。公有制是社会主义根本的经济制度，国有企业是公有制经济的实现形式和实体性表现，是国有经济在国民经济中主导作用的基石，从而使国企改革一开始就非纯粹经济问题而具有政治和意识形态意义，每一改革成就都与意识形态的突破直接相关。从改革历程看，突破姓"公"姓"私"之争成为国企实现凤凰涅槃的关键。

国有企业改革可划分为1978—1991年的改革全面初步探索和1992年后的全面制度创新以及纵深推进两大时期。前者在计划经济框架内进行，后者在市场经济框架内展开。在全面的制度创新和纵深推进中，国有企业实现了由"工厂"到"公司"的质变和历史性的崛起。

我国国有企业在改革全面初步探索时期，进行了四大探索。一是扩大企业自主权为重点的扩权让利改革，通过扩权、减税、让利，给企业一定的自主财产和经营权利。二是以所有权和经营权适当分离为前提的经营责任制改革和承包制改革。试行多种形式的盈亏"包干"责任制和记分计工资、计件工资、浮动工资等办法，逐渐形成责权利相结合的经济责任制。实行以"包死基数、确保上交、超收多留、歉收自补"为主要内容的承包制。三是在政府管理上进行了与承包责任制相配套的"拨改贷""利改税"改革，在投资体制上将国家预算拨款改为银行贷款，变无偿使用为有偿使用，以提高企业的生产效率和资金利用率；在税收体制方面进行了"利改税"，即将企业对政府的利润缴纳改为税收缴纳。四是在产权结构上深圳、上海、四川等地进行了股份制探索，并产生了像万科那样的股份制企业。

这些探索增强了企业的主体性质和市场属性，改善了利益分配方式，克服了平均主义"大锅饭"，调动了企业和职工的积极性，促进了企业生产的发展。承包制以契约形式明确了国家与企业间的责权利关系，使企业与国家之间的关系由传统的行政隶属关系转变为以盈利为核心内容的经济契约关系，有利于企业成为自主经营、自负盈亏的相对独立的经济实体。所有权和经营权可以分离的理论突破为后来的改革做了法理上的铺垫。但是也存在一些问题。扩权让利改革出现了"权力截留"（放给企业的权力被地方政府和主管部门截取）和"资金截留"（企业多占多分）等问题，使得"国家拿大头,企业和个人拿小头"的初衷未能实现,导致中央财政赤字增加。企业在承包期内无权处置资产,企业的产权不能在市场上交易,企业不能被买卖、兼并及破产,这也阻碍了生产要素的合理流动和优化组合。另外,企业、经营者和国家缺少明晰的权责边界,不能应对"代理人问题""内部人控制"等问题。经营者重生产、轻投资、拼设备的短期行为,包赢不包亏等没有走出"预算软约束"困局,却留下厂长负责制引发的专断顽疾。

1992年党的十四大确立了社会主义市场经济的目标模式,开启了国企公司制改革的新时期。《中共中央关于建立社会主义市场经济体制若干问题的决定》规划了市场经济框架下国企改革的全新路线图:一是提出要建立适应市场经济要求、产权清晰、权责明确、政企分开、管理科学的现代企业制度;二是提出要对国有资产实行国家统一所有、政府分级监管、企业自主经营的体制;三是提出要按照政府的社会经济管理职能和国有资产所有者职能分开的原则,积极探索国有资产管理和经营的有效途径;四是强调国有经济的主导作用和公有制的主体地位,将着眼点从搞活每一个国有企业转向搞活整个国有经济。

这对国企来说是一次脱胎换骨的根本改变和浴火重生。国企改革的关键就是改变产权模糊(重叠、虚置)、权责不明、政企不分、管理落后(多头管理、政出多门)的计划管理制度,建立产权明晰、权责明确、政企分开、管理科学的现代企业制度。

现代企业制度的特征:一是产权关系明晰,企业中的国有资产所有权属于国家,企业则拥有包括国家在内出资者投资形成的全部法人财产权,成为享有民事权利、承担民事责任的法人实体;二是企业以其全部法人财产,依法自主经营自负盈亏,照章纳税,对出资者承担保值增值责任;三是出资者按照投入企业的资本额,享有所有者权益,即资产收益重大决策和选择管理者等权利,企业破产时以投入企业的资本额对企业的债务承担有限责任;四是企业按照市场需要,组织生产经营,政府不直接干预,企业在市场竞争中优胜劣汰,长期亏损资不抵债应依法破产;五是建立科学的企业领导体制和组织管理制度,调节所有者、经营者、职工之间的关系,形成激励和约束相结合的经营机制。

随后国企改革紧锣密鼓、大刀阔斧地展开:现代企业制度试点改革,企业后勤社会化改革;政府转变政府职能的国务院机构改革,推进政企分开和禁止部队、党政机关经商改革;克服国企战线太长、范围过大、比重过高、结构过纯的股份制改革;国有企业改组、国有经济布局改革、国有企业经营机制改造、技术改造和国有企业管理改革;以及下岗分流、减员增效、鼓励兼并、规范破产、劳动保障和社会保障制度改革……这是经济转轨中最根本的制度变迁,也是一个涉及数千万职工利益的悲壮的历史进程。

由于国际经济形势和国企剧烈的制度变革,20世纪90年代后期国企出现了大面积亏损的困局,并与国企工人下岗造成的社会问题交织。这时社会上否定市场化改革的声音再度鹊起。据马立诚与凌志军的《交锋——当代中国三次思想解放实录》披露,1995—1997年春天,北京出现四份"万言书"。其中第三份"万言书"《关于坚持公有制主体地位的若干理论和政策问题》认为"抓大放小"就是搞私有化,搞资本主义。力倡以"以阶级斗争为纲",设置姓"公"姓"私"的禁区,否定改革开放。其实,这些观点都属于"阶级斗争为纲"的旧意识形态翻版,或基于教条主义思维的对计划经济的盲目崇拜。

党的十五大报告作出了重大理论突破:第一,公有制为主体,多种所有制经济共同发展,是社会主义初级阶段的一项基本经济制度;第二,公有制实现形式可以多样化;第三,非公有制经济是社会主义市场经济的重要组成部分;第四,国有经济为主导,主要体现在控制力上；第五，国有经济比重少一些，不会影响社会主义性质；第六，各类企业都是平等竞争的，一视同仁。这就解决了一系列困扰人们的观念魔咒，扫清了国企改革前进路上的思想障碍。

高尚全在《改革历程》一书中谈到两个案例引起争论，一个是华为公司姓"公"姓"私"？另一个是"诸城模式"① 姓"资"姓"社"？党的十五大报告起草时，他为此到深圳华为公司做过调查，感到"虽然华为职工持股占有较大比重，但这不是姓'私'，是姓'公'的"②。党的十五大报告写明"劳动者的劳动联合和劳动者的资本联合是一种新型集体经济"，明确回答了这两个案例的争议。

正是在所有制上"公""私"之争的思想解放，导致了国企改革度过了重重难关，不断向纵深发展。1997年年底，建立现代企业制度试点基本完成，国有企业国有经济战略性调整、国有企业战略性改组全面推进。2002年，我国进入国有资产管理体制改革的新阶段。2007年，建立并完善国有资产管理体制基本完成。建立和完善国有独资公司董事会试点取得重要突破，公司治理结构逐步完善。国有企业公司制股份制改革取得明显进展，现代企业制度趋于健全。

然而，在党的十七大召开之前，又有两个"万言书"。一个由17人签名的"万言书"写道："现在中国进行的改革，是变公有制为私有制的改革，是变社会主义为资本主义的改革。如果'十七大'还是坚定不移地、毫不动摇地走下去……亡党亡国的悲惨局面马上就会到来。"170人签名的第二份"万言书"提出，"现在私有制经济已经取代了公有制经济，在GDP中公有制经济只占37%，而非公有制经济占了63%"，"私营经济的发展意味

---

① 指山东省诸城市以明晰产权关系为突破口，以股份合作制为主要形式，对中小企业实施的产权制度改革方式。

② 高尚全等：《改革历程》，经济科学出版社2008年版，第16页。

着新资产阶级的形成和发展"。他们主张搞阶级斗争,搞"文化大革命",对资产阶级实行全面专政,还有人说要全面为"四人帮"平反。①

这还是囿于旧的意识形态范式的想象的逻辑。经验事实和理论探索都证明,社会主义市场经济是发展中国、发展社会主义、实现民族复兴的必由之路。在社会主义市场经济条件下,公有制为主体、多种所有制经济共同发展的基本经济制度,不能仅从所有制关系去理解,而必须从发展生产力的角度,提高人民生活水平的角度去理解生产关系和交换关系。公有制为主体的现代企业制度是社会主义市场经济体制的基础。要搞市场经济就要形成多元的市场主体,而多元市场主体与国有经济的结合点就是现代企业制度。执着于姓"公"姓"私"的形而上学追问,只能陷入教条主义误区,在貌似真理的追求中走向危险的思想虚幻。

党的十七大报告指出,"事实雄辩地证明,改革开放符合党心民心,顺乎时代潮流,成效和功绩不容否定,停顿和倒退没有出路"②。此后国企改革披荆斩棘、高歌猛进,在中国加入WTO后的国企面对全球化竞争,没有像"中国崩溃论"论者所说的那样,像"垂死挣扎的工业恐龙随时待毙",而是实现了历史性的腾飞。入世10年,中央企业资产总额达24.3万亿元,净资产达9.5万亿元,30家央企进入了《财富》世界500强企业名单。而在2016世界500强企业排行榜上前4名中国国企占3个,110家中国企业上榜国企达到82家,而在1995年的排行榜上,中国国企寥寥无几。说明通过市场化改革中国国企已经实现了凤凰涅槃似的浴火重生。而每一重大改革都是以解放思想、实事求是为思想前提的,都是以新意识形态范式为精神导向的。

---

① 高尚全等:《改革历程》,经济科学出版社2008年版,第19页。
② 《中国共产党第十七次全国代表大会文件汇编》,人民出版社2007年版,第10页。

四 新意识形态理念与改革时序和转轨路径的选择

转轨经济学关于"中国之谜"的求解，更多关注中国采取了有别于俄罗斯和原东欧国家的"双轨制"过渡的转轨路径，却相对忽视为什么中国采取了经济体制改革优先的改革战略。西方政要执着于冷战思维，不理解一个20世纪70年代曾经与西方世界意识形态激进对立，奉行"凡是敌人反对，我们就要拥护"的两极对抗思维的民族，为什么能把市场经济运行方式与社会主义进行制度性兼容？这无疑要在作为党和国家意志的意识形态范式的转换中去理解。经济中心核心理念，决定了中国改革只能是以经济体制改革为先导，并将其作为全部改革的重心所在。离开生产力发展的革命所导致的十年浩劫的历史镜鉴，时刻警示决策者要奉行改革开放理念，坚信生产力发展和人民生活水平的提高，必须在根本制度稳定前提下，通过吸纳西方先进制度文明的渐进制度变迁来实现。实事求是理念本身就有着方法论意义上的"肯定性"特质，改革开放理念摆脱了绝对对立的革命式两极思考，于是，意识形态核心结构的方法论原则也就实现了从重"对立"的绝对性到重"统一"的和谐性的转向。正是因此，中国采取了经济体制改革优先的重大战略和"双轨制"路径选择。

（一）经济中心理念与经济体制改革先行

十一届三中全会所确立的改革，不同于转轨经济学所述的苏东剧变后前社会主义国家由计划经济向市场经济的转轨。尽管具有相同的经济体制变迁属性，却有着不同的宪法秩序（国家根本制度）前提。中国的改革是国家主导的，一开始旨在社会主义制度的优越性的发挥，苏东诸国改革则旨在对宪法秩序经济基础的重建。

由于我国改革的目标是经济效益的最大化，所以对一体化的制度系统的变迁有两个基本要求，一是制度变迁应围绕经济结构的变革进行。二是变革的顺序应以经济结构改革为先导，政治结构和意识形态结构协同跟进。

苏联和中国都实行传统计划经济体制。20世纪70年代以来两国相继实行改革，这就使得两国的改革存在某种必然联系，而且彼此都非常关切对方的改革政策，以求对自己有所借鉴。然而，从20世纪80年代中后期开始，苏联戈尔巴乔夫改革不是实事求是地从国情出发，而是依据理想化的人道社会主义原则，很快将改革引向政治领域。叶利钦更是以反对党的革命思维和两极对立的否定性立场登上权力宝座，并彻底摒弃了实行了70年的社会主义制度。其主导的经济转轨遵从教条主义思维而迷信、照搬美国模式，奉行激进、快速剧变的政治革命方式，接着又按照革命及"不能两步跨越壕沟"的思维方式，在由计划经济向市场经济的转轨中，全盘接受"华盛顿共识"，采取激进革命式"休克疗法"。不仅导致了自身的解体，而且也使经济发展受到严重破坏，政局持续震荡不稳，综合国力大幅下降，人民生活水平降至低谷。而中国却采取与此不同的渐进改革的路径，不仅极大地促进了国民经济的发展，使得中国国民生产总值连续多年保持了10%的增长速度，成为世界上经济发展最快的国家之一，而且也保持了政局的基本稳定，使人民生活水平得到了迅速提高。渐进的改革为什么能够取得如此不同的效果和作用呢？

首先，从理论上说，改革应该是容易被人们接受的方式，因为改革从总体上看是一种"帕累托改进"或者近似于"帕累托改进"的过程。在改革初期，几乎人人从改革中受益，后来发展为多数人受益，少数人受损。激进的革命则具有非"帕累托改进"的性质，人们直接对旧有的体制进行革命，这就要打破一些坛坛罐罐，在改革初期利益受损害的人会较多，社会动荡较大，因此对社会民众来说，是难以接受的。

其次，从改革决策者和民众对宪法的态度上来说，在影响中国转型方式的诸多因素中，最具决定作用的首先是改革主体对宪法制度的态度。宪法制度改变与否是经济转型的核心问题，它不仅决定改革的主要内容，而且也决定改革的方式。

宪法制度按照诺思的解释，它是用于界定国家产权和控制的基本制度，包括确立生产交换和分配的一套政治社会和法律的基本原则。它的约束力具有普遍性。宪法制度是一个社会的基本制度，是制定制度的基础。中国改革要不要坚持社会主义宪法制度？改革总设计师邓小平站在人民大众的立场上在改革之初就明确指出，中国"如果不搞社会主义，而走资本主义道路，中国的混乱状态就不能结束，贫困落后的状态就不能改变。所以，我们多次重申，要坚持马克思主义，坚持社会主义道路。但是，马克思主义必须是同中国实际相结合的马克思主义，社会主义必须是切合中国实际的有中国特色的社会主义"[1]。中国第三代领导集体在率领全国人民具体实施改革目标时更是明确指出，中国的改革，如果离开了社会主义基本制度，就会走向资本主义。中国如果走向资本主义，不仅经济发展不起来，国家也不会富强，关键连国家和民族独立也将保不住，势必变成发达国家的附庸，没有什么独立自主权。[2]

江泽民在回答中外人士提出的为什么要在市场经济前面加上社会主义几个字时说："社会主义这几个字是不能没有的，这并不是多余的，并非画蛇添足，而恰恰相反，这是画龙点睛。所谓点睛就

---

[1] 《邓小平文选》第3卷，人民出版社1993年版，第63页。
[2] 参见江泽民《江泽民论有中国特色社会主义》，中央文献出版社2002年版，第69页。

是点明我们市场经济的性质。"[1] 正是这种尊重宪法秩序的改革，决定了中国改革只能在市场经济的社会主义基本制度条件下进行。即经济上坚持国有经济的主导地位。政治上坚持共产党的领导，走社会主义的道路。意识形态上坚持马列主义、毛泽东思想和邓小平理论，然后逐步改革传统的经济体制、政治体制和意识形态，在公有经济旁边发展非公有经济，逐步降低国有经济的比重，发展社会主义民主，日益改进传统意识形态，实现计划经济向市场经济的顺利转型。

最后，我们可以得出结论，我国的体制改革和社会转型的入手点是经济改革。立足点是社会主义初级阶段的国情和唯物史观。唯物史观关于生产力是社会发展的最终动力的常识，终于化作理解什么是社会主义、怎样建设社会主义的根本尺度。最终形成了全党全国的意识形态共识：以经济建设为中心的基本路线。经济改革先行及其巨大成功，有效地保证社会秩序的稳定和经济迅速发展，维护并发展了中国特色社会主义的根本制度。虽然说政治上层建筑具有推进转型和阻碍经济变革的双重可能，但是上层建筑的变革必须以经济发展为中心，经济体制的改革是上层建筑变革的前提和基础。这不仅是马克思主义哲学创始人所得出的经济基础决定上层建筑的唯物史观的常识，同时也是中国改革的现实依据。只有在经济发展的前提条件下，我们才可以逐步进行上层建筑的调整和变革。否则将会产生社会的动乱和政局的不稳定，由此严重阻碍经济的发展，严重损害人民的切身利益。这既是"文化大革命"十年的历史教训，又是改革开放40年的中国经验。

（二）新意识形态范式的方法论转向

20世纪晚期的世界哲学不主张非此即彼的两极对抗方法论原

---

[1] 参见江泽民《江泽民论有中国特色社会主义》，中央文献出版社2002年版，第69页。

则，相反，强调共存、和谐、相互承认、共同发展。从哈贝马斯社会交往理论的"商谈伦理"，到罗尔斯的正义论的"寻求共识"和霍耐特的"承认理论"，都体现了从对立的绝对性到统一和兼容的方法论转变。如果说，之前的我国意识形态范式突出矛盾对立的绝对性，那么新范式则处处体现了统一和兼容的方法论原则，这是由我国的改革开放实践的历史逻辑决定的。

首先，新时期最鲜明的特点是改革开放，最显著的成就是快速发展，这是中国共产党对中国奇迹原因的抽象表达。意识形态理念由革命到改革、由封闭到开放，实质上实现了思维由对立到兼容的转向。因为改革是制度的肯定性自我完善，而非突出对立斗争的制度革命；开放意味着制度的共存和相互交融，而非否定性的两极排斥和你死我活。因此，邓小平才将全部理论、战略、政策建诸具体国情之上，开辟了中国特色社会主义道路的创新实践。

如果说，任何真正的哲学都是自己时代精神上的精华，那么，改革开放对中国而言开启了一个自己的时代，也凝结着第二次世界大战后的时代精神。战后70年时代主题完成了由战争与革命到和平与发展的历史转换。作为时代主题的理论回声完成了从对立的绝对性到统一和兼容的方法论转向。这种转向是哲学对时代精神的把握和时代潮流对哲学精神的呼唤，必然产生奇迹般的时代交响。

其次，市场经济模式是中国奇迹的主因几乎是西方所有转轨经济学家的共识，但是将社会主义与市场经济制度结合起来，却是绝大多数经济学家认为不可能的创想。原因在于都信奉"市场经济等于资本主义"的理论教条，都在知性思维视阈中认为公有制产权形式的社会主义与市场经济不能兼容。邓小平关于社会主义市场经济的创造性理解及其由此开启的社会主义为市场经济相结合的制度创新，不仅基于对中国改革开放实践的理论总结，而且基于一种统一共存的方法论原则。从哲学的意义上说看似对立的两个事物是可以相容的。

再次，20世纪后半期世界经济转轨大潮中，共识性的观点是由于中国选择了"双轨制过渡"而实现了'转轨绩效'上伟大的领先，由于独联体国家选择了基于"华盛顿共识"的"休克疗法"，导致"失去的十年"。笔者认为，决策者们之所以选择截然不同的转轨路径，关键在于奉行不同的思维形式。"华盛顿共识"是新自由主义经济学家从现代成熟的市场经济抽象出的标准模式，是知性思维的产物；"休克疗法"也是基于知性思维原则得出的计划与市场绝不相容后的必由之路；他们都是基于"在绝对不相容的对立中思维""是就是、不是就不是"[①]的形而上学思维方式。它的缺陷是无视市场经济制度建立的"历史过程"，想超越历史过程完成经济模式的瞬间置换。然而，经济转轨不是精神展开的逻辑过程，而是社会的制度变迁过程。无论是市场经济制度信息，或是系统的法制化规则，还是主体交易的制度平台，它的建立与完善都是一组过程集合，都是对计划经济的否定之否定。要把握这一实践过程，知性形而上学思维无能为力，因为知性形而上学思维强调绝对的对立。从双轨并存到并轨运行，从计划经济为主、市场经济为辅，到社会主义市场经济模式的确立，实质上就是统一和兼容方法论原则的实践展开。

又次，诺贝尔奖得主道格拉斯·诺思证明，有效率的产权制度是西方世界兴起的关键原因，也是决定经济效率的关键要素。产权经济学证明，计划经济条件下公有制企业由于找不到有效率的产权实现形式导致产权模糊和产权虚置、缺少责任主体，必然导致经济低效。而计划经济制度国家在与完善的市场经济国家的制度竞赛中纷纷败北，又对此理论做出了经验证实。于是，如何建立有效率的

---

① 《马克思恩格斯选集》第3卷，人民出版社1995年版，第734页。

产权制度，成为所有转轨国家面临的攻坚难题。东欧、独联体国家基于形而上学思维采取"全盘私有化"措施，结果不仅没有带来预期效率，却陷入"转轨经济危机"。中国人民以特有的辩证智慧通过三次大的产权革命，解决了这一世界性难题并创造了中国的经济奇迹。第一，农业改革创造了"统分结合"的联产承包责任制，实现了公有产权财产占有权与用益权的分离，实现了空前的经济效益，为改革开放创造了良好的开端。这实际上是统一和兼容方法论原则实践的结果。第二，国企改革是改革难题，破解这一难题的创新方式是将股份制作为国有经济主要的实现形式，建立现代企业制度。其理论前提是，股份制不姓"公"，也不姓"私"，关键看控股权掌握在谁手里。于是，国有经济退出一般性经济领域，进入大有可为的命脉产业和关键领域，使国有企业从全面亏损变为充满活力。毫无疑问，改革的基础依然是统一和兼容性思维。第三，确立了公有制为主体、多种所有制形式共同发展的基本经济制度，不仅调动了全民的创富能力，而且为转变和优化产业结构创造了所有制前提；更重要的是，正是这种经济制度使国家具有了超常的宏观调控能力，创造了中国经济在2008年全球金融危机中一枝独秀、高速增长的经济奇迹。这种两极兼容并生、互相促进、互相转化、共同发展的经济制度，无疑是统一和兼容方法论的运行逻辑和实践形式。

最后，中国奇迹的创生，无疑包括张五常、陈志武等所说的积极参与"经济全球化"的原因，固然也是林毅夫等人所说的国家采取了具有比较优势的发展战略和产业政策的结果，但这一切必须取决于对时代主题与当代世界体系的科学把握和认知，因为它构成了国家对外开放战略的思想前提。中华人民共和国成立后30年的"一边倒"战略、"两个拳头打人"战略、"一条线、一大片"战略，"反帝防修""大三线"战略，无不打上两极对立的逻辑印章。

而改革开放后的一系列对外理论与战略,无不清晰显示从对立的绝对性到统一和兼容的逻辑轨迹。第一,中国以维护世界和平、促进共同发展为外交宗旨,坚持走争取和平的环境发展自己,用自己的发展维护世界和平的和平发展道路。第二,中国积极参与全球化,主张建立互利共赢平衡发展的国际经济秩序。第三,中国提出"文明多样性"理论,主张世界上的各种文明、不同的社会制度和发展道路应彼此尊重,在竞争比较中取长补短,在求同存异中共同发展。第四,中国倡导建设持久和平与共同繁荣的和谐世界,主张国家间坚持民主平等、实现协调合作,坚持和睦互信、实现共同安全,坚持公正互利、实现共同发展,坚持包容开放、实现文明对话。第五,中国积极倡导"不同制度、不同类型、不同发展阶段的国家相互依存、利益交融,形成'你中有我、我中有你'的命运共同体"[1]。第六,中国提出解决港、澳、台地区问题的"一国两制"构想和睦邻富邻的周边外交政策。中国的外交理论和战略营造了中国经济全球化的操作平台和经济高速持续增长的和平环境,这一切背后又都承载着从对立的绝对性到统一和兼容的方法论转向。

认识到改革开放历史的逻辑所反映的方法论逻辑,中国在苏东剧变后的经济转轨中选择双轨制过渡路径,也就不难理解了。

(三) 开放理念与"世界"的再认

1978年开始的改革开放,从根本上来说,一开始是对计划经济弊病的纠正。这种纠正是由于受到来自三个方面的压力:一是放眼看世界感到了落后于世界的压力,二是人民生活贫困的压力,三是中华人民共和国成立以来的经验教训和整个世界的市场经济全球化趋势。这也为正确认识计划经济的弊病开了方便之门。

---

[1] 国务院新闻办公室:《中国的和平发展》(白皮书),http://politics.people.com.cn/GB/1026/15598619.html,2011年9月6日。

实际上在20世纪60年代的革命外交思想主导下，中国采取了闭关锁国的对外战略，人们因不知外面的世界而陶醉于解放全人类的意识形态想象。然而，当贫穷社会主义搞到极端时，人们就会因生存需要做出超越意识形态和违背法律规范的行为抉择。一定意义上说，中国的开放不是先知先觉的决策者的理性设计，而是以"逃港"事件为开端"倒逼"而生的中国政治智慧。

与小岗村的"包产到户"事件相似，"1977年的宝安又发生了一次'大逃港'事件。当时广东的主政者习仲勋去调查，知道很多逃港农民跑过去两年就寄钱回来盖房子。为什么到香港有这么高的收入？答案就是扩大经济自由：农民不但可以务农，也可以打工，并开放市场，活跃生意。那时深圳靠香港边境有个罗芳村，对面也有个罗芳村，原来都是这边罗芳村跑过去的人建起来的，只是对面村民人均年收入比这边高出100倍！这样就逼出一个想法：能不能把门打开，划出一块地方，让香港企业开到境内来，这边农民不逃港也可以打工？广东一线提出这个构想，汇报到北京，邓小平赞成，至于用什么名字，邓小平说，就叫'特区'"①。于是，深圳特区应运而生。

"大逃港"事件让决策高层看到了中国的贫困和贫困的生产方式的原因，也看到了中国与亚洲"四小龙"的差距，更看到了市场经济的制度力量。通过中国香港看到了世界的全球化大潮，看到了被开除地球"球籍"的危机，也看到了改革开放的希望。

中国知识界走出国门同样受到了精神震撼。1978年10月末，国家经济贸易委员会副主任袁宝华一行23人去日本考察企业管理，中国社会科学院副院长邓立群任顾问。第一次实地考察资本主义国家的他看到日本普通妇女着装各异，每日一换，得体大方；百货商店里商品琳琅满目，社会秩序井然。这些现象与我们所认识的资本

---

① 参见周其仁《改革的逻辑》，中信出版社2013年版，第39页。

主义的丑恶完全不同，并引发了他的思索。

"一个资本主义社会，自行车不上锁，拍卖品不收起来，人与人之间很讲礼貌，说明日本人民的道德水平提高了。我们必须充分重视进步的社会制度、进步的思想对人们的教育作用。但是，进步的社会制度和进步的思想的教育作用，不能离开生产力发展的基础。日本人民公共道德水平的提高，不是靠说教而是靠生产力的发展、生活的改善取得的。"[1]

考察团在回来的汇报中讲道："在中国'大跃进'前，日本经济和中国差不多，而后来的差距越来越大。日本先学美国，经消化吸收形成自己的特点。与这些国家比，我们生产技术落后，管理方面更落后。"[2] 看到了中国与先进国家的巨大差距，又看到了资本主义创造的先进技术和经济管理文明，是应当学习的。空头政治的说教是没有意义的，社会主义制度的进步性、优越性必须建立在发展生产力之上。

由此可见，1978年以后的改革开放战略是建立在两个重要认识转变基础之上的。没有这两个重新认识和判断，就不可能有改革开放。

一是对社会主义的判断：社会主义的实质，从根本上说是快速发展社会生产力。实际上，中国共产党建立社会主义制度的目的和合法性，就在于社会主义制度比资本主义制度优越，可以比资本主义创造出更快的经济发展速度。毛泽东在20世纪50年代末就曾经说："我就不相信，无产阶级取得政权后不能取到副食品。"[3] 中共

---

[1] 邓力群：《访日归来的思索》，参见邓力群、马洪、孙尚清、吴家俊《访日归来的思索》，中国社会科学出版社1979年版，第1—19页。

[2] 柳红：《80年代：中国经济学人的光荣与梦想》，广西师范大学出版社2010年版，第98页。

[3] 李富春：《在各协作区办公厅主任座谈会上的讲话》（纪要），《未刊稿》，1959年6月10日。

十一届三中全会前后，邓小平总结中华人民共和国成立以来的经验教训，特别是"文化大革命"期间"四人帮"的破坏，多次强调社会主义最根本的任务是发展社会生产力。1977年12月26日，邓小平在会见澳大利亚共产党（马列）主席希尔和夫人乔伊斯时说："怎样才能体现列宁讲的社会主义的优越性，什么叫优越性？不劳动、不读书叫优越性吗？人民生活水平不是改善而是后退叫优越性吗？如果这叫社会主义优越性，这样的社会主义我们也可以不要。"[1] 1978年9月16日，他在听取中共吉林省委汇报工作时指出："按照历史唯物主义的观点来讲，正确的政治领导的成果，归根结底要表现在社会生产力的发展上，人民物质文化生活的改善上。如果在一个很长的历史时期内，社会主义国家生产力发展的速度比资本主义国家慢，还谈什么优越性？"[2] 1980年5月，邓小平在会见几内亚总统杜尔时又说："根据我们自己的经验，讲社会主义，首先就要使生产力发展，这是主要的。只有这样，才能表明社会主义的优越性。社会主义经济政策对不对，归根到底要看生产力是否发展，人民收入是否增加。这是压倒一切的标准。空讲社会主义不行，人民不相信。"[3]

邓小平对社会主义本质的反思和重新界定，使一切"左"的阻碍改革开放的论点都失去了合理性。当然，这也得益于当时全党和全国人民对"文化大革命"错误的反思这个大背景。

二是对全球形势的认识。仅有对社会主义本质的重新认识，对开放来说还是不够的，还有一个如何认识国际形势的问题。从列宁1917年创建了第一个社会主义国家苏联起，战争的阴霾就笼罩在社会主义国家的头上。中华人民共和国成立以后，中国也面临着战争

---

[1] 中共中央文献研究室：《邓小平思想年谱》，中央文献出版社1998年版，第51页。
[2] 同上书，第128页。
[3] 《邓小平文选》第2卷，人民出版社1994年版，第314页。

的威胁，朝鲜战争、越南战争、中印边界战争、中苏边界战争，从20世纪50年代初到70年代前期，中国长期处于战争的威胁下，20世纪50—60年代威胁主要来自以美国为首的西方，60年代末至70年代威胁则主要来自苏联。当然，这也与我们自己的某些"左"的错误政策有关系。实际上，从20世纪60年代以后，随着社会主义阵营的破裂、民族解放和国家独立运动的兴起，第三世界的力量越来越强大，以欧洲为代表的和平力量也越来越大，世界性的战争爆发的可能性不是越来越大，而是越来越小。

1972年尼克松访华，打破了西方20多年对华的封锁敌视。1975年越南战争的结束，说明中国的国际环境正在向好的方向转变。能否正确认识这种国际形势的变化，改变从列宁、斯大林时期就形成的战争不可避免的结论，积极发展与西方发达国家的经济关系，利用国际市场和国际资源来加快发展，是中国马克思主义能否与时俱进的关键所在。正是在这个问题上，邓小平再次作出了重大决断，提出了和平和发展是世界主流的观点。

1985年，邓小平回忆说："粉碎'四人帮'以后，特别是党的十一届三中全会以后，我们对国际形势的判断有变化，对外政策也有变化，这是两个重要的转变。"[1] 正是根据上述两个重要认识和判断，认识到市场经济不是资本主义的专利，认识到和平和发展是世界主流，认识到与资本主义长期共存、共同发展将是一个相当长的历史时期，认识到开放的必要性和关键性，这才使得中国走上了飞速发展的道路，实现了经济转型与和平崛起。

（四）双轨制过渡的路径选择与意识形态理念的关联

20世纪末最重大、最深刻的历史变迁就是原计划经济国家骤

---

[1] 《邓小平文选》第3卷，人民出版社1993年版，第126页。

然地向市场经济转轨。在这场变迁中，中国的转轨无疑为20世纪的历史增添了一道绚丽的彩虹，而俄罗斯持续10年的经济衰退则是20世纪黄昏的历史阴云。20世纪的经济转轨不同于从自然经济向自由市场经济的自发的经济过程，而是国家主导的由计划经济制度向市场经济制度的根本转变，是行政管理体制和社会管理体制的全新的制度安排，是意识形态核心理念的根本变革，是涉及经济、政治、文化各领域的广泛的社会制度变迁。

从转轨经济学视角来看，苏联、东欧国家与中国的经济转轨路径不同，前者是激进革命的一步跨越，后者是渐进的"摸着石头过河"，是"双轨制过渡"。按照诺思路径依赖理论，即"人们过去作出的选择决定了他们现在可能的选择"，苏东剧变的政治选择也就决定了它们经济转轨的路径选择。而中国剧变性的革命性选择，即无产阶级专政下继续革命的政治选择造成的中华人民共和国的空前灾难，似乎打破了路径依赖对后来选择的锁定，而打破这种闭锁的就是意识形态范式转换所改变的国家行为根本的方法论原则。

所谓"双轨制过渡"，是转型经济学家对中国转轨进程客观描述的概念化表达。即由计划经济的单轨运行，到计划经济与市场经济的双轨运行，再到社会主义市场经济的最终并轨。

中国的体制转型，从区域经济和生产力布局上表现为先农村改革后城市改革。从制度结构上，先边际调整后纵深突破。从主要方法上，先局部试验后全面推广。在市场结构上，先商品市场，后生产要素市场、房地产市场。在城市改革中，先分配制度改革，后产权制度改革；先中小企业改革，后大中型国企改革；先企业制度改革，后政府管理制度改革。从宏观管理的"条条"结构上，先价格机制改革，后财税体制改革；先金融体制改革，后外汇体制改革……。这一切都表现出了过渡性质。在整个转轨过程中，新的制度理念都起到了重要的作用，"经济中心""改革思维""渐进史观",不仅支配着决策者的思想,也渗透于全民族的经济活动和制度创新之中。

无论是古典主义大师亚当·斯密、休谟、约翰·密尔,还是新古典主义的代表马歇尔、新经济自由主义的代表哈耶克,都认为市场经济从制度生成,到实体经济发展,都是逐步进化、逐步调整的。"社会改善主义"是市场经济主体奉行的基本信念。波普尔更是从人类理性的有限性出发,说明以市场文明为基础的开放社会,应当奉行改良主义政策,通过和平和渐进的改革,能够造成与社会革命同样的结果。可见,如果要建立市场经济体制,必须奉行"改革"思维,摈弃革命思维。体现在经济转轨上,我们应当选择"双轨制过渡"而不是一步跨越。与此相反,苏联、东欧国家则采取了激进主义的转轨形式。

苏联、中东欧国家在转轨的前4年"经历了15%到50%不等的生产下降"①。几乎所有转轨国家都经历了剧烈的经济衰退。以俄罗斯为首的独联体国家更是经历了现代经济史上最为长久的经济萧条,有的国家至今尚未走出经济低迷、政治动荡的转轨困局。相反,同样面临着现代化和市场化两大历史难题的中国,却创造了转型增长的经济奇迹。究其原因,多数经济学家认为就在于中俄转轨路径上"双轨制"过渡和"休克疗法"的差异。

改革开放以来,在建设有中国特色社会主义经济的实践中,我们党不仅确立了社会主义市场经济的改革目标,而且形成了一条具有中国特色的渐进式改革道路。"渐进式"稳步向社会主义市场经济过渡是40年中国改革最显著的特点,中国的渐进式改革的实质是在社会主义基本制度的基础上通过稳步改革的方式向社会主义市场经济过渡。一切从实际出发,一切从国情出发,成为中国特色社

---

① 张军:《双轨制经济学:中国的经济改革(1978—1992)》,上海人民出版社2006年版,第288页。

会主义理论和中国渐进式改革道路得以形成的思想基础。而"摸着石头过河"和"大胆地试，大胆地闯"的态度则更是鲜明地反映了中国渐进式改革的求实精神。40 年改革的实践证明，中国的渐进式稳步向社会主义市场经济过渡的改革是适合中国国情的独特的道路选择，这条改革道路也是完全正确和成功的。

在建设有中国特色社会主义经济的实践中，我们党不仅确立了社会主义市场经济的改革目标，而且形成了一条具有中国特色的渐进式改革道路。中国的渐进式改革的实质是在社会主义基本制度的基础上通过稳步改革的方式向社会主义市场经济过渡。渐进式稳步过渡的改革具有以下一些重要特点。

一是自上而下与自下而上的结合，即在经济改革中把政府自上而下的领导、组织和协调与基层单位自下而上的探索和实验相结合，在政府主导的前提下，充分发挥基层单位制度创新的积极性和创造性。二是双轨制过渡，即不实行一步到位的市场化改革，而广泛地采用行政协调与市场协调并存的双轨制，并通过逐步扩大市场调节的比重来稳步向市场经济过渡。三是从局部到整体，强调在统一领导的前提下采取非均衡的发展战略，分部门、分企业、分地区各个突破，由点到面，最后实现经济体制的整体转变。四是体制内改革与体制外推进相结合，在坚持公有制的主体地位和国有制的主导地位的同时，积极发展非国有经济和多种经济成分，深化国有经济的改革。五是改革、发展与稳定相协调，把经济的快速发展作为经济工作的主要目标，把改革发展和稳定结合起来，实现改革发展和稳定的良性循环。六是经济体制改革与政治体制改革相结合，在经济市场化的同时坚持政治上的稳定和相对集中，同时完善社会主义民主和法制，推进政府管理体制的改革。

从计划经济向市场经济的渐进式过渡方式深刻体现了邓小平提出的实事求是的指导思想，是马克思主义与中国国情相结合的光辉典范。在邓小平理论指导下,"实践是检验真理的唯一标准"就成为推动改革的第一面旗帜。而"摸着石头过河"和"大胆地试,大胆地闯"的态度则更是鲜明地反映了中国渐进式改革的求实精神。中国渐进式改革的成功还在于它始终贯彻了邓小平"一个中心、两个基本点"的基本路线,把市场经济与社会主义的宪法制度结合在一起。这种不断的自我调整就是渐进式改革,它的实质是在社会主义宪法政治制度的基础上,通过逐步改革,抛弃旧体制中不合理的因素,引入新的经济成分,如市场机制、非国有经济、按要素分配,使社会主义的经济政治体制具有更大的活力,更能促进生产力的发展。

(五) 双轨制的价值论、认识论支持

在旧有的意识形态范式中,教条主义和本体论思维高扬终极价值,否认现实生活福利的价值;革命至上的价值观贬抑了个体生命的意义,于是革命过程变成走向终极壮丽目标的现实苦旅,现实物质生活的艰苦因追求终极理想而获得其乐无穷的意义。正是这种使徒意识使人们走入"贫穷社会主义"的泥沼。新意识形态范式处处洋溢着对经济社会发展的热情和对现实幸福生活的追求,洋溢着实事求是的改善主义的价值观,并以从实际出发,不承认存在绝对真理,也就是以有限理性的认识论为支持,正是在这样的观念引导下我们实行"双轨制过渡"的制度设计。

中国改革之前以传统革命范式的"绝对理性"为价值导向,把革命视为能够解决一切问题的唯一路径和最终手段,此时革命观已经成为我们党的终极价值和绝对信念,一切都以革命的立场和你死我活视角来解释,一切都从革命的路径和斗争的方式加以解决。虽然这种价值观曾经是必要的和正确的,但是由于被固化、绝对化,从而忽视了现实种种复杂的国内国际状况变化,最终使我们的革命

意识没有随着时代主题、现实国情和党的中心任务的转变而转变。最终我们步入了"文化大革命"的迷途和"贫穷社会主义"的泥沼。

邓小平基于对"文化大革命"教训的深刻反思、对时代特征的深刻观察、对现实国情的正确把握，处处洋溢着对经济社会发展的热情和对现实幸福生活的追求，价值理念也就从革命至上转向致力于逐步改善"改革"，也可以称之为改善主义。

1978年年底召开的具有重大历史意义的十一届三中全会彻底否定了"以阶级斗争为纲"的错误理论和实践，作出把党和国家的工作重心转移到经济建设上来，实行改革开放的历史性决策。邓小平的政治智慧表现在治国理念由政治中心转向经济中心时，是将政治经济化；由革命至上转向"改革"时，是将革命改良化，改良革命化。邓小平明确指出："经济工作是当前最大的政治，经济问题是压倒一切的政治问题，不只是当前，恐怕今后长期的工作重点都要放在经济工作上面。"[①] 经济问题成为当前国家工作重中之重，所以之前的革命的绝对价值观就要从根本上予以转变，否则革命所带来的混乱秩序将会严重阻碍生产力的发展。正是在这样的前提条件下，我们选择"双轨制"的制度设计，实行渐进式的改革，以改善人民水平为目标，逐步实现生产力的有效发展。

如果说当代哲学告别了启蒙以来追求绝对真理的理论信念，放弃了黑格尔那样绝对真理发现者、拥有者的理性狂妄。以邓小平为代表的中国马克思主义理论家，则在中国革命和社会主义建设的伟大实践中，得出了相同的哲学结论。今天我们深切反思我国社会主义建设的历史经验教训后回归了"理智的谦虚"。承认生命之树的长青和理论可能滞后于现实、曲解现实，即承认人的认知能力的有

[①] 《邓小平文集》第2卷，人民出版社1994年版，第194页。

限性和知识的相对性已经成为我们的基本哲学共识。邓小平则是当代中国对这种哲学精神进行实践诠释和理论诠释的第一人。解放思想、实事求是正是邓小平所把握的中国改革开放时代的哲学精神和时代最强音。旧有的教条思维认为，我们不仅是马列主义毛泽东思想绝对真理的占有者，而且这种真理一劳永逸地解决了中国社会的所有问题。邓小平则认为，世界在变化、在发展，马克思主义要在实践中发展，不与中国实际相结合的马克思主义没有意义。正是基于有限理性的认识论前提，邓小平才告别了基于理性设计的根本性革命式解决方案。"双轨制"正是有限理性的认识论前提的必然结果。

实事求是，一切从实际出发，就是否认绝对真理、终极真理，坚信世界上没有一种一劳永逸的万能的理论，只有相对真理和符合实际的有限知识。因此，邓小平指出："我是主张改革的，不改革就没有出路，旧的那一套经过几十年的实践证明是不成功的。过去我们搬用别国模式，结果阻碍了生产力的发展。在思想上导致僵化，妨碍人民和基层积极性的发挥。"[①] 因而"不改革开放，不发展经济，不改善人民生活，只能是死路一条"[②]。"双轨制"正是在这种有限理性的认识论前提下所选择的符合中国实际的改革路径。

[①] 《邓小平文选》第 3 卷，人民出版社 1993 年版，第 237 页。
[②] 同上书，第 370—371 页。

第 五 章

中俄经济转轨差异追因的意识形态维度

2016年，中国人均GDP接近俄罗斯水平，广东省的GDP总量接近整个俄罗斯的GDP总量，中国的GDP总量是俄罗斯GDP总量的8倍多。1990年中国的经济总量仅仅是经济转轨前苏联经济总量的1/4。这令人唏嘘不已的经济增长的重大差距始自苏联解体后的经济转轨以及"转轨绩效"差异形成的"中国之谜"。如果如柏拉图所说"哲学始自惊奇"，那么，这令人惊奇的现象无疑应当予以哲学的沉思与诠释。

在20世纪的最后10年的世界性经济转轨大潮中，以中国、越南为代表的渐进转轨的绩效和以俄罗斯、东欧为代表的激进转轨的绩效，出现了令所有改革设计者和参与者始料不及的巨大反差。按照1992年联合国的《欧洲经济概要》的判断："过去二三年中，一些国家产出的下降程度甚至超过了1929—1933年的大萧条。"[1] "休克疗法"的转轨方式毫无疑问失败了。即便有些东欧国家后来出现强劲的经济增长，也不能改变它的"休克疗法"带来的厄运。因为这种"奇迹"绝非"休克疗法"的结果。有人认为波兰是"休克疗法"成功的典型。然而，被称为"波兰改革的总设计师"的格

---

[1] 张军：《比较经济模式》，复旦大学出版社1999年版，第367页。

泽戈尔兹·W. 科勒德克明确指出，"波兰的成功主要来自于从只有'休克'而无疗法的所谓'休克疗法'转向一种没有'休克'的政策。换句话说，波兰的成功来自于抛弃了'休克疗法'，而非相反。而且，依据'休克疗法'（即休克失败）的方式进行思维与行动，导致了生产的大幅滑坡，'休克疗法'应当对如此悲惨的后果承担责任"[①]。"那期间有太多的'休克'，以及过多的错误，并且我们有非常严重的收缩，损失了大约20%的GDP。"[②]

今天看来，经济转轨绝非局限于经济运行机制转型本身的巨型社会制度变迁，其对象的宏大性远远超出转轨经济学的解释边界和解释能力。然而，人类在付出如此高昂的学费之后，理应得到对转轨失败教训的全景式理解和深层把握。哲学更应以时代精神的高度进行理论回眸，意识形态就是一个恰当的理论路径。

当然，这一论题要从近乎沉寂的转轨经济学谈起。

一 意识形态与经济转轨——转轨经济学的盲点

（一）转轨评价指标的缺陷

经济转轨指标缺少意识形态指标，"转轨绩效"缺少制度效益的考察，是转轨经济学的一大缺陷。

经济"转轨绩效"主要包括市场经济体制制度模式的实现和经济增长与发展。"建立新的有效的制度结构是经济转轨的一项根本任务；而就经济转轨的动因而言，制度调整只是手段，通过制度调整为经济发展提供新的激励和行为约束，实现经济的快速增长，才

---

① ［波兰］格泽戈尔兹·W. 科勒德克：《从休克到治疗——后社会主义转轨的政治经济》，上海远东出版社2000年版，第129页。
② 网易新闻：《波兰转型思考》，参见http://focus.news.163.com/11/0727/12/79VGOSOR00011SM9.html。

是经济转轨的根本目的。"① 现有的"转轨绩效"评价体系，尤其是西方的体系将计划经济及相关的制度要素，完全看成一个产生"负效"的制度存在，忽略了这些制度要素在与市场制度要素组合成新要素，或作为市场制度要素的制度环境，在一定时限内的积极作用。这不能反映"转轨绩效"差异的客观原因。例如，中国的"双轨制过渡"，保证了经济的持续增长，难道旧体制就没有"正效益"吗？俄罗斯、东欧的激进改革产生的持续经济滑坡，难道与旧制度的崩溃导致的制度正效益损失无关吗？

当然非正式制度（意识形态），主体的市场素质、国家作用、旧体制潜能等因素是难以量化的，但是，不能量化的因素，并不意味着不重要，更不意味着可以忽略。相反，离开上述要素，根本无法理解转轨进程，也不能客观科学地解释"转轨绩效"。俄罗斯和东欧国家市场经济制度已基本建立，但是，经济大萧条及由此导致的社会发展停滞说明其激进的经济转轨很不成功。中国渐进转轨所取得的巨大经济与社会发展成就，使这一结论具有无法证伪的意义。

一些转轨国家经济发展水平持续下降和市场经济制度改革到位之间的巨大反差，构成了经济"转轨绩效"的内在矛盾，只有引入非正式制度、国家的作用、市场主体素质和旧体制的正效益潜能等要素才能得到解释。

（二）中俄传统意识形态范式为何具有一致性

中俄转轨方式的选择实际上受控于作为国家意志的意识形态范式。直至20世纪80年代，中国与苏联社会主义意识形态从核心范式到边缘结构都属于同一谱系。历史的吊诡之处在于，从表面看，

---

① 冯舜华等：《经济转轨的国际比较》，经济科学出版社2001年版，第35页。

中国坚持的是四项基本原则的意识形态一贯性，而意识形态核心范式发生了重大转变；苏联在整个20世纪80—90年代，意识形态表象天翻地覆并导致自身最终解体，但是意识形态核心范式依然固我。

如前所述，传统意识形态范式有三大理念：教条主义、政治中心和革命至上。

所谓教条主义，不仅指将理论作为不可更易的绝对真理去信奉的认识方法和理论脱离实际的学风，而且指缺少独立思考和批判精神，迷信理论效能和轻视实际的价值观念、行为取向和思维定势。

所谓政治中心，是人们观察社会现象时习惯从政治角度，思考问题时习惯于政治分析，解决问题时习惯于政治方式，评价问题时习惯于政治尺度。

所谓革命至上，是在价值观上以革命为最高价值，在思维方式上崇尚非此即彼的两极对抗思考，在解决社会问题时迷信全面改造和根本解决。

这三种理念是极易拟合的。一般说来，经济中心，重效益和实际；政治中心，注重目标和理想；重实际必然摈弃教条，重理想则易滋生信仰。革命至上，重两极思考和全面解决。重两极思考必然反对改良主义、修正主义。反对改良主义、修正主义，必然产生教条主义。全面解决，必重政治方式而轻经济方式，重激进速变而轻渐进改革。可见三种理念如果整合到一起，就会形成强有力的思维定势。

这三种理念在"斯大林化"时期已经形成，赫鲁晓夫对斯大林的批判因不得要领而失去了彻底摈弃教条主义和革命至上理念、彻底反思计划经济体制弊端的历史机遇。他倡导改革，也明确提出了反对教条主义的任务，"三和两全"政策也在一定程度上动摇了革命至上和教条主义的社会理念，然而，由于他缺少相应的政治勇气和理论创新能力，并没有突破教条主义的思维定势，也没有实现社会主义理论的突破。他在一定程度上看到了"和平与发展"的世界趋势，却不敢放弃列宁关于"战争与革命"的时代论断。和平与发展没有成为发展战略的时代依据，和平过渡、和平共处也仅仅是一种策略性主张，两极对抗的"冷战"思维依然是其主导的思维方式。他的"和平竞赛"充满着对计划经济的信念，并表现了对经济的高度关注，却没有形成以经济为中心的指导思想，相反却用政治的、战时的方式实现经济目标。

勃列日涅夫中断了赫鲁晓夫的改革，持续14年的稳定重新强化了教条主义、政治中心、革命至上的思维定势。苏美争霸的军备竞赛使经济完全从属于政治军事战略，对东欧社会主义改革的干预，树立了教条主义的权威。

安德罗波夫和契尔年科不可能有邓小平那样的伟人气质，墨守陈规无疑会强化革命至上、教条主义的思维定势。

（三）没有改革理念的改革——戈尔巴乔夫改革之失

戈尔巴乔夫是锐意改革的苏共领导人，然而他的改革无疑是失败了。他实际上启动了政治转轨先导的转轨程序，却未能实现完善社会主义制度的目标。

他从改革思维方式去进行改革，导致他失败的恰恰是因其没有跳出传统思维方式的窠臼。《改革与新思维》是戈尔巴乔夫改革的纲领。这本试图以改革思维方式启动改革的宣言，依然处处体现着前人的思维定势。

第一，思维没有跳出政治中心的思维方式，将改革的本质政治化和改革的目标、手段政治化。于是，新思维没有把经济放在中心位置，而是把政治性质的"民主"作为一切工作的核心。"让人们参与我们生活的一切过程,这是我们所做的一切工作的核心。"[1]"必须使我们全部工作适应于政治任务和政治领导方法。"[2] 更重要的是将政治性的"民主化"作为改革唯一的途径。虽然戈尔巴乔夫提出了"用经济为主的方法,代替行政命令的方法"[3],但是,戈尔巴乔夫最终没有走出政治中心的思维怪圈,将民主作为推动经济体制变革和促进经济增长的灵丹妙药。这实质上仍然是用大兵团作战、群众运动方式搞经济建设的传统意识形态的变相。事实是,没有成熟的制度约束,民主可能导致无序,从而影响经济发展。民主本身就是一个独立的价值目标,用政治民主推动经济改革,成功者史无前例。

第二,思维没有突破教条主义。戈尔巴乔夫在书中虽多次提出反对教条主义,"破除经济管理中的陈旧制度和思维上的教条主义的清规戒律"[4],然而并没有走出教条主义。他试图从列宁晚年思想中寻找改革的权威依据,充满对"民主化"的信仰,是教条主义的典型表现。最重要的是,他虽然认为集中管理的体制已经过时、陈旧,需要彻底改革,但又认为"正是由于社会主义制度和计划经济,我们才能够比在私人经营条件下更容易实现我们结构政策的转变"[5]。产生这种自相矛盾的原因在于,他没有突破"计划经济等于社会主义"的教条。也正是因此,《改革与新思维》通书未提"市场"一词。正是由于教条主义的束缚,才未提出明确的市场化目标。

第三,思维没有突破革命至上的价值理念。改革与革命是截然不同的两个概念,虽然都以解放生产力、发展生产力,促进经济与

---

[1] [苏] 米·谢·戈尔巴乔夫:《改革与新思维》,新华出版社1987年版,第26页。
[2] 同上。
[3] 同上书,第106页。
[4] 同上书,第58页。
[5] 同上书,第38页。

社会的发展为目标,但改革是渐进和逐步地对制度进行变革,革命则是激进地完成全面根本的制度剧变。改革也可能实现总体性制度变迁,历史上用"变法""维新"方式成功实现制度系统变迁者不乏先例。改革就是改良。历史证明,改革是促进经济制度完善和经济发展的有效方式,也是市场经济基本的制度理念。问题在于戈尔巴乔夫不是出于民众意识形态"接受"上的策略思考,而是采取了革命的思维和革命的方式。首先"改革就是革命""是革命的基本思想的发展和深化"[①]。其次,"改革是一个革命过程",是飞跃。因此,必须反对"进化的方法——爬行式的改良"[②]。再次,"应当不断地发展革命""运用革命的方式"[③]。这种思维反映了"革命崇拜"观念,是用革命方式进行经济建设的传统方式的继续。戈尔巴乔夫提出的改革方式也是奉行两极对抗性革命思维。迷信根本性的全面改造,正是革命思维的典型表现。

由于革命思维,在经济改革和政治改革的价值天平上,戈尔巴乔夫选择了后者。这也使他以大造革命舆论的方式去启动改革,以"公开性"的群众运动方式大搞改革,于是改革的正确顺序被颠倒了,意识形态和政治体制改革成为改革的始点,本来作为推动经济改革的手段,变成了目的。

公开性和民主化迅速揭露了长期积累的鲜为人知的爆炸性事实,释放了历史积累的政治压力。于是,一场真正的革命开始了,这就是苏联的政治体制改革。

(四) 由改革到革命——苏联解体的必然命运

苏联的思想自由化和政治民主化为中心的改革,迅速导致了政

---

① [苏]米·谢·戈尔巴乔夫:《改革与新思维》,新华出版社1987年版,第55页。
② 同上书,第57页。
③ 同上书,第58页。

治多元化。1988年12月，人民代表大会及其常设机构最高苏维埃成为最高权力机构。权力中心开始由党组织机构向人民代表机构转移。代表大会中也出现了不同派别，第一次代表大会中，出现了许多持不同政见者，苏共内部也出现了不同派别。实际上出现了多党制格局。1990年，苏共交出了原本属于最高苏维埃和政府的权力，并实行了三权分立的权力结构和总统制体制。新的权力结构根本无法应对速变的政治局势和民族主义分离趋势。尽管经济危机加剧，但苏联已失去经济转轨所需的最重要条件——"强政府"和"强意识形态"的支持。在政治体制改革貌似到位的情况下苏联决心加速向市场经济过渡。激进的沙塔林《500天纲领》与渐进的《政府纲领》相持不下，戈尔巴乔夫提出了《总统纲领》。

叶利钦坚决反对《总统纲领》，并决定从1990年11月1日起在俄罗斯独自实行《500天纲领》，《总统纲领》事实上成为一纸空文，以政治改革为始点的经济改革以失败而告终。苏联经济出现战后首次负增长，苏联社会主义陷入全面危机。在这种事态下，任何一个政党及其代表都难以领导苏联摆脱政治社会危机，走向成功的经济转轨之路。

第一，在革命形势下，适合经济转轨的渐进方式已经在革命至上的价值尺度面前黯然失色。理性的科学精神已经为浪漫的革命激情所取代。

第二，新政治结构已无法适应急剧变化的现实，互相牵制的最高苏维埃和政府已经被加盟共和国的权力架空。

第三，权力之争成为党派逐鹿争雄的焦点。政治利益成为所有政治家政策选择的第一尺度，已经没有从全局、全国利益安排转轨进程的统一意愿和可能。所有的经济决策已经不是依据经济规律来制定和实施，而是首先服从于政治需要。

由此可见，政治中心、革命至上的意识形态理念，制约了苏联改革的进程，并始终控制着政治家的决策和民众的选择，即使戈尔巴乔夫在1991年因"八月政变"退出历史舞台后，仍然主导着后继者的心灵。

二 意识形态范式对叶利钦转轨战略的影响

表面看来，叶利钦是同社会主义制度及其意识形态彻底决裂的人，但是他依然摆脱不了政治中心、革命至上、教条主义的意识形态范式的思维制导。因为，它们不是一种简单的理论或学说，而是潜移默化地形成的一种思维定势，一种潜在地决定着"主体"行为的"大他者"。

（一）政治中心、革命至上必然导致"休克疗法"

叶利钦是一位政治家。他问鼎克里姆林宫绝非因其经济和管理上的业绩，而是因其高举"民主"的旗帜和对社会主义"弊端"的激烈批判，迎合了民众的心理。正是他的毫不妥协的反对派立场和马基雅弗利似的政治权谋，使其在短短的4年中，就取代了戈尔巴乔夫的地位，走向权力巅峰。他必须全身心地投入政治权力斗争才能有如此佳绩。政治中心必然是他的价值选择，因为，政治乃是他的生命，是他的思考中心，舍此不能维持既得的权力。

非此即彼、两极对抗的革命思维是叶利钦权力斗争取胜的重要因素。他开始是一个彻底的"反对派"，需要的不是协同而是对立。他不可能以改良的方式、协作的态度、宽容的精神与苏共中央和政府合作，他必须坚持这种对抗式思维。

叶利钦彻底摈弃了教条化的社会主义理论和教条化的斯大林模式，却没有从俄罗斯的实际出发提出什么有价值的理论，而是迷信"新经济自由主义"的新教条，迷信美国模式。因此，他没有摆脱教条主义思维，而是从这种思维出发，制定转轨目标和选择转轨方式。

首先，叶利钦经济转轨的始点需要再确认。通常认为俄罗斯经济转轨自1991年10月俄罗斯政府制定"激进改革"提纲并于1992年1月实施开始。实际上应当追溯到1990年叶利钦提出的向市场经济过渡的《500天纲领》。它决定了俄罗斯1992年转轨的基本路径。当时，叶利钦是从反对派的角度提出这一计划的。这一立场使他必须提出比政府更激进的改革纲领，显然这个纲领受政治目的左右而非单纯出于解决经济危机的考量。同时，这一纲领也必然渗透两极对抗的革命思维。再认转轨始点可以使我们看到，叶利钦的改革顺序实际上也是从政治体制革命开始，并且围绕着政治中心进行，也必然以"最革命"的姿态出现，奉行"越糟越好"这一"反对派"的价值尺度。反对派奉行的是革命思维：经济越衰退，工作和生活条件越恶化，人们彻底改变制度的愿望就越强烈，改革的结果就越好；相反，良好的经济状况对反对派来说却是恶劣的政治形势。叶利钦的立场，决定了他奉行这种思维。即使成为执政党，思维惯性和客观政治斗争的需要，也不能使其迅速改变这种信念。

其次，自由的市场经济的目标模式既是革命思维的产物，又是不切实际的幻想。历史证明，现代市场经济是宏观调控的市场经济，没有国家干预就没有完善的市场。俄罗斯本来具有国家至上和集体重于个人的文化传统，70年的社会主义计划经济又形成了集体主义的意识形态。显然目标的选择与国情存在相应的矛盾，难以得到民众的心理和文化认同。为什么叶利钦选择了这一目标呢？至少有两个原因。一是在制度上使俄罗斯与苏联彻底决裂。全面斩断与苏联的联系，建立与高度集中的计划经济截然对立的完全自由的市场经济。彻底摧毁社会主义公有制、建立资本主义私有制，为自己的政治的上层建筑建立经济基础。二是迷信"自由市场"的神话，满怀一旦建立自由市场经济就能实现经济迅速增长的浪漫理想。这两个原因都与革命至上教条主义的思维方式相关。科勒德克指出，正是由于政治性的争论代替了理智的思考，才使人产生了这种"未知的将来肯定比平庸的过去要好得多"[①]的错觉。"在那些有着令人吃惊的转轨推动力的国家中，则更有革命的气氛。"[②] 俄罗斯激进的民主派宣称，随着改革计划的实施，1992年秋就能取得经济稳定、市场供应改善和人民生活水平提高的效果。这种脱离实际的乐观预期，显然由于一种革命激情和对"自由市场"的狂热迷信。

再次，革命思维主导了转轨路径的选择。俄罗斯的转轨的方式是以自由化、稳定化、私有化为核心的"休克疗法"。无论是设计者还是实施者都坚信"不可能分两步跳过一条沟去"，主张"创造性毁灭"。这种无根据的信念具有明显的革命气质，似乎传递了一种"不破不立"的理念，历史却证明，"破"不等于"立"，毁灭旧事物和创立新事物不是一回事，后者比前者困难得多。试图将一套在西方经数百年进化而成的制度，一夜之间移植到一个没有市场土壤的新环境之中，并迅速开花结果，简直是异想天开。对美国经济学家杰弗里·萨克斯而言，"休克疗法"用之于玻利维亚作为政策建议时，不过是在市场经济制度总体结构中治理通货膨胀的一揽子激进措施，显然是具有改革的性质。然而，他以经济顾问的身份，将其推荐给波兰、俄罗斯等国政府用于转轨却使之具有了革命的特色。对俄罗斯等采用了"休克疗法"的国家来说，无论是追求一蹴而就的全面变革，还是设想破旧立新的"创造性毁灭"，都是一种革命思维的典型表现。而历史却再次证明了经济学家马歇尔的名言：经济领域里只有进化没有革命。

---

① ［波兰］格泽戈尔兹·W. 科勒德克：《从休克到治疗——后社会主义转轨的政治经济》，上海远东出版社2000年版，第44页。

② 同上。

最后，"休克疗法"的转轨战略选择具有政治中心的思维导向。无论是以萨克斯为代表的西方学者还是西方大国的政府及国际组织，抑或是以叶利钦为代表的转轨国家的政府首脑，对"休克疗法"的实施都有不容抹杀的政治意义。前者对"休克疗法"的坚信和对"政府作用"这一常识的忽视，不能简单地用认识上的原因去解释。实际上，这种与计划经济截然对立的政策组合肯定受意识形态因素和冷战思维的影响。在西方国家眼中，俄罗斯是一个即将倒下的超级大国，而不是一个需要关爱的超级"粉丝"。对与之对抗了几十年的西方世界来说，它的"倒下"比重新崛起更符合西方的利益并更能证明西方政策的胜利。因此，他们对"休克疗法"的热衷，在于俄罗斯的衰退不会给他们带来任何的经济损失，相反，会获得巨大的政治收益。

（二）政治中心、革命至上与私有化

对于叶利钦来说，"休克疗法"不仅意味着应对经济危机，治理通货膨胀，而且意味着"制度革命"的最后攻坚，意味着与社会主义制度的彻底决裂。后者的意义可能更为重要。那么"休克疗法"就是基于政治中心的思维定势做出的战略抉择。

既然如此，作为"休克疗法"重要政策组合的私有化也不是主要作为一项经济政策，而是从属于建立资本主义制度的经济基础这一政治目标。

私有化的制度转轨目标，本来是造就产权明晰、独立经营的微观竞争主体和形成有效的激励机制，提高经济运行的效率，直接的短期目标则是吸引投资和募集资金以支付转轨成本。而俄罗斯在缺乏居民储蓄和资本市场的情况下，国有资产不可能迅速转化为产权明晰的私人财产，人们也不可能获得一份股票就变成市场主体。私有化不能吸引投资而只能造成国有资产流失，唯一可

实现的目标是政治性的，就是无偿的私有化可以获得人民对新政权的支持。

由此可见，俄罗斯的私有化无疑受到了政治中心的理念的影响。当然，也与教条化地理解西方的产权理论有内在联系。美国著名经济学家科斯认为，如果产权明晰则个人会主动地创造有效的经济安排。社会主义公有制将产权归大家所有，实际上就等于没有人拥有产权。因此，没有人会具有充分的积极性保证资本的有效使用，也没有人愿意去设计一种有效的激励结构。所以，社会主义注定要失败。从这个观点来看，向市场经济过渡的首要任务就是国有资产私有化。科斯的理论无疑具有一定的正确性，也可以解释自由市场经济和计划经济的效率差别问题。但是，它不是绝对真理，并且存在解释上的缺陷。

首先，它忽视了现代市场经济"产权社会化"的新趋势。由于现代股份公司的终极财产权、法人财产权和经营权的分离，使产权社会化了。林子力先生指出，产权的社会化使劳动和所有权关系发生了重要变化，从"所有权作为生产的主体支配劳动，变成经营（劳动）作为生产的主体支配产权"[①]。这种变化使产权的重要性降低了。相反市场经营主体——懂得竞争攻略的企业家阶层——的管理至少取得了同产权一样重要的地位。这意味着没有企业家只有私有产权，可能也没有效率；反之，有了企业家和市场竞争即使是社会产权（股民）也可能有效率。因此，转轨和私有化，必须要有市场主体的生成。

其次，正如斯蒂格利茨所说："所有权（明晰的产权）在大型组织中并不十分重要，因为在这样的大型组织中，几乎所有成员本身都不是所有者。因此激励机制就必须面对这一情况；委托—代理

[①] 参见武高寿《从所有权购买劳动到劳动购买所有权——读林子力〈走向市场〉》，《经济问题》1996 年第 3 期。

问题也随之产生,但是以所有权姓'公'还是姓'私'为基础的委托—代理问题的性质却只存在极少的差异。"① 因此,用发放私有化证券的方式表明他们拥有公司的股份,而没有使他们对经营者控制的机制,这种私有化就变成了"经营者"所有,而对他们没有意义。只能产生公司的"内部人控制",对企业有效益和市场经济制度都不会产生什么影响。因此建立有效的公司治理机制可能比私有化更重要。

那么,为什么要如此这般地实行私有化呢?除了政治中心的约束,显然是基于私有化教条的信仰,基于对新自由主义和货币主义是"战无不胜"的学说的信仰,这也可以说是出于教条主义的思维方式。

三 意识形态范式对转轨路径的约束

诺思在《制度、意识形态和经济绩效》一文中指出,"制度和意识形态共同决定经济绩效"②。"一个社会采用什么正式规则,补充什么非正规制约以及实施的有效性,这三方面的内容构成了我们解释周围世界的基本框架。"③ 诺思的观点可以这样引申理解:意识形态、以产权交易为核心的市场制度及其有效实施是经济增长的必要条件,只有意识形态结构的积极协同和保证规则有效实施的国家力量,才能实现体制的顺利转轨和经济的同步增长。俄罗斯和东欧国家恰恰是在改革总体顺序上和转轨路径选择上都失去了两者的支持。前面曾论及由于意识形态范式的思维导向,决定了改革的总体

---

① [美]约瑟夫·斯蒂格利茨:《社会主义向何处去:经济体制转型的理论与证据》,周立群、韩亮、余文波译,吉林人民出版社1998年版,第201页。
② [美]詹姆斯·A.道等:《发展经济学的革命》,黄祖辉、蒋文华主译,上海三联书店、上海人民出版社2000年版,第109页。
③ 同上书,第118页。

顺序和路径，下面我们将说明，缺少"强政府"和意识形态的有力支持则会导致国家经济绩效低下。

（一）政治体制改革先导与别无选择的选择

如果将计划经济体制视为政治、经济、文化一体化的制度系统，那么，经济转轨实际上是与苏联、东欧的政治改革不可分割的。戈尔巴乔夫的政治体制改革的革命性质波及东欧，后演变成一场政治变革，反过来又导致了对苏联和社会主义的彻底否定和苏联解体。人们通常认为苏联、东欧的渐进市场化改革失败，是导致戈尔巴乔夫进行政治体制改革及后来采取激进转轨方式的重要原因。而实际上，渐进改革的失败主要是因为囿于"计划经济等于社会主义、市场经济等于资本主义"的教条主义信念，总想在计划经济的框架内引入市场机制，而没有明确的改革目标。他们改革的失败不等于市场和计划水火不相容，更不能说明经济转轨必须采取激进的"大爆炸"，而不能采取渐进过渡。

苏联在政治改革的同时也曾进行过渐进的或"体制外改革"，1990—1991年，俄罗斯在国有部门外已经发展起来一类庞大的不受管制的私人性质的经济活动。然而这个局部性的渐进改革没有成功，表现为它没有对转轨中的经济产生积极的作用，工业生产反而出现严重的"滑坡"。这种现象在决策者和西方学者看来是不能实行渐进改革的证据，实际上，是政府没有实施有效的转轨政策所导致。

根据中国学者张军的研究，中国的渐进改革之所以成功，在于实行了"有计划配额约束"的价格双轨制。而苏联则相反。[①] 那么，苏联渐进改革的失败，主要就不是战略错误，而是战术错误。

[①] 参见张军《比较经济模式》，复旦大学出版社1999年版，第400页。

重要的是，在当时已经没有克服这种政策失误的政府能力了。因为，政治改革先导造成政治动荡，民族危机已经使决策集团忙于权力之争，而无暇进行冷静的思考，集中智慧去调整自己的经济决策了。

同时，意识形态上对传统社会主义的批判思潮与政治改革的大潮合流，加之革命思维的导向，已经形成了革命的政治和文化氛围，政治多元化、反对党的合法化，以及激进的民主派被大众传媒的认可，造成了一股举国上下的革命的思维定势。正是这种思维定势，使人们放弃了渐进改革，而选择了"休克疗法"。也就是说，正是政治体制改革先导的转轨时序，才决定了东欧、苏联和独联体国家对"休克疗法"的选择。

（二）政治体制改革先导与"强政府"的衰败

经济上高度集中的计划经济国家都有着相应的政治上过度集权的"强政府"。苏联的政治体制改革先导使"强政府"走向衰败。这与新经济自由主义的兴起影响了决策者的判断有关，毫无疑问，决策者本身也缺乏经济上的远见卓识和对经济发展趋势的全面把握。

固然，随着20世纪70年代资本主义世界的"滞涨"危机，凯恩斯主义黯然失色，新经济自由主义重新崛起，并在发达国家率先被实践。里根政府和撒切尔政府开始了大张旗鼓的私有化运动，此后资本主义世界纷纷效尤，经济自由化运动勃然兴起，"最小政府""无为政府"甚至"无政府"，成为新经济自由主义政策主张的名片。随后经济全球化大潮以前所未有的力度席卷全球，资本主义世界又经历了近30年的经济繁荣。然而，这仅仅是经济表象的一个方面。

此外，第二次世界大战以后，很多殖民地或者半殖民地国家摆脱了殖民半殖民的地位以后开始追求他们国家的现代化,希望能够缩小跟发达国家的差距,但绝大多数的国家并不能够实现这个愿望。从统计数字上可以看到,从第二次世界大战到20世纪80年代末,只有两个发展经济体从低收入变成中等收入,然后进入到高收入,一个是中国台湾,一个是韩国。从中等收入变成高收入经济体,只有日本、以色列和亚洲"四小龙"。全世界绝大多数的发展中国家长期处于低收入陷阱和中等收入状态。那么,为什么会这样?最主要原因是没有处理好政府跟市场的关系。

俄罗斯经济转轨的决策者与奉行市场原教旨主义的新经济自由主义一样,完全忽略了凯恩斯主义经济学使经济学走入了现代,并造成了第二次世界大战后发达国家30年的黄金增长,完全枉顾无政府状态下那些发展中国家的黑暗现实。现代历史更证明,没有哪个政府权力失控的国家和地区可以出现经济增长。相反,东亚新兴工业化国家的经验说明,强有力的政府和正确的经济政策组合,是经济快速增长的重要条件。吴敬琏在20世纪90年代初就睿智地指出,"战后联邦德国和日本从统制经济转向市场经济,以及亚洲'四小龙'等新兴工业化经济(NIEs)建立现代市场经济的过程中,积极协助市场体系建设,它们采用立法和行政手段来反对垄断,保证市场竞争的公正性,并致力于建设一种交换者人人平等的市场经济的文化价值观。它们的经验证明,充分运用政府的力量,是可以在很短的历史时期,比如说二三十年的时间建立起市场经济的基本框架的"[①]。

经济转轨国家尤其要有强有力的政府,因为,转轨本身要求政府要比市场经济国家的政府具有更多更强的职能。除了担

[①] 日山编:《著名学者论社会主义市场经济》,人民日报出版社1993年版,第75页。

任公共物品供应与需求，组织、调控国民经济总量平衡外，还要部分地实行直接干预，替代市场来完成一部分资源配置的基础性调节任务，还要承担新体制主要供应者的任务，通过宏观战略计划和一系列法令、政策的出台及有效的实施，保证新体制的逐步形成，提供各种有利的政治、社会、法制和文化方面的过渡条件。

在俄罗斯和东欧各国，由于政治体制的和平巨变，使新政府面临着政治上的"合法性"危机和社会动荡，新的体制刚刚诞生，又面临着立法、行政和司法权分立的体制摩擦。政治家集团缺少驾驭新政治体制的能力和经验，新体制又是多元利益集团组成的政治联盟，具有利益冲突并难以实现有效整合，于是政府就显得软弱无力。政府的经济决策也受多元政治压力的制约，难以在长期效益和短期效益、局部利益和整体利益上达到最佳的平衡。尤其是俄罗斯和东欧的转轨，多以自由市场经济为目标模式，强调政府尽快从经济领域退出，进一步削弱了政府力量。

经济转轨是在经济危机中国家控制的经济体制的转型过程，政府调控导向的确定、调控方式的选择、调控时机的把握和调控力度的控制，是决定宏观调控质量的四大要素，也是保证"转轨绩效"的决定因素之一。而这都需要强有力的政府来保证。

俄罗斯和东欧一些国家在转轨前期通过紧缩性财政金融政策控制物价上涨的效果较差，与调控导向游移不定有关。这又是由于政府面临政治压力，必须考虑政治目标决定的。俄罗斯曾在不到两年时间里总理五易其人，显示出政府力量远远不能适应转轨需要。

转轨实践证明，相对有力的政府可以营造相对稳定的政治环境，并对转轨产生重要的积极影响。捷克体制改革起步较晚，在转轨中经济表现却很快名列前茅，重要原因之一是领导层团结，政局稳定，能够供给连贯得当的经济政策。乌兹别克斯坦在独联体国家中经济表现最佳的重要原因之一，也是领导集团相对稳定，政府作用可以有效地发挥。

（三）政治体制改革先导与意识形态支持的消解

意识形态在计划经济国家，不仅包括惯例、习俗、传统和文化等非正式规则，而且包括具有宪法规则意义的马列主义、社会主义等理论及其社会观念形态。它们具有政治结构和文化体制的支持，具有强大的势能，是一种"强意识形态"。经过半个多世纪的意识形态理论教育，以计划经济的制度理念为核心的意识形态已经内化为人们的价值尺度、审美格调、思维定势、认知习惯，变成一种根深蒂固的文化观念。

由于传统社会主义观是以革命为核心的，具有教条化的封闭性特征。这种程式化的革命思维，一旦离开实事求是和与时俱进，在理论内容失去对现实的解释力、仅具思维方式意义的时候，也会成为摧毁自身的观念力量。

"强意识形态"所形成的内化的文化观念，只有靠"强意识形态"的自我纠错、自我更新和用强大的体制化力量去进行社会化，才能实现意识形态的适应性变革，成为转轨的巨大协同力量。

改革如果与政治体制革命相结合，则会在全社会摧毁传统的意识形态理论及其体制化力量，相当大程度上摧毁了宪法规则。然而，作为程式化的文化观念已经具有"潜意识"的功能，还在主导着人们的行为和思考。与市场化相应的政治民主化成了新意识形态的关注焦点。一开始"民主化"承接传统社会主义，但随着对社会主义的否定，占主流的激进思想与传统意识形态产生了尖锐对立，从而越来越理想化，失去了传统文化和几十年积淀的社会主义文化的根基。所以，随着经济状况的恶化，民主思想也很快失去了魅力，在俄罗斯造成了政治信念的全盘崩溃，形成了普遍的文化—意识形态的无政府主义现象。这使全民族难以形成统一的民族精神，失去了对经济改革的强有力支持。

（四）"休克疗法"失败的自身原因及与意识形态范式的关联

"休克疗法"的失败已经是不争的事实。导致其失败的原因不仅仅是失去"强政府"作用导致其无法有效实施。更重要的是其自身存在严重缺陷。

第一，将在市场经济框架下，治理通货膨胀的方法使用于大规模转轨制度变迁，违背了转轨制度变迁的基本规律，大规模的经济制度与结构的变迁只能逐步过渡，不可能一步越过计划经济和市场经济之间的鸿沟。

第二，"休克疗法"的政策组合具有严重缺陷，"自由化、私有化、稳定化"三位一体的政策组合，造成了俄罗斯经济的持续滑坡。

第三，"休克疗法"严重脱离实际。科勒德克在他的《从休克到治疗》中说，西方的某些外国政府、组织和专家，缺少对中央计划事务的实际遗留问题的了解，认为政治体制革命后的计划经济已经崩溃，所以，按照第二次世界大战的结局来进行类比，提出远离实际的政策建议。

严重脱离实际的"休克疗法"，竟能成为当时转轨国家的决策者别无选择的转轨模式，显然是与教条主义、政治中心和革命至上三大理念构成的意识形态范式直接相关。

如果说，在改革宏观顺序上的政治体制先行造成了宪法秩序的紊乱和行政体制能力的减退，那么"休克疗法"最大的后患是，造成了直接关系国家基础和人民生活的经济体制的"制度真空"，造成了经济秩序的混乱。

"休克疗法"是教条主义、政治中心和革命至上三大理念的典型反映。就其将如此重大的经济决策从属于政治目标而言，它是政治中心；就其"大爆炸"的方式、对传统制度的彻底否定及其对"破旧"必然"立新"的盲目预期而言，它是革命至上；就其对新经济自由主义理论和西方学者的政策建议的迷信及目标远离现实极富乐观幻想而言，它是教条主义。而中国在1958年的"大跃进"中早已尝到了迷信制度变革会带来的经济奇迹的苦果。在"十年动乱"中，更是经历了"我们不仅能够打碎一个旧世界，而且能够创造一个新世界"幻想的破灭，经历了"打倒一切，否定一切""破字当头，立在其中"的"文化大革命"带来的深重灾难。所以，今日中国改革的成功相当大程度上取决于意识形态范式的变革。

（五）"休克疗法"的产权革命没有造就市场主体

制度是重要的，但市场经济不仅是一组简单的正式制度组合，它需要有效实施制度的政府和按制度规则行事并富有创造性的市场主体，还需要有与正式制度相适应的非正式制度对市场经济主体施加精神上的约束。真正的市场主体必须遵从市场的游戏规则，市场经济体制形成的最终标志，就是真正市场主体的形成。

经济转轨对人而言，是由计划经济主体向市场经济主体的转变过程。这是一个价值尺度、行为方式、思维方式、认识方式都需要做出根本性转变的痛苦、艰巨的过程，是一次巨大的精神生命的变迁。

"休克疗法"试图以产权革命的方式去营造市场主体，这种靠发一纸证券的方式就可以创造出市场竞争主体的做法尽管今日看来如此的幼稚可笑，在当时却是一种坚定的信念和实在的政策。问题是这种产权革命既没有造就市场主体，而且为真正的市场主体的生成制造了重大障碍。

诺思在《制度、意识形态和经济绩效》中指出："正规规则可以在一夜之间被政治组织所改变，而非正规制约的变化就很慢。两者最终受人们对周围世界的主观认识所左右。这些认识不断地决定着人们在正规规则和非正规制约中所进行的明确选择。"① 由一个纯正的计划经济主体转为市场经济主体，仅认识市场规则就需要一个过程，而非正式规则的转变将由于精神世界的激烈冲突而更需不断"反刍"。没有非正式规则支持的正式规则对人们来说可能就是一纸空文。"建立一个有效的要素和产品市场是一个我们知之甚少的复杂过程。但有一件事我们知道，那就是正式规则必须由非正规制约和有效率的实施加以补充，才能产生出这种市场。"② 因此，"认为让停滞和病态的经济走上增长之路只需进行'私有化'，那是对制度分析的歪曲理解。这也反映了大多数经济学家对经济史和经济增长的基本理解"③。

市场经济对个人而言，是一组新的信息，是一些新知识，因此，转轨是学习过程。正如斯蒂格利茨所指出："在由社会主义经济转向市场经济的过程中，个人和组织都需要学习。个人必须学会如何对市场信号做出反应，而组织必须学会如何适应新的环境。"④ 学习是循序渐进的。如果迅速强制输入与传统教育所不同的新信息。那么，一方面会导致新信息与以往知识的不兼容而难以被接

---

① ［美］詹姆斯·A. 道等：《发展经济学的革命》，黄祖辉、蒋文华主译，上海三联书店、上海人民出版社2000年版，第109页。
② 同上书，第119页。
③ 同上书，第118页。
④ ［美］约瑟夫·斯蒂格利茨：《社会主义向何处去：经济体制转型的理论与证据》，周立群、韩亮、余文波译，吉林人民出版社1998年版，第301页。

受，另一方面会造成信息超载。两者都毫无疑问会影响制度的建立和制度效率。

科勒德克说："转轨不但呼唤新的法律体系，而且需要对新的行为模式加以学习。企业、银行、公务员和政府官僚甚至一般家庭，都必须改变原有的行为方式，并尽快学会新模式。"[1] 谁是老师呢？"新兴市场的经历是一个好的教员，但它需要付出高昂的代价，而且学习的进程将会很慢。"[2]

"休克疗法"忽视了市场经济制度的整体设计和适时供给，仅靠私有化、自由化和稳定化的政策组合实施制度系统的转轨变迁。其结果一方面没有造出真正的市场主体，因为市场主体还在扫盲阶段，需要学习；另一方面造成了足以使卓越的企业家一筹莫展，黑色资本家如鱼得水的混乱无序的市场环境，使真正的市场经济主体难以形成。

西方许多经济学家如斯蒂格利茨等明确指出，产权明晰并不一定产生效率，"市场经济成功的核心是：竞争、市场和分权"[3]。计划经济的经验也证明无私有产权，也创造过高速的增长。为什么还在迷恋私有化神话呢？除了显而易见的经济利益原因外，还受深层思维方式的制约。作为"休克疗法"的基本内容之一的"产权革命"。它来自于对"产权理论"的教条主义理解，也着眼于对计划经济基础——公有制的两极对抗式的革命思考，当然还掺杂着公平分配社会经济资源及潜在的以政治为中心的思考。它是计划经济制度理念在人的心灵深处发生作用的结果。

---

[1] ［波兰］格泽戈尔兹·W. 科勒德克：《从休克到治疗——后社会主义转轨的政治经济》，上海远东出版社 2000 年版，第 172 页。

[2] 同上。

[3] ［美］约瑟夫·斯蒂格利茨：《社会主义向何处去：经济体制转型的理论与证据》，周立群、韩亮、余文波译，吉林人民出版社 1998 年版，第 15 页。

四 制度资源损失——被忽略了的转轨成本

(一)"转轨绩效"需要定性分析

新制度经济学认为,只有制度变迁的预期收益大于变迁成本时,才会发生制度变迁。人类历史上的大型制度变迁,在哈耶克认为是自然演化的结果,在诺思看来则是人类有意识活动的结果。笔者则更倾向于后者,因为大型制度变迁没有国家和意识形态的介入几乎不可能,产权和界定产权的国家及意识形态是理解全部经济史的基本框架。

诺思用宏大的视野展示了万年的人类经济史,用他自己的框架简要说明了人类历史上各个文明的巅峰和西方文明的兴起。但是,在这个宏观框架中,大尺度时间是基本特征,制度变迁的绩效在这样的时间里清晰可见,但是,那些具体的变动尚不可进行微观的把握。

人类进入20世纪,科学技术的巨大进步和人类理性能力的提高,可以使我们不仅仅依赖自发的市场力量推动经济的发展,人的理性可以设计出具体的政策和宏观战略引导经济进程。20世纪两次大规模的经济制度变迁,是对人类理性评估能力的考验。第二次世界大战后计划经济制度的建立,由于战争因素的交互作用,使第一次"转轨绩效"在社会主义国家无法做出明确的回答(资本主义国家由自由市场经济向现代市场经济的过渡却结出了丰硕的、清晰可辨的经济果实)。那么,在和平状态下的第二次大转轨,人类理性应当对其绩效做出比较准确的评估。这种评估不应当等待转轨彻底完成后的经济记录去评价,而应当评价转轨进程中的每一步的经济绩效。著名学者冯舜华等著的《经济转轨的国际比较》一书,对"转轨绩效"做出了详尽的表述,"转轨绩效,即经济转轨的结果及其成效，是指经济转轨进程启动以后至某一时点市场经济制度结构的实现程度和新制度结构组合的行为能力，以及制度变迁过程中不同的制度变动轨迹引起的经济增长、经济总量变动和社会发展的轨迹"[1]。这一"转轨绩效"定义及其转轨指标的选取和评价体系是比较完善的，但是仍然需要进一步的定性分析补充，原因有二。第一，从国别范围看，转轨的国家中，没有包括以中国为代表的渐进过渡国家。这难以说明"转轨绩效"的全貌。所选取的国家都是在宪法制度重建的前提下进行经济转轨的，而中国、越南则相反。离开宪法制度，难以说明转轨供给的制度和政策组合的差异、新制度组合的行为能力差异和由此产生的经济绩效差异的原因。第二，从指标选取上，没能也无法选取对转轨制度变迁影响重大的意识形态——非正式制度指标。因此，难以揭示"转轨绩效"差异的深层原因。因此，书中的指标体系还需要辅以意识形态，非正式制度及宪法制度因素对转轨影响的理论分析。

（二）制度是否是社会资源

新制度经济学认为，制度状态决定经济效率的水平，制度变迁是经济发展的主要原因。制度是最重要的核心增长要素，是资本、劳动、技术、人力资本、资源、结构变迁、企业家等生产要素发挥作用的最重要的因素。因此，我们可以在逻辑上得出：制度是最重要的生产要素或社会资源。

制度是由各要素组成的复杂的系统。显然，不同的要素组合方式——结构，决定着系统的功能。因此，一个制度要素在此结构中是阻碍生产增长的，在彼结构中可能是促进生产增长的。因此，现有的制度可以分解后实行优化组合。

---

[1] 冯舜华等：《经济转轨的国际比较》，经济科学出版社2001年版，第40页。

巨型的制度变迁，尤其是经济制度变迁，往往通过自然演进的道路。国家对制度变迁可以实施强力影响乃至决定性影响，但是，只有通过适应制度演进特点的制度创新，制度安排才会更有经济效率。国家是唯一拥有暴力潜能的，可以进行大规模制度变迁的主体，正如诺思所说，"国家的存在是经济增长的关键，然而国家又是人为经济衰退的根源"[①]。国家即政府的作用是制度变迁的决定性因素之一，是解释制度变迁绩效的最重要因素。

国家决策者的制度供给及民众的制度接受，一方面取决于获利程度，另一方面取决于意识形态。作为非正式制度的意识形态的转变不可能瞬间完成，它同国家一样，既可以成为经济增长的动力，也可以成为经济增长的阻碍，但它也是重要的制度要素，也是重要的资源。

据此，我们可以得出结论：制度是一个国家重要的生产资源，也可以称之为精神生产力，是重要的社会资本（财富）。国家则是重组这些资源和创生新制度资源的最有效的主体。完全抛弃正式制度，不仅要付出成本，而且也可能是付出成本去挥霍有效的制度资源，有可能与意识形态产生摩擦，导致新正式制度的能力低下。完全抛弃意识形态会失去信念，新的意识形态不可能树立起来，必然导致物欲横流的感性主义和机会主义行为的普遍化，造成转轨的精神障碍。

如果把制度作为社会资本或资源。那么，经济转轨就不完全是新制度取代旧制度的过程，而是包含着旧制度要素作为新制度的培养基，孵化新制度和直接更新为新制度的过程。后一过程所占的比重越大，转轨的制度摩擦就越小，制度资源损失也就越小，从而转

---

① [美]道格拉斯·C. 诺思：《经济史上的结构和变革》，厉以平译，商务印书馆1992年版，第20页。

轨成本就越少，收益就越大。不考虑制度资源的转轨成本收益分析，是不符合实际的。

（三）社会主义传统能否更新为市场经济的制度资源

政治、经济、文化一体化的计划经济制度模式，是一个独特的集权性制度系统。有着其他制度，尤其是现代市场经济制度系统所不具备的"强政府"和"强意识形态"。它们可能成为经济转轨的独特优势，发挥其巨大的制度潜能，也可以成为经济转轨的难以逾越的制度障碍，关键取决于意识形态范式的变革，而非取决于整体制度的更迭。

至于俄罗斯、东欧转轨经济大衰退的原因，与政府的回避态度不同，学者们现在几乎都归咎于"休克疗法"的政策组合的失误，却没有人探讨政府何以采纳、实施这种政策。重要原因在于，决策者们把计划经济及其相应的政治意识形态等非正式制度，视为一文不值或有负值的经济增长的制度锁链，而没有视为可以改造利用的宝贵资源。

实际上，社会主义及其计划经济存在着与市场经济兼容的制度空间，计划经济的制度要素可以更新为市场经济的制度资源。这不仅理论上可以得到证明，而且中国的转轨实践也提供了有力的经验支持。

从理论上说，社会主义和资本主义制度都从属于人类的繁荣、富裕、民主、公正、自由、安全等普遍价值目标。资产阶级就是凭借着自由、平等、博爱和自由竞争可以实现个人和社会福利的同步增长的信念，登上历史舞台的，但是，确切地说，信奉市场万能神话的自由市场经济及其政治制度，没有兑现他们的诺言。于是，才导致了社会主义和计划经济的降生。社会主义者信奉"计划万能"的信念，也没有实现比资本主义更民主、更自由和更繁荣的预期。这一切并不能否定社会主义所追求的人类价值目标的永恒。正是有着近乎相同的人类价值目标，资本主义在20世纪从马克思那里吸取了精神源泉，采取了社会主义的部分制度设计，开始了洗心革面式的改革，建立了宏观调控的现代市场经济并辅以相应的政治与公共政策。正是因此，罗斯福的新政曾被人称之为"布尔什维克政策"，而凯恩斯则被哈耶克视为社会主义的经济学家。

这说明，资本主义已经包含着众多社会主义的制度要素，而资本社会化的现代市场经济也具有了更多的社会主义的素质。那么社会主义为什么不能容纳资本主义的一些有活力的制度要素呢？

计划经济和市场经济作为资源配制模式，确实具有中性的特征。资本主义有计划，社会主义也有市场，二者都是实现经济与社会发展目标的工具，而不是终极的目标。

就计划经济制度而言，并非不具备市场机制生成的制度空间。张军在《比较经济体制》一书中，用数字模型证明，苏联采用的"双轨制"改革的失败，是具体的技术原因而非"双轨制过渡"战略的失败。这说明，即使是苏联那样高度集中的经济体制，也存在着市场机制生成壮大的制度空间。据此，可以说，计划经济的"制度"是重要的经济资源或"资本存量"。

什么因素影响了制度资源的重组和实现呢？是变异的计划经济的核心理念构成的意识形态范式。政治中心将经济体制政治化了，教条主义则将经济体制信仰化了，革命至上则将经济体制排他化了。正如斯蒂格利茨所说，"社会主义70年尝试的最大教训就在于它们放弃了探索其他的道路"[①]。

[①] [美] 约瑟夫·斯蒂格利茨：《社会主义向何处去：经济体制转型的理论与证据》，周立群、韩亮、余文波译，吉林人民出版社1998年版，第316页。

(四)"强政府"与"强意识形态"在制度变迁中的作用

诺思以经济制度变迁的客观历史说明了国家和意识形态在制度变迁中的重大作用。中国的"转轨绩效"也证明了"强政府"在制度变迁中的比较优势。计划经济国家恰恰具有这种制度特征。在经济转轨中,"强政府"的作用是显而易见的。

首先,计划经济体制下,由于公有制的经济制度使产权边界和利益边界相对模糊,这样政府可以形成符合国家整体利益和长远利益的国家意志。党和政府不被任何利益集团所左右,这就为政府制定明确的战略目标和连贯的经济政策奠定了坚实的基础。

其次,可以保证国家的稳定,从而为转轨提供良好的政治和社会环境。改革的力度、发展的速度和民众的承受程度的平衡,发展、改革与稳定三者关系的协调,都离不开强有力的政府。

再次,计划经济体制中政府—国家的绝对主导作用,在转轨中是逐渐撤出的过程。因而在改革不同时点上,仍然保存着比市场经济国家更强大的宏观调控能力是转轨成功的关键性因素。

由此可见,"强政府"的作用,保证了符合国家利益和民众根本利益的转轨战略和政策的正确设计,并保证了有序、连贯、适时的政策供给。同时也具备了宏观调控经济和保持稳定的强大能力。因此,作为转轨主体的国家,如果不是"强政府"就不能履行自己制度的正确设计和有效实施的职能。毫无疑问,作为转轨终点,必然是"有限政府"和强大的市场,但是政府职能的转变和权力的削减,只能靠政府权力来实现。

叶利钦和盖达尔政府奉行"小政府"的自由市场经济模式,政策取向是国家停止参与经济生活,把调节职能交给市场。于是政府职能除了稳定货币和金融外,从经济领域全部退出。这种充满革命浪漫主义和对货币主义教条的信仰以及极具政治色彩的"小政府"

战略，使俄罗斯经济转轨付出了沉重的代价。

普京任总统后，开始把经济作为施政纲领的重心，这才使总统权力和政府权力实现了目标一致的聚合。普京指出"俄罗斯必须在经济和社会领域建立完整的国家调控体系"①，"对于俄罗斯人来说，有强大的国家不是什么不正常的事，恰恰相反，它是秩序的源头和保障，是任何变革的倡导者和主要动力"②。经过了近10年的痛苦教训，俄罗斯在政府定位上走过了一个轮回。可以说，没有强有力的政府，俄罗斯经济就难以走出低谷。制度资源的浪费和损失，是影响俄罗斯"转轨绩效"的重要的、乃至决定性的因素。

当然，影响"转轨绩效"的还有意识形态要素。计划经济国家都具有作为国家施政指导思想的统一的意识形态。它是写入宪法的，是构成宪法规则的重要内容。由于具有体制化和社会化（各级党政宣传部门、学校、大众传媒）支持，因此它具有强大的社会影响力，可以称之为"强意识形态"。

东欧、俄罗斯等转轨国家，几乎都将"强意识形态"作为"思想专制"的形式，弃之如敝履。中国的经验则表明，如果实现意识形态内容与时俱进的转变，辅之以原有的体制化所形成的强大势能，不仅可以迅速破除原有的以异化的制度理念为内容的僵滞的意识形态，而且可以较快地实现思维方式、价值方式的根本转变。没有思想解放形成的理论突破，没有使改革的指导思想、战略和政策迅速社会化的"强意识形态"作用，中国的经济转轨绝不能取得如此巨大的成功。

在经历了信任危机、思想混乱、道德崩溃所造成的社会失序后，俄罗斯才重新认识到意识形态的价值。如果没有牢固的精神框

---

① ［俄］普京：《俄罗斯国家与有效国家之路》，2000年7月8日在俄联邦委员会上做的国情咨文。

② 同上。

架作支撑，市场经济和民主制度只能流于空洞的形式和口号。于是叶利钦和普京先后提出寻找"失去的俄罗斯思想"。并将忽视意识形态的作用放到了转轨失误原因的首位。普京所说的"俄罗斯思想"，包括"爱国主义""强国意识""国家权威""社会互助精神"四大要素。

寻找"俄罗斯思想"，是对20世纪90年代主导俄罗斯的政治思潮的反思，是对社会主义传统及历史文化传统的重温，也是对"强意识形态"积极作用的再认。如果我们参照一下邓小平理论中的价值观体系，就可以看到，就具体内涵而言，与"俄罗斯思想"大同小异。"强国意识"和"国家权威"，不过是集体主义原则的变种，"社会互助精神"也是利他主义的再造，"爱国主义"更是两者共同的价值理想。由此可以得出结论：中国经验证明，"强意识形态"与"强政府"虽然是与计划经济共生的经济转轨的成本，但又可以转变为经济转轨的社会资本。如果能实现意识形态范式的由政治中心向以经济建设为中心的与时俱进的转变，将成为推动转轨的强大精神动力。俄罗斯对"强意识形态"的遗弃和重拾，就是经济转轨中社会资源损失的写照。

反思俄罗斯的经济转轨历程令人感慨万千，不禁为中国的改革"点赞"。1993年中国共产党十四届三中全会正式确立了社会主义市场经济改革的方向。到2013年十八届三中全会决议《中共中央关于全面深化改革若干重大问题的决定》（以下简称《决定》）的通过，经过短短20年的历史，中国已经发生了翻天覆地的改变。在史无前例的经济持续高速增长中，实现了社会主义市场经济制度的历史性生成与构建。不仅破解了转型增长的历史难题，也书写了令世界惊诧的历史画卷。

当世界问询中国道路之"道"的时候，处理好政府和市场的关系，无疑是一个重要的中国经验。中国对政府和市场的关系的认识是随着改革开放的进程而不断深化的。在党的十一届三中全会的决议中，还是在计划经济框架下，由政府来调节各种比例关系，后来就进步到以计划为主市场为辅。党的十四届三中全会确立了社会主义市场经济改革的方向并在市场经济框架下安排政府与市场的关系，使市场在国家宏观调控下对资源配置起基础性的作用。党的十八届三中全会提出经济体制改革是全面深化改革的重点，核心问题是处理好政府和市场的关系，也就是做到使市场在资源配置当中起决定性的作用和更好地发挥政府的作用。这为中华民族伟大复兴"中国梦"的实现打下了一个非常坚实的基础。

中国的政府作用实际上是与意识形态一体化的国家力量。国家的力量伴随着意识形态的发展与时俱进，伴随着中央决策集体对理论制度创新的思想把握。

2014年，中共中央政治局就《决定》进行第十五次集体学习。[①] 习近平总书记在主持学习时强调，使市场在资源配置中起决定性的作用、更好地发挥政府作用，既是一个重大理论命题，又是一个重大实践命题。科学认识这一命题，准确把握其内涵，对全面深化改革、推动社会主义市场经济健康有序发展具有重大意义。在市场作用和政府作用的问题上，要讲辩证法、两点论，"看不见的手"和"看得见的手"都要用好，努力形成市场作用和政府作用有机统一、相互补充、相互协调、相互促进的格局，推动经济社会持续健康发展。

党的十八届三中全会提出，经济体制改革是全面深化改革的重点，核心问题是处理好政府和市场的关系，使市场在资源配置中起决定性的作用，更好地发挥政府作用。提出使市场在资源配置中起决定性作用，是我们党对中国特色社会主义建设规律认识的一个新

---

① 参见新华网，http://news.xinhuanet.com/politics/2014－05/27/c_1110885467.htm，2014年5月57日。

突破，是马克思主义中国化的一个新的成果，标志着社会主义市场经济发展进入一个新阶段。

使市场在资源配置中起决定性作用和更好发挥政府作用，二者是有机统一的，不是相互否定的，不能把二者割裂、对立起来，既不能用市场在资源配置中的决定性作用取代甚至否定政府作用，也不能用更好地发挥政府作用取代甚至否定市场在资源配置中的决定性作用。

经过20多年的实践，我国社会主义市场经济体制不断发展，但仍然存在不少问题，仍然存在不少束缚市场主体活力、阻碍市场和价值规律充分发挥作用的弊端。这些问题不解决好，完善的社会主义市场经济体制是难以形成的，转变发展方式、调整经济结构也是难以推进的。我们要坚持社会主义市场经济改革方向，从广度和深度推进市场化改革，减少政府对资源的直接配置，减少政府对微观经济活动的直接干预，加快建设统一、开放、竞争、有序的市场体系，建立公平、开放、透明的市场规则，把市场机制能有效调节的经济活动交给市场，把政府不该管的事交给市场，让市场在所有能够发挥作用的领域都充分发挥作用，推动资源配置实现效益最大化和效率最优化，让企业和个人有更多活力和更大空间去发展经济、创造财富。

《决定》说明社会主义市场经济已经建立了比较完善的制度体系和理论框架，同时也为社会主义市场经济的实践创新规划了一幅新的路线图。《决定》重申"改革开放是决定当代中国命运的关键抉择，是党和人民事业大踏步赶上时代的重要法宝。实践发展永无止境，解放思想永无止境，改革开放永无止境"。这是对意识形态理念与经济奇迹创生关系的最好诠释。

第 六 章

文化传统：中国经济奇迹背后的
意识形态要素

中国经济35年来奇迹般地持续高速增长，是当代世界最为重大的经济现象。对中国奇迹的成因，学者们进行了经济学、政治学等富有创意的多维解读，但依然不尽人意。诺思的制度经济学关于意识形态对经济增长的作用，超越了经济学的单一视界，对解释中国奇迹有重大启示，但是，对转型国家的意识形态缺少更合实际的理论把握。传统社会主义国家的意识形态是与国家制度高度一体化的国家意志，同时有着由核心哲学理念构成的意识形态范式。我们前文以大量的篇幅描述了这种意识形态范式与中国奇迹的关系，然而，我们并不否认经济学、社会学视域中的意识形态，即传统价值观、宗教意识、伦理原则、风俗习惯对经济增长的重要价值。相反，我们坚信，中国经济高速增长背后的作为意识形态要素的文化传统是中国经济增长的重要动力。

这种传统意识形态是指特定国家、民族或群体传统的风俗习惯、伦理规则和价值观，又被称为非正式制度，实质是潜在地支配和评价人们行为的内在规则和尺度。对每个经济主体的经济行为和经济决策都存在潜移默化的影响。

20世纪经济学的重大功绩之一，就是对推动经济增长的各个生产要素的发现。经济学家们依次提出了资本积累、劳动力、生产技术、教育与技能培训、自然资源、经济结构变迁、制度七大要素作为经济增长的核心要素,经济史上那些成功的经济增长案例为此提供了经验诠释。

显然,中国的经济增长依然离不开上述要素的推动,而几乎每一要素背后都凝结着作为传统意识形态的文化精神。

一 经济学关于意识形态传统与经济增长关系的理论探索

关于文化与经济发展的关系,在传统的农业社会里,由于传统文化与农业社会的生产方式是基本上相适应的,所以很少有人提及。到了工业社会尤其是近代,由于文化传统不同导致的国家与国家之间、地区与地区之间经济发展差异越来越大,文化这个"非经济因素"才进入经济学家的研究视野中。

早期的经济学家的研究对象是真实的社会与真实的人,因此文化必然在他们的考虑之中,在论述经济发展的条件时,他们更多地关注那些具有"新文化"价值观的人,在他们看来,特定的文化通过影响人的行为造就了经济发展。如 J. S. 穆勒(John Stuart Mill)在《政治经济学原理》中注意到与经济发展有关的制度因素和知识、道德因素。他认为,一国人民的信仰和法律对他们的经济状况起很大作用。各国的经济情况取决于道德的或心理的因素,从而依赖于各种制度和社会关系,依赖于人类的本性。阿尔弗雷德·马歇尔(Alfred Marshall)也注意到文化因素和经济动机决定着人们的行为,他认为英国人的庄重和大无畏精神使他们易于接受宗教改革,从而促进工业发展。

制度经济学也探讨了文化现象对经济影响的可能性。如哈耶克

第六章 文化传统:中国经济奇迹背后的意识形态要素

认为文化传统是自生自发秩序的基础,因为型构秩序的规则大都隐含或来源于文化传统,"人生成于其间的文化传统,乃是由一系列惯例或行为规则之复合体构成的"①。"文化乃是一种由习得的行为规则构成的传统。"② 哈耶克认为经由进化发展而来的传统与惯例对于一个社会的正常运转是非常重要的,这种传统与惯例是自然进化的结果,并不需要理性建构与强制执行。它们可以被灵活地执行,并且由此可以预期人们的行为。哈耶克进一步认为传统与惯例成为交易制度与市场秩序构建的核心,具有尊重和引导交易行为并使之趋于规范化的特征。他认为:"经济学历来研究的就是,一个大大超出我们的视野或设计能力的甄别和选择的变异过程,如何产生出了人类交往的扩展秩序。"③ 在哈耶克看来,市场秩序是自然进化的结果,是经过长期的选择和试错之后进化出来的经济秩序。人类社会在进化的过程中经由传统、教育、模仿积累了各种代代相传的抽象规则。"这种不同寻常的秩序的形成,以及存在着目前这种规模和结构的人类,其主要原因就在于一些逐渐演化出来的人类行为规则,特别是有关私有财产、诚信、契约、交换、贸易、竞争、收获和私生活的规则。它们不是通过本能,而是经由传统、教育和模仿代代相传,其主要内容则是一些规定了个人决定之可调整范围的禁令。"④ 规则自发产生于人类行为的调整过程中,它的进化是一个不断"试错"的筛选过程,人们也许并不真正理解这些规则,但却受益于它们,适应力不断增强。这些规则使人类突破了利他主义和集体主义本能的障碍,形成不断扩展的市场秩序。"这种扩展秩序并

---

① [英]哈耶克:《法律、立法与自由》第1卷,邓正来等译,中国大百科全书出版社 2000年版,第16页。
② [英]哈耶克:《法律、立法与自由》第2卷,邓正来等译,中国大百科全书出版社 2000年版,第500页。
③ [英]哈耶克:《致命的自负》,冯克利等译,中国社会科学出版社2000年版,第10页。
④ 同上书,第8页。

不是人类的设计或意图造成的结果，而是一个自发的产物：它是无意之间遵守某些传统的、主要是道德方面的做法中产生的，其中许多这种做法人们并不喜欢，他们通常不理解它的含义，也不能证明它的正确，但是恰好遵循了这些做法的群体中的一个进化选择过程——人口和财富的相对增加——它们相当迅速地传播开来。"[1] 只要人们可以根据已知的和他们所关心的，并可预见的结果去行动就可以了，而不必在乎人的行动是否由利己的动机所作用。他认为，制度是进化的结果，是各个小群体、个人的规则被更多的人接受而上升为社会规则的。在哈耶克看来，现代经济增长与文化变迁是分不开的，这种文化变迁是通过道德信念的传播而得以实现的。

道格拉斯·C. 诺思（Douglass C. North）反复谈到文化对体制形成的影响，一个社会体制的演变受到一些"非正式规则的限制"，它们来自社会传播的信息，而这种信息是我们所说的文化的一部分。"制度变迁是一个复杂的过程，这乃是由于制度在边际上可能是一系列规则、非正式约束、实施的形式及有效性变迁的结果。此外，制度变迁一般是渐进的，而非不连续的。至于制度变迁是如何渐进性变迁的，为什么会是这样，甚至非连续性的变迁（如革命或武装征服）也绝不是完全不连续的，这些都是由于社会中非正式约束嵌入的结果。尽管正式约束可能由于政治或司法决定而在一夕之间发生变化，但嵌入在习俗、传统和行为准则中的非正式约束可能是刻意的政策所难以改变的。这些文化约束不仅将过去与现在和未来连接起来，而且是我们解释历史变迁路径的关键之所在。"[2] 当一种社会制度演进到一定的阶段，总是受其既存的文化、传统、信仰体系等因素的制约。习俗、传统和文化深刻影响着人的行为，人的

---

[1] ［英］哈耶克：《致命的自负》，冯克利等译，中国社会科学出版社2000年版，第1页。
[2] ［美］道格拉斯·C. 诺思：《制度、制度变迁与经济绩效》，杭行译，格致出版社、上海三联书店、上海人民出版社2008年版，第7页。

第六章 文化传统：中国经济奇迹背后的意识形态要素

行为制约着历史变迁。诺思用文化因素来解释经济增长，他认为制度和意识形态共同决定了经济绩效。在早期名作《西方世界的兴起》一书中，诺思强调将个人的经济努力变成"私人收益率接近社会收益率的活动"①。西欧经济的发展是由于有效率的经济组织的存在，有效率的组织需要在制度上做出安排和确立产权，由此才能形成一种激励，引发人们在经济活动中追求自身利益的最大化，从而促进经济的增长和社会制度的变迁。后来的著作则同时强调，仅有国家通过权威安排的产权制度还不能保证制度的有效性，人们的信仰和价值观决定的文化观念和意识形态对制度也产生了重要的影响。当人们从自身的利益出发，并且拥有足够的力量改变正式规则，才会有正式制度框架的变化。②

发展经济学也有少数几个人从不同侧面对文化与经济发展的关系问题进行了探讨，他们包括约瑟夫·熊彼特（Joseph Alois Schumpeter）、威廉·阿瑟·刘易斯（William Arthur Lewis）和冈纳·缪尔达尔（Karl Gunnar Myrdal）等发展经济学家。

熊彼特认为经济法则发展的根本现象是"创新"，而"创新"是一个"内在的因素"，经济发展就是"来自内部自身创造性的关于经济生活的一种变动"③。创新的主体是企业家，企业家是推动经济增长的"灵魂"，是"创新"和"经济发展"的主要组织者和推动者。他们之所以能推动经济发展，关键在于其具备的"企业家精神"。"企业家精神"后来被众多的经济学以及社会学学者们探讨、论述。如彼得·德鲁克继承并发扬了熊彼特的观点，提出企业家精

---

① ［美］道格拉斯·诺思、罗伯斯·托马斯：《西方世界的兴起》，厉以平、蔡磊译，华夏出版社2009年版，第4页。
② ［美］道格拉斯·C.诺思：《经济史中的结构与变迁》，陈郁、罗华平译，上海三联书店、上海人民出版社1994年版。
③ ［美］约瑟夫·熊彼特：《经济发展理论——对于利润、资本、信贷、利息和经济周期的考察》，何畏、易家祥等译，商务印书馆1990年版，第74页。

神中最主要的是创新，进而把企业家的领导能力与管理等同起来。[①]还有学者认为，企业家精神包括冒险精神、擅长合作、敬业精神、诚信执着、善于学习等。这些根植于企业家自身社会文化传统的精神恰好符合现代市场经济的竞争需要，而且通过其影响产生了一批追随者和模仿者，从而带动经济从低水平的均衡陷阱中摆脱出来，从传统的自然经济走向现代的工业经济。

刘易斯认为人均产出的增长一方面取决于可利用的自然资源，另一方面在于人的行为。他在《经济增长理论》一书中主要关注的是人的行为，从个人的行为选择出发，研究国家财富增长的历史因素、制度原因、社会价值取向。借助于历史研究的方法，刘易斯肯定了"节约的意愿""工作态度""冒险精神"在经济增长中的重要作用。他认识到，经济增长依赖于人们对工作、财富、节俭、生育子女、创造性、陌生人和冒险等的态度，而不同的态度往往与宗教信仰的不同有关。他认为，知识增长、技术进步的速率有一部分取决于人们对新观念的接受能力，亦即文化对待创新的态度。在人们习惯于听取各种各样意见，或者能够实事求是地看待事物的地区，接受新观念是非常迅速的。反之，如果一个地区与世隔绝、傲慢自大或实行独裁，它在遇到新观念时就不大可能迅速吸收它。此外，如果新知识与本地流行的禁忌或信仰直接冲突，那么开展技术创新工作也会遇到困难。

缪尔达尔则将刘易斯的"意愿"和"态度"变成了"价值观"。他分析了南亚国家的经济发展，提出正是因为来源于宗教的传统价值观与"现代化理想"的冲突，导致了当地人丧失了许多机会，而当地人却没人计算过这种高昂的代价。

强调文化对经济发展存在促进作用的学者还包括阿马蒂亚·森

---

① 参见［美］德鲁克《创新与企业家精神》，机械工业出版社2007年版。

第六章　文化传统：中国经济奇迹背后的意识形态要素　/　285

（Amartya Sen）。他认为，资本主义经济的高效率运行依赖于强有力的价值观和规范系统。一个交换经济的成功运行依赖于相互信任以及公开的或隐含的规范的使用，即使对机构和制度而言，其运行也是以共同的行为模式、相互信任以及对对方道德标准的信心为基础的。

最早全面系统地考察文化与现代社会兴起关系的是德国著名社会学家马克斯·韦伯，他的《新教伦理与资本主义精神》被里亚·格林菲尔德（Liah Greenfeld）称为"迄今为止无与伦比的尝试，聚焦于'真正的因素'，捕捉到现代经济'多维复杂性'中最不易捉摸的层面。……是对形形色色的鼓吹决定论和线性发展论的理论的挑战"[①]。在此书中，韦伯认为西方通过宗教改革而形成的新教文化孕育了一种"资本主义精神"，即合理地、系统地追求利润的态度，以及勤勉、节俭的生活态度，而这种精神对于近代资本主义的产生和发展起到了巨大的推动作用。理性资本主义的产生，从根源上来说取决于个人与某种群体的理性行为，而理性的行为则受到某种理性文化的影响，某种理性文化的发展又受到宗教和各种神秘力量的制约。他从路德的"上帝赋予人的职责"即"天职"和清教的禁欲主义两方面的论述，得出新教徒表现出的指向经济理性主义的特定倾向，"直接影响资本主义生活方式的发展"[②]。韦伯认为，资本主义精神必须从资本主义萌芽和发展时期的一种独特的文化现象——新教伦理中去寻找。他发现，体现在劳动者与企业家身上的这种"资本主义精神"，强烈地渗透着一种有着宗教背景的"天职"观念。根据韦伯的考察，这种"天职"的观念和新教改革中的加尔文教的教义有着密切的关系。韦伯将西方打破传统主义障碍

[①] ［美］里亚·格林菲尔德：《资本主义精神民族主义与经济增长》，张京生、刘新义译，上海人民出版社2009年版，第12页。

[②] ［德］马克斯·韦伯：《新教伦理与资本主义精神》，苏国勋、覃方明、赵立玮、秦明瑞中译，社会科学文献出版社2010年版，第107页。

的精神动力归于加尔文教的"天职观"。"上帝不是为了人而存在；相反，人的存在是为了服务于上帝的意志。发生的一切，包括只有一小部分人蒙召并获救的事实（这是加尔文从未怀疑的观念），只有在服务于单一目标时才有意义：荣耀上帝的威严。用尘世'公正'的标准来衡量上帝的至尊是毫无意义的，也是对上帝的亵渎。上帝，且只有上帝，是自由而无须遵从任何法律的，他可以使他的旨意为我们所理解，为我们所知。他这么做只是因为他发现这么做好。"[①] 天职观念是对上帝的责任，是一种绝对的自身目的。一方面，信徒为了使自己成为少数获得救赎成员中的一员，要"'紧紧把握'他或她自己的天职——便被理解为一种在生活的日常奋斗过程中获得预定得救和称义的主观确定性"。另一方面，"在职业的天职中无休止地工作被推荐为是获得关于个人属于选民之列的自信的最佳可能手段。工作，而且只有工作才能消除宗教疑虑，并赋予个人以置身于获救之列的确信"[②]。"这些人还会更经常地提供简单而又更正确的答案：连同那稳定的工作，事业'对于生活是必不可少的'。这一答案确实是唯一实际的动机，并且从个人幸福的观点来看，它立刻明显表现出这种组织生活的方式的非理性：人是为了他的事业而活，而不是相反。"[③] 职业是上帝向人颁布的命令，要他为神圣的荣耀而劳动。于是，因为人们自身心理的转变带来了一种全力以赴的工作态度。

如果上帝赐予某个选民获利的机缘，他必定抱有某种目的，虔诚的基督徒理应服从上帝的召唤，尽可能地利用这天赐良机。于是，财富意味着人履行职业责任，财富不仅在道德上是正当的，而且是应该的、必需的。结果，他们便克制肉体欲望，用于投资，产

---

① ［德］马克斯·韦伯：《新教伦理与资本主义精神》，苏国勋、覃方明、赵立玮、秦明瑞中译，社会科学文献出版社2010年版，第64页。
② 同上书，第70页。
③ 同上书，第41页。

生了一种新的经济秩序。"正如我们已经看到的,禁欲主义竭尽全力主要反对的是自发地享受人生和人生所能提供的一切快乐。禁欲主义的这一方面最典型地表现在就《关于体育运动的布告》[1673] 而展开的斗争中,詹姆士一世和查理一世把这一布告抬高到法律的水平以便专门对付清教。查理一世还下令在所有布道坛上宣读这一法律。国王的法令,即在礼拜日,在教堂的圣事之后允许合法地进行某些流行的娱乐,引起了清教徒的狂热反对。……这一反对的更重要的起因在于,这一法令意味着完全预谋去扰乱清教圣徒所实践的有条理、有组织的生活。"①"禁欲主义……对生活的有条理的理性的组织意味着一种'永远在追求善却又永远在创造恶'的力量,这里,恶在禁欲主义看来是指财富及其诱惑。因为禁欲主义将为追求财富而追求财富定义为最应受到谴责的行为。与此同时,禁欲主义也认为,如果财富是从事一项职业天职的工作的成果,那么财富的获得又是受到上帝祝福的。对于本研究来说甚至更为重要的是:在一项职业天职中要不懈地、持之以恒地、有条不紊地工作,这样一种宗教价值被定义为信徒证明他们选民资格的所有禁欲方法中绝对最重要的方法,同时也是最确定与最可见的方法。确实,清教徒对信仰的虔诚必定对我们在此称为资本主义精神的生活观的扩张发挥过可以想象的最有力的杠杆作用。"② 韦伯认为,近代资本主义扩张的动力首先是一种突破传统主义的精神动力的来源问题,它表现在企业家身上就是有着一种强烈的、尽可能多赚钱或者获利的动机。然而,在资本主义精神看来,赚钱并不是用来消费和享乐,而是人生的最终目的。赚钱既然是目的,那么,那些用来获利的、有效率的、理性的手段当然也是必不可少的了。于是,合

---

① [德] 马克斯·韦伯:《新教伦理与资本主义精神》,苏国勋、覃方明、赵立玮、秦明瑞中译,社会科学文献出版社2010年版,第108页。

② 同上书,第111页。

乎理性地组织劳动、精打细算、有计划、讲究信用、勤奋、节俭等精神品质便应运而生。

清教的职业观念"哺育了近代经济人",一种特殊的经济伦理形成了,并培养了一批为信仰而劳动、勤勉的人。因此,韦伯认为,现代资本主义精神以及全部现代化的一个根本要素是以天职为基础的,观念的有无是社会的主要决定因素。

继韦伯之后,文化决定论的观点不断升温,戴维·兰德斯(David S. Landes)(1998年)在《国富国穷》一书中评价道:"问题的核心实际上在于造就一种新人——理性的、有条理的、勤奋的、讲求实效的人,这些品德在以前不是没有过,但恐怕并不常见,新教使这些品德在它的信徒中间普遍化,新教徒彼此之间以它们作为衡量的标准。因此,宗教鼓励了曾经是少有的、冒险的这类人的大量出现;这类人创造了我们称之为(工业)资本主义的新经济(一种新的生产方式)。"①

美国学者里亚·格林菲尔德进一步将韦伯的文化视角进行了转换,她驳斥了传统的经济理论,如罗斯托有关经济发展的三个条件中,生产性投资比率的上升和重要生产部门较高的生产率只能是经济起飞状况已经发生时的描述,这同制度经济学认为的资本、技术、劳动量"本身就是增长"的观点完全相同。只有第三个要素"存在或迅速出现一个政治、社会和机构性框架从而利用现代部门内的扩张动力"才是经济起飞的条件。这为她提供了解释经济增长的另一种文化视角或意识形态视角,即在个体层面上属于自然属性的合理私利转化为社会层面上的共同福祉和最高利益的背后,存在着一个新的世俗集体意识形态:民族主义。她认为民族主义这种集体意识形态才是"资本主义精神"的来源,也是现代经济出现的决

---

① [美]戴维·兰德斯:《国富国穷》,新华出版社1998年版,第238—239页。

定性因素。而宗教并不是人们尽职工作、追求财富的有效道德标准，其有效性取决于对民族利益的贡献和与民族利益的对应性。基于共同的民族身份和民族意识所产生的共同价值观和信念，使追求经济发展成为增强国际竞争力和促进国家繁荣的有效手段，从而积极地促进了经济发展。

自20世纪80年代改革开放以来，对中国传统文化与中国经济发展的关系的研究已经成为理论界的一个主要领域。一种观点认为传统文化与现代化是相冲突的，另一观点认为传统文化中的积极因素正发挥着积极的社会功效。共识是要丢弃传统文化中的消极因素，发扬传统文化中的精华，使中国传统文化在现代化中获得新生。如杨庭硕认为，中华民族文化是一个大集合，是多元一体化格局，其中以儒家文化为中华民族文化之主流。而孔子所讲的"克己复礼"是把握传统文化的要害，"克己"即内省。传统文化有合理的部分，也有不合理的部分。弘扬民族文化，对传统文化进行更新创造的同时，还要注意对传统文化进行梳理和评估，即通过"内省"弄清楚什么是精髓，什么是糟粕，从中找出不足，进行扬弃以适应现代化。[①] 在讲到中国儒家文化与东亚经济起飞的关系时，张新民在《传统文化与现代化之我见》一文中，把东亚地区经济起飞归结为"硬能"（即管理方法、政治制度、法律形式等）和"软能"（即工作态度、情感投入、合作精神等）共同作用的结果，而其中的"软能"，也就是文化的力量，其作用又是巨大的。由农业文明和儒家文化衍生出来的、以群体本位的价值取向、义利兼顾的行为准则、克勤克俭的生活信条为其核心内容的东亚价值观，在多元文化异彩纷呈的当今时代，正以其固有的特质发挥着极其重要的

---

① 转引自曹立村《传统文化与经济发展关系的文献综述》，《湖南科技学院学报》2006年第6期。

社会功效。① 张培刚教授主编的《新发展经济学》指出，经济水平的低下限制了社会文化的发展，而文化意识上的安贫乐命和不思进取反过来又强化了传统社会经济的落后状态。于是陷入了刘易斯所说的"贫困文化"恶性循环之中并通过代际关系的影响而世世代代传递下来。这种现世力与约束力颇强的非宗教传统观念，在社会组织和人们心态上形成了源远流长的超稳定结构，并严重阻碍着现代经济的兴起与发展。② 对于中国文化的发展前景，林毅夫在《经济发展与中国文化》一文中指出，展望21世纪中国文化的发展前景，让生产力尽快发展应该是我们的第一个优先选择，随着生产力的发展，经济基础的变化，中国人的价值取向、行为准则也会改变。在变迁中，我们会扬弃一些过去的东西，建立一些新的、但绝不是简单地照搬西方的准则。所以，只要让我们的经济发展，在中国传统文化的基础上，我们也有办法让中国文化从器物、组织、价值观等方面在一个新的、更高的层次上得到统一。③

二 中国奇迹背后的秘密之一：意识形态传统与资本积累

古典经济学和发展经济学在解释经济增长时，一致认为资本是推动经济增长的关键要素。从亚当·斯密（Adam Oliver Smith）到大卫·李嘉图（Darid Ricardo）再到马克思都非常重视资本积累在经济增长中的关键作用，马克思主义政治经济学深刻指出，以资本为人格标志的"资产阶级在它的不到一百年的阶级统治中所创造的

---

① 转引自曹立村《传统文化与经济发展关系的文献综述》，《湖南科技学院学报》2006年第6期。
② 参见张培刚《新发展经济学》，河南人民出版社2001年版，第71页。
③ 林毅夫：《经济发展与中国文化》，《战略与管理》2003年第1期。

第六章 文化传统:中国经济奇迹背后的意识形态要素 / 291

生产力,比过去一切世代创造的全部生产力还要多,还要大"①。

20世纪40年代,英国经济学家哈罗德(R. Harrod),将约翰·梅纳德·凯恩斯(John Maynard Keynes)的"静态均衡"分析模型动态化,建立了第一个动态经济增长模型,几乎是同一时期,美国经济学家埃弗塞·多马(Evsey Darid Domar)在他的两篇有关资本扩张与就业的文章中,也独立地提出了同一个类型的增长模型。因此,人们将二者合称为——"哈罗德—多马"模型,标志着现代经济增长模式的创生。该模型根据凯恩斯收入决定论的"静态均衡"条件,即储蓄等于投资推导出来的。这一模型假定,一个社会只生产一种产品,而资本—产出比保持不变;储蓄率、人口增长率保持不变,储蓄能够有效地转化为投资;社会生产过程中只使用劳动力和资本两种生产要素,且两种要素之间不能互相替代;不存在技术进步和资本折旧。在上述假设的条件下,该模型将经济增长抽象为三个宏观经济变量之间的函数关系,其基本形式为 $G = s/v$。式中,G 为经济增长率;v 为资本–产出比;s 为储蓄率。其基本含义是:国民收入增加是投资增量的函数,无投资则无增长;投资既可以创造收入,也可以增加生产能力;在资本产出率不变即生产的技术水平一定的情况下,要实现经济稳定增长,社会全部储蓄必须转化为投资;要实现充分就业的经济增长,必须进行足够的投资。要言之,经济增长率唯一地与储蓄率成正比,资本积累是经济增长的唯一源泉,"发展中国家的收入水平低,资本稀缺,因此要加速经济增长,就必须提高储蓄率或投资率,即加快资本形成"②。

1953年,美国经济学家 R. 纳克斯(R. Nurkse)出版了《不发达国家的资本形成》,提出了"贫困恶性循环"理论。该理论认为,资本匮乏是阻碍发展中国家发展的关键因素。"贫困恶性循环

---

① 《马克思恩格斯选集》第1卷,人民出版社1995年版,第277页。
② 张培刚、张建华主编:《发展经济学》,北京大学出版社2009年版,第35页。

理论"包括供给和需求两个方面。在供给方面，一国由于经济不发达，人均收入低，低收入意味着人们要把大部分收入用于消费，很少用于储蓄，从而导致了储蓄水平低，储蓄能力低，低储蓄能力会造成资本形成不足，资本形成不足又会导致生产规模难以扩大，劳动生产率难以提高，低生产率造成低产出，低产出又造成低收入，形成了一个"低收入——低资本形成——低收入"的恶性循环。在需求方面，发展中国家的人均收入水平低下意味着低购买力和低消费能力，低购买力导致投资引诱不足，投资引诱不足又会造成资本形成不足，低资本形成使生产规模难以扩大，生产率低下，低生产率带来低产出和低收入，这样，也形成了一个"低收入——低资本形成——低收入"的恶性循环。他认为大幅度地提高储蓄率，大规模增加储蓄和投资，加速资本形成，是打破"贫困恶性循环"的关键。[1]

1954年，刘易斯提出，经济发展的中心问题是资本形成率的提高，是一个社会原先储蓄和投资不到国民收入的4%—5%转变为自愿的储蓄达到收入12%—15%的过程。

纳尔逊的"低水平陷阱"理论指出，发展中国家人口的过快增长是阻碍人均收入迅速提高的"陷阱"，必须大规模投资，使投资和产出超过人口增长，实现人均收入的大幅度提高和经济增长。低水平均衡陷阱是由低下的人均收入造成的。若要冲出这个陷阱，人均收入就必须大幅度地、迅速地增加，使得新的投资所带来的国民收入增长持续地快于人口的增长。这一理论将大规模资本投资作为冲出低水平陷阱的不二选择。

罗森斯坦·罗丹的（Rosenstein-Rodan）"大推进论"说明大规模的资本形成对发展中国家实现工业化的重要作用。罗斯托

---

[1] 张培刚、张建华主编：《发展经济学》，北京大学出版社2009年版，第180页。

（Walt Rostow）提出的"经济增长阶段"论将一个国家的经济发展过程分为6个阶段，依次是传统社会阶段、准备起飞阶段、起飞阶段、走向成熟阶段、大众消费阶段和超越大众消费阶段。其明确指出，第3阶段起飞阶段是现代经济增长最重要的阶段，把资本积累率占国民收入10%以上作为落后国家和地区经济起飞的首要条件，而制约发展中国家发展的主要问题是缺乏投资和资本。

尽管他们的理论具有过于强调资本积累作用的缺陷而受到人们的批判，但是，资本积累和投资在经济增长中的作用不可或缺，却是所有经济学家解释经济增长时的真理性共识。无论是缪尔达尔的"循环积累因果关系"理论，还是莱宾斯坦的"临界最小努力"理论、刘易斯的"二元结构"理论，都非常重视资本积累和投资作为实现现代经济增长的先决条件。

如果说，无资本积累、无投资则无增长，成为20世纪经济学家公认的真理，那么，中国经济的增长奇迹为此提供了经验证明。

对于大多数发展中国家而言，维持经济发展需要的储蓄水平，更重要的是同时有效地将储蓄转化为实际投资。促进一国的资本形成，是其经济得以持续增长的关键因素。黄红珠在分析拉美与东亚储蓄率差异的原因时指出，拉美和东亚经济发展中最显著的差异就是拉美的资本积累率低且增长缓慢，东亚的资本积累率比较高，这种差异是造成两地区经济发展业绩不同的重要原因。1975—1995年，东亚的私人储蓄率从15%上升到25%；与此同时，人均国内生产总值（GDP）也增长了2倍。① 毫无疑问，要经济增长必须鼓励投资，提高投资效率。投资是一国经济发展的第一推动力，没有投资的推动，一个国家、一个地区和一个企业很难从根本上提高经济景气程度。从这个意义上讲，人们完全有理由把投资看作是"发

---

① 黄红珠：《拉美与东亚储蓄率差异的原因探析》，《拉丁美洲研究》1999年第5期。

号施令"的因素，它在很大程度上决定着生产和国民收入的发展速度。从长期来看，投资是生产要素的增加，而经济增长、生产发展则是规模扩大的再生产，较长时期的持续扩大再生产必须增加固定资产，增加劳动手段，提高技术水平，这就需要增加投资。换言之，增加投资，增加机器设备，提高生产、技术设备水平就必定会扩大再生产，从而促进经济的发展。从短期来看，投资是购买、是需求，而经济增长是销售、是供给。减少购买、减少需求，就是压缩生产销售、抑制供给，即压抑经济增长；适当地增加购买、扩大需求，就可以刺激生产、增加供给，促进经济增长。数据显示，1979—2005 年，中国的投资贡献率、投资拉动 GDP 增长百分点总体呈上升趋势，投资贡献率由 1979 年的 15.4% 上升到 2005 年的 38.1%；投资拉动 GDP 增长百分点由 1979 年的 1.48% 上升到 2005 年的 4.61%。2008 年，中国经济受全球金融风暴影响，国内生产总值增长率由 2007 年的 13% 下降到 9%，下降了 4 个百分点，为此国务院决定实施 4 万亿元的经济刺激计划来扩大内需，确保我国 2009 年经济 8% 的增长目标。2010 年，为保证我国各地经济平稳增长，各地方政府召开会议，加大固定资产投入，确立以投资加快经济快速发展的战略目标。

由此可见，在拉动中国经济增长的三驾马车中，投资拉动始终高于出口拉动和消费拉动。在中国，似乎没有遇到其他发展中国家那样的"资本稀缺"瓶颈。在罗斯托看来，"众多的人口"是所有发展中国家经济起飞的障碍；在中国，巨量的投资却使之转化成了推动经济持续增长的人口红利。尤其是在 20 世纪 90 年代中期，中国的国营企业总体效率低下，全民所有制经济总量上处于亏损状态。面临接踵而至的通货膨胀和紧缩危机，政府依然可以靠巨量的投资拉动经济的持续增长。不仅战胜了亚洲金融危机，而且使中国经济成功步入下一轮低通胀、高增长的黄金发展期。

那么,作为一个相对贫困的发展中大国,如此巨量的投资从何而来呢?仅仅靠吸引外资是不够的,巨量引进外资往往会造成多数发展中国家所经历的无法自拔的"债务危机"。中国在改革开放以前,由于国民经济实行高度集中的计划体制,公有制经济占整个经济的90%以上,资本积累主要源于公有制经济内部。具体而言,在城市主要来自国有企业和集体企业所上缴的利税;在乡村主要来自对农村集体的农产品收购的"剪刀差"。这一时期的居民储蓄大约只占投资额的15%—20%。改革开放以后,上述情况有了很大改观。就产业结构看,20世纪80年代以加工工业和轻工业为投资重点,改变了重工业过重、轻工业过轻的格局;90年代,国家投资逐步从竞争性行业退出,集中于基础行业,如能源、交通、邮电通讯等方面,产业结构得以初步改善。

就资本来源看,除了大量引进外资,国内资本主要来源于居民储蓄。正是由于产业结构的调整,产出的实际增长速度的提高、分配格局的变化解决了储蓄向投资转化的机制和投资的效率问题,从而使资本积累规模不断扩大。20世纪80年代居民储蓄占总投资的比重由改革前的不足20%增加到35%左右;"八五"期间居民储蓄又提高到40%左右。到20世纪90年代中期,居民投资[含直接投资和间接投资(储蓄)]占全社会资本来源的比重达到70.37%。[①] 从上可见,中国巨额的投资率,主要来源于国民的巨额储蓄。储蓄是一国在一定时期内国民收入中扣除消费后的剩余,是放弃现期消费的结果。它是资本形成的物资资源和基础,只有消费后有剩余才能投资,才能转变为机器、厂房、设备、原材料等物资资本。因此,资本形成的方式亦即储蓄是转化

[①] 参见周振华《我国现阶段经济增长方式转变的战略定位》,《经济研究》1996年第10期。

为投资的机制或渠道。

劳动力数据显示，东亚储蓄率全球最高，中国的国内储蓄率又在东亚居首。东亚地区的国内储蓄率在20世纪60年代初普遍较低。自70年代中期起，东亚的国内储蓄率大幅度提高，到1980年达到33%。80年代更是东亚国内储蓄率快速增长的时期。1997年东亚各国平均国内储蓄率达36%。[1] 美国等一些发达国家的储蓄率偏低，而低收入的拉美国家储蓄率一般在20%左右徘徊。据1979—2005年中国投资与消费对照表显示，我国的投资率由"六五"期间的33.9%逐步上升到2005年的42.6%。而最终消费率却由66.4%下降到51.9%。另据1998—2005年中国与世界部分国家投资率和消费率对照表显示，我国的投资率一直大大高于世界平均水平，也明显高于各主要发达国家和其他发展中国家，而最终消费率却不仅大大低于欧美发达国家，低于世界平均水平，而且还低于广大发展中国家。自改革开放以来，中国居民储蓄存款余额持续增长，储蓄率近40%，令各个发展中国家的政府首脑艳羡不已。"全国居民人民币储蓄存款余额从1978年的210.6亿元已经增长到2010年的303093.01亿元。其中，1992年一举突破万亿大关，达到11759.4亿元，之后便一路飙升，2000年突破5万亿"[2]，2003年突破10万亿，2005年一举达到141051亿元，2006年由于股票市场的赚钱效应，居民储蓄增速有所放缓，但仍达到161587亿元。在短短30年的时间里，年末余额增长了将近1000倍。那么我国居民储蓄何以巨量增长呢？

约翰·梅纳德·凯恩斯（John Maynard Keynes）之前的古典经济学家大多认为储蓄与投资一样取决于利息率。而凯恩斯也认为，只有在家庭绝对收入提高的情况下，储蓄率才可能相应地有所增

---

[1] 参见世界银行《1998—1999年世界发展报告》，第214—215页。
[2] 尚文程：《中国居民储蓄行为研究》，《财经界》2011年第5期。

长。于是提出绝对收入水平决定储蓄率的论点。但之后的经济学家发现这种观点并不适合所有的国家或一国的所有时期，如1869—1928年的美国和1951—1964年的拉美国家。之后的杜森贝瑞（James Duesenberry）认为：储蓄取决于现期收入以及现期收入与以前所达到的高峰收入之比；长期因素对储蓄率的影响不大，储蓄率仅取决于经济周期中的短期因素。相反，美国经济学家弗兰科·莫迪利安尼（Franco Modigliani）与米尔顿·弗里德曼（Milton Fiedman）分别提出生命周期假说和持久收入假说，认为消费和储蓄不取决于短期收入，而取决于长期收入，消费者会根据效用最大化原则来安排和使用一生的收入。他们提出了相对收入是储蓄的决定因素。共同点是收入分配会对储蓄产生重大影响。居民个人储蓄率主要是由家庭收入相对水平决定的，而个人的消费行为又受两个因素影响：一是个人消费习惯，即人们有保持一定消费习惯的趋势；二是其他阶层消费习惯，即人们有模仿高收入阶层消费模式的趋势，也就是所谓的"示范效应"。

一般说来，居民储蓄是总储蓄的主要来源。决定居民储蓄水平的有两大基本因素。一是居民可支配收入的总水平。居民可支配收入越多，居民储蓄也越多。二是储蓄倾向，即平均每单位居民可支配收入中用于储蓄的比例。在收入一定的情况下，储蓄倾向越高，储蓄额也就越多。中国居民的可支配收入总水平居世界后列，但居民的储蓄倾向却位于世界之首。不仅绝对高于非洲和南美等发展中国家，而且绝对高于美国和欧盟等发达国家。我们看一下美国的数据，在金融浪潮的不断席卷下，从20世纪90年代末开始，美国个人储蓄率开始了长期阴跌过程。2001年10月，美国个人储蓄率首次出现0.2%的负值，此后数年基本稳定在2%—3%。2005年1月至2008年8月，美国个人储蓄率大多维持在1%以下，其中2005年8月再次出现了2.7%的负值。尽管联邦基金实际利率高达

4%—5%，这一时期却成了美国历史上储蓄水平最低的时代。① 到了这次金融危机时期，美国的储蓄率才有了明显提高，在 2009 年 5 月，达到了 6.9%，但这主要取决于对失业率上升和房价持续下跌的担忧引发的消费负增长，以及政府转移支付大幅度增加。从长期来看，美国储蓄率偏低的事实难以逆转。

  由此可见，储蓄倾向是决定中国居民储蓄率高的主要因素，而储蓄倾向又取决于人的内在精神。这种精神不是"经济人"理性，不是社会主义"公有""共享"观念和"无产阶级意识"，而是中国的传统意识形态，即传统的价值观念、生活态度和行为习惯。赫尔曼·卡恩（Herman Kahn）在其《世界经济发展：1979 年以后》一书中说："首先，可能也是最重要的是，儒教社会始终如一地提倡个人和家庭的自制（sobriety），注重教育，追求各个领域中的成就（尤其在学术和文化方面），认真对待工作任务、家庭和责任。由儒教文化正规培养出来的人，工作勤奋，负责任，有技术，有理想，乐于帮助集体……"② 大多数学者都认为，儒家文化的特点之一是勤俭节约。在这种强调节俭、克制、负责任的文化氛围中，只要条件成熟，这些因素自然会引导人们更多地储蓄。

  早在"轴心时代"的中国先贤大哲就大力倡导"强本节用"的政治观念、勤俭持家的理财观念、宁俭勿奢的道德观念，无不反对奢侈、淫逸、纵欲、浪费的生活态度。先秦百家从不同的立场和角度，针对当时社会大变革、大动荡的时代背景，提出各自的社会改革方案，他们有关尚勤戒惰，崇简黜奢的思想，为中华民族勤俭精神的形成提供了营养之源。

  从殷周时代开始，人们开始认识到勤俭不仅关系个人和家

---

① 刘涛：《美国个人储蓄率偏低长期难逆转》，《第一财经日报》2009 年 7 月 8 日。
② Herman Kahn, *World Economic Developmeat: After 1979*, Westview Press, 1979, pp. 121 – 123.

庭的安危，而且关系国家的兴衰。商初大臣伊尹曾对刚即位的太甲提出建议："慎乃俭德，惟怀永图。"(《尚书·太甲上》)要他注意节俭，认为只有俭约节用，才能长久维持王业。到了西周，周公在总结"小邦周"灭商的经验教训时，特别提到周文王的"勤"，他说："尔惟旧人。尔丕克远省，尔知宁王若勤哉？……予不敢不极率宁王事。"(《尚书·大诰》)他担心周成王执政后重蹈商纣奢靡败国的覆辙，告诫周成王要勤政事、杜骄奢，绝淫逸。

儒家开山始祖孔子，在重视等级消费的同时，大力提倡节俭、节用，尚俭知足，强调对消费行为进行道德约束，追求非感性的精神快乐和幸福。孔子不仅把俭与温、良、恭、让一同列为做人的基本道德准则，更将其作为一种生活方式，践行于日常生活之中。他认为，"饭疏食饮水，曲肱而枕之，乐亦在其中矣。不义而富且贵，于我如浮云"(《论语·述而》)。"礼，与其奢也，宁俭"(《论语·八佾》)，《左传》所记"俭，德之共也；侈，恶之大也。"(《左传·庄公二十四年》)，都体现了孔子提倡节俭，厌弃骄奢，重视德行的观点。荀子提出了强本节用、开源节流和"省工贾、重农夫"的观点，认为"故田野县鄙者，财之本也；垣窌仓廪者，财之末也；百姓时和、事业得叙者，货之源也；等赋府库者，货之流也。故明主必谨养其和，节其流，开其源，而时斟酌焉"(《荀子·富国》)。荀子的节用论把节用同生产和发展联系起来，在整个先秦时期是独一无二的。

墨子重德力主兼爱、非攻，节用、节葬、非乐是其核心思想之一。他主张"其生财密，其用之节"(《荀子·七患》)，反对君主、贵族的奢侈浪费，尤其反对无益于社会的久丧—厚葬之俗；认为君主、贵族都应像古代三代圣王一样，过清廉俭朴的生活。"凡足以奉给民用，则止；诸加费不加于民利者，圣王弗为。"(《墨子·节用中》）墨子的节用与崇俭不仅是一个原则，而且有具体的内容和标准，对衣、食、住、行都做了明确的规定。墨家弟子也都身体力行，无不生活菲薄，以自苦为极。

道家倡导顺应自然、返璞归真、知足常乐的无为消费观。老子主张"见素抱朴"，"圣人去甚、去大、去奢"（《老子》二十九章）。"罪莫大于可欲，祸莫大于不知足，咎莫于欲得。故知足之足，恒足矣"（《老子》四十六章）。他把俭看作"三宝"之一。他说："我有三宝，持而保之：一曰慈，二曰俭，三曰不敢为天下先。"（《老子》六十七章）他认为"俭"与"啬"一样，都是治人事天，治国治身通用的一条大原则，是国家的深根固柢之基，个人的长生久视之道。因而，在消费上他主张去奢从俭、清心寡欲、俭朴自持的生活态度。法家学派代表管仲认为，"审度量，节衣服，俭财用，禁侈泰，为国之急也"（《管子·八观》）。韩非子坚决反对"商、工之民，修治苦窳之器，聚弗靡之财，蓄积待时，而侔农民之利"（《韩非子·五蠹》）。同时主张高扬"静则少费，少费之谓啬"（《韩非子·解老》）的圣人之道术，历行治民务本"内禁淫奢"，"贱玩好而去淫丽"的治国原则。

中国先哲的思想在数千年的文化积淀中，形成了根深蒂固的民族精神品格、勤俭节约的消费习惯和储蓄传统。中国居民消费支出基本形成一种习惯即知足长乐，把勤俭节约作为一种美德。这种习惯意识，长期支配着人们日常生活行为。崇尚节俭、反对侈奢的消费观念贯穿整个中华民族精神的历史。自1996年起，中国人民银行连续8次下调存贷款利率，并出台了开征20%利息税等一系列鼓励消费的措施，但是并没有取得预期的效果。2000年，当中国政府再一次采取货币政策扩大内需时，存款利率连续下调7次，却引起了7次存款高峰。显然传统意识形态因素是最重要的原因。尽管高储蓄倾向影响了货币政策的效果，却为政府采取积极的财政政策奠定了资金基础。尽管随着改革开放和加入世贸组织，受各种因素的影响，中国的居民货币收入增长较快，消费观念也发生了很大变化，消费渠道不断拓展，但是节俭的原则依然在多数中国人中占绝对的统治地位，一直注重储蓄的节约风尚并没有改变。所不同的是，随着居民生活环境、社会环境的改变，勤俭节约和储蓄的方式、内容构成发生变化。如在货币收入较低而实物配置较高的时期，居民储蓄的方式主要采取实物储备，储蓄的内容主要是满足交易和预防动机的需求；在居民货币性收入较高且市场性消费为主时期，居民储蓄的方式主要采取金融资产储备，储蓄的内容主要是银行储蓄存款和有价证券，以满足预防和投机的需要。因此，虽然改革开放以来，我国居民货币收入得到了长足的增长，在勤俭节约风尚的历史习惯作用下，储蓄增长也十分迅速。人们依然反对过度消费、拜金、炫富等一切和传统消费观念相悖的消费言论、消费行为和消费方式。"郭美美事件"一夜之间几乎毁掉了中国的慈善事业。足以证明中国人对炫富、暴富、过度消费、奢侈、腐败消费的深恶痛绝。

正是这种传统的消费观念和储蓄习惯，造就了中国的高储蓄率。居民储蓄存款余额，成为国家所需投资资本的最重要和最直接的来源，为中国经济的持续增长提供了源源不断的资本动力。

三 中国奇迹背后的秘密之二：意识形态与人力资本

2009年12月16日，美国《时代》杂志宣布，美联储主席本·伯南克当选为该杂志2009年年度人物，"中国工人"和中国人民银行行长周小川同时上榜。《时代》杂志评价道：中国经济顺利实现"保八"，在世界主要经济体中继续保持最快的发展速度，并带领世界走向经济复苏，这些功劳首先要归功于中国千千万万勤劳坚韧的普通工人。"正是这些男男女女，他们过去的奋斗、现在的思考以及对未来的看法，引领着世界经济走向复苏之路。"[①] 2009年中国经济成为拉动世界经济的第一引擎，以对世界经济50%以上的贡献率，谱写了中国奇迹的又一华彩乐章。

封面年度人物耐人寻味地象征了一个经济学常识，"资本＋劳动力"是经济增长的动力，也说明了一个举世公认的事实：吃苦耐劳、坚韧不拔的中国工人是历史的创造者，是他们创造了中国的增长奇迹。

早在1956年，美国经济学家罗伯特·默顿·索洛（Robert Merton Solow）、英国经济学家斯旺就在其论著中指出了"哈罗德—多马模"式忽视其他增长要素的"唯资本论"缺陷，提出了著名的新古典经济增长模式——"索洛—斯旺"模式，即在劳动与资本价格发生变化的情况下，各种要素互相替代条件下的经济增长模式。认为资本和劳动存在替代关系，因而资本与劳动比例可以改变；产出的增长主要由资本（K）和劳动（L）两种生产要素推动。也就是说，在完全竞争市场、价格机制起主要调节作用、不存在技术进步的前提下，总量生产函数为：$Y = f(K, L)$。这个公式表明，产出是资本和劳动的函数。他们同时又指出，产出的增加等于资本和劳动的增量与资本和劳动的边际生产率之间的关系，以及技术进步率等要素。长期增长率是由劳动力增加和技术进步决定的，前者不仅指劳动力数量的增加，而且还含有劳动力素质与技术能力

[①] 转引自《"中国工人"代表全来自深圳》，《南方都市报》2009年12月19日。

第六章　文化传统：中国经济奇迹背后的意识形态要素　/　303

的提高。索洛的长期增长模型打破了一直为人们所奉行的"资本积累是经济增长的最主要的因素"的理论，向人们展示，长期经济增长除了要有资本以外，更重要的是靠技术的进步、教育和训练水平的提高。总之，经济增长速度不是各个生产要素投入增长率的简单相加，而是生产率不同的各种生产要素有效组合的结果；经济增长是物质资本生产率、劳动生产率、自然资源生产率、技术进步率等要素生产率的有效组合。

"索洛—斯旺"模式突破了"资本积累是经济增长的决定性因素"的观点在经济增长理论中的统治地位，强调了劳动力、尤其是技术进步对经济增长的重要贡献。20世纪80年代，以保罗·罗默（Daul M. Romer）、罗伯特·卢卡斯（Robert Lucas）等为代表的一批经济学家，在对新古典增长理论重新思考的基础上，发表了一组以"内生技术变化"为核心的论文，掀起了一股"新增长理论"的研究潮流。无论是卢卡斯的"人力资本"模型、内贝罗的"AK"模型、肯尼瑟·约瑟夫·阿罗（Kenneth J. Arrow）的"干中学"模型、罗默的"知识资本外溢"模型、斯多克的"新产品引进"模型，还是阿温·扬的"发明"模型，都强调经济增长不是外部力量，而是经济体系的内部力量作用的产物，重视对知识外溢，人力资本投资、开发和研究，收益递增，劳动分工和专业化，边做边学等新问题的研究，重新阐释了经济增长率和人均收入的广泛差异，为长期经济增长提供了一幅全新的图景。这也对解读中国奇迹的创生提供了一个重要的解释维度。实际上，劳动力的素质及其边际生产率，除了与其他生产要素的关联外，与劳动者的精神品质直接相关，精神品质往往取决于一个民族的文化传统。文化因素和经济动机决定着人们的行为。特定的文化观念是市场扩展和经济发展必不可少的条件，或者说是经济增长的"精神资本"。如李斯特指出："把一国生产力局限在其物质资本上，这一说法是不正确的……生产力的更大的组成部分在于智力和社会条件,对此我称其为精神资本。"① 西尔尼在其最早发表于1826年的代表作《政治经济学大纲》中写道:"就我们现在的文化状态而言……我们智力和精神的资本,不但在重要意义上,甚至在生产力上,都已超过有形资本。"②

中华民族有两大优良传统极大地提升了中国劳动力的素质及其在经济增长中的作用。一是吃苦耐劳、自强不息的民族性格,二是尊师重教、崇尚道德的文化传统。

中国第一次经济革命即农业的兴起,早至三皇时代,"庖牺氏没,神农氏作,斫木为耜,揉木为耒,耒耨之利,以教天下"(《周易·系辞传》)。黄帝以降,稼事日兴,自尧舜始,以农立国,尧命羲和四子"历象日月星辰,敬授民时"(《尚书·尧典》)。大禹治水,平土而居,农业昌盛。《诗·生民》赞先祖后稷"教民稼穑"之功,《诗·魏·风伐檀》斥"不稼不穑"之举;意在说明农业为立国之本、财富之源。《尚书·无逸》首言"君子所其无逸,先知稼穑之艰难",下文历举殷周贤君,皆重农之主。先秦百家无不以农为本,就连大商人吕不韦所撰《吕氏春秋》也力主重农务本,轻工抑商。传统农业,生产周期长,不仅苦劳之极,而且非一时一日之功,养成了中华民族愚公移山、精卫填海那样的吃苦耐劳、艰苦奋斗的优良传统,"富贵不能淫,贫贱不能移,威武不能屈"(《孟子·滕文公下》)那样的民族性格。

自强不息的民族性格是中华民族最宝贵的精神财富之一。"天行健,君子以自强不息。"(《易经·象辞上传·乾卦》)这是非常刚健且勃发生机的民族精神的宣言。在《易传·象传》中,最早提出"刚健"学说,"刚健而不陷,其义不困穷矣"。"刚健"表现为

---

① 谭崇台:《西方经济发展思想史》,武汉大学出版社1993年版,第163页。
② [英]纳索·威廉·西尼尔:《政治经济学大纲》,商务印书馆1986年版,第202页。

人生的主动性、能动性和刚强不屈的性格，奋发图强的斗争精神，"刚健自强"的思想，历来被历代思想家所崇尚，成为人们激励斗志、克服困难的精神支柱。自强不息的精神使一个人乃至一个民族生生不息，可以说是人不断进步的精神原动力，唯有自强不息，有发展自己的强烈愿望，有百折不挠的执着与勇气，这个人或民族才有可能兴旺发达。孔子的名言已经注入中华民族的血脉之中，内化为我们的民族精神品格。"不怨天，不尤人，下学而上达。知我者其天乎！"（《论语·宪问》）叶公问孔子于子路，子路不对。子曰："女奚不曰：其为人也，发愤忘食，乐以忘忧，不知老之将至云尔。"（《论语·述而》）"君子求诸己，小人求诸人"（《论语·卫灵公》）。儒家还提出诸如"立志""学习""克己""内省""实践""慎独"等道德修养方法。认为"立志"是做人的开端，是成才的根基。"三军可夺帅也，匹夫不可夺志也"（《论语·子罕》），而"立志"的核心是"志道"，即志向要远大，"士志于道，而耻恶衣恶食者，未足与议也"（《论语·里仁》）。"克己"是说为达到一个崇高的道德境界，必须克制自己的私欲与主观偏见，使自己的心理情感与行为方式符合道德的要求。而勤奋好学的精神品格则使中国人在不断求索中提升了自身的能力及素质。"我非生而知之者，好古，敏以求之者也。"（《论语·述而》）"子曰：'三人行，必有我师焉。择其善者而从之，其不善者而改之'。"（《论语·述而》）子曰："学如不及，犹恐失之。"（《论语·泰伯》）子曰："十室之邑，必有忠信如丘者焉，不如丘之好学也。"（《论语·公治长》）

在古代，正是中华民族的这种独特品格，使中国形成了精工细作型农业，不仅支持了庞大的帝国财政，也使中华封建文明独步世界。在近代，正是中华民族的这种独特品格，使中华民族生生不息、薪火相传、奋发进取；使中华民族抵御外来侵略、赢得民族独立和人民解放。在今天，正是这种民族品格使中华民族在新的历史时期，抓住机遇，加快发展，由贫穷走向富裕。正如前述《时代周刊》封面所显示的那样，改变着世界的历史，创造着中国的经济奇迹，"千千万万勤劳坚韧的普通工人"，他们为民族的复兴做出了不可磨灭的伟大贡献。

无论是马克思经济学还是现代经济增长理论，都非常强调人力资本和教育对人力资源开发的作用，将之作为推动经济增长的基本要素之一。中国的经济增长奇迹离开人力资源不可解读。同样，中国人力资源的迅速增长离开重教育的意识形态传统亦不可解释。

马克思曾经提出，生产力水平的提高是经济发展的重要标志，人是生产力中起主导作用的因素，是生产力中"最活跃、最具革命性"的要素，科学技术是生产力。① 普林斯顿大学弗里德里克·哈比森（Fredricr Harbison）教授提出，人力资本构成了国民财富的最终基础。通过提高个人生产能力和技能可以使人更好地利用自然资源去建立社会、经济和政治组织，从而使一个国家得到发展。② 张培刚在其《发展经济学》中提出企业家的利润动机和企业家精神是技术创新的诱导因素之一。说明了一个地区或国家人力资本的数量与地区或国家的经济增长和发展是正相关的。③

自索洛将知识和技术作为生产函数中资本和劳动力之外的重要变量之后，经济增长理论的发展主要围绕着技术进步展开。1960年西奥多·W. 舒尔茨（Thodore W. Schults）提出人力资本理论，他认为即使一个国家拥有和美国一样的土地和生产技术，但却没有像美国一样健全的教育系统和普遍受教育的人民，即没有受过良好教

---

① 参见［德］马克思《政治经济学批判大纲（草稿）》第3卷，人民出版社1963年版，第350页。

② 参见 Harbison, Fredricr H., and Charles A. Myers, *Education*, *Manpower and Economic Growth*, *Strategies of Human Resource Development*, Newyork, Mc Graw-Hill Book Company, 1964, p. 223。

③ 参见张培刚、张建华《发展经济学》，北京大学出版社2009年版，第204页。

第六章　文化传统：中国经济奇迹背后的意识形态要素　/　307

育的人力资本，则社会生产和资源利用率会极其低下。他估计，1929—1959年美国的全要素生产率大约为3/5，其中教育的贡献占一半以上。他认为教育的差异可以解释个人或国家经济绩效的差异。人力资本投资是经济增长的主要源泉，人力资本的增长明显提高了投入经济腾飞过程中的工作质量，这些质量上的改进也已成为经济增长的一个重要的源泉，有能力的人民是现代经济丰裕的关键。[①]

1990年，保罗-罗默提出"技术进步内生增长"模型，把知识完整地纳入经济和技术体系，即知识水平和人力素质是生产率提高和经济增长的内在动力之一。他认为，知识能提高要素的收益，而且能使资本和劳动等要素投入也产生递增收益，从而使经济的规模收益是递增的。递增的收益保证着经济的长期增长。知识既是生产要素之一，也就如同资本一样，要通过投资才能取得。因此，知识积累是现代经济增长的新源泉。他强调经济增长是经济内部力量作用的产物，重视对技术进步、"边干边学"、知识积累、人力资本、政府支出等新问题的研究。"哈罗德—多马"模型中的4个外生给定的参数：储蓄率、资本产出比、劳动生产率和人口增长率，都已经变成了经济增长模型中的内生变量。技术进步并不像新古典增长理论所解释的那样是"天上掉下的馅饼"，而主要是经济当事人从事研究和开发的结果。初步解释了知识活动是如何导致经济持续增长的，从而肯定了知识创新、技术进步和人力资本智力化的中心性。通过对这个模型的估计表明，人力资本可以解释经济增长中的40%以上。[②]

卢卡斯将人力资本作为一个独立的因素纳入经济增长模型，运

[①] 参见[美]西奥多·W.舒尔茨《论人力资本投资》，吴珠华等译，北京经济学院出版社1990年版。

[②] 参见张培刚、张建华《发展经济学》，北京大学出版社2009年版，第205页。

用更加微观、个量分析的方法,将舒尔茨的人力资本和索洛的技术进步结合起来。他将人力资本引入"索洛"模型,视其为"索洛"模型中技术进步的另一种增长动力形式,将人力资本积累视为经济长期增长的决定性因素,并使之具体化、内生化为个人的、专业化的人力资本,认为只有这种特殊的专业化的人力资本积累才是经济增长的真正源泉。他认为人力资本积累可通过两种方式来进行:一是通过脱离生产的正规和非正规教育,使经济活动中每个人的技能和智力得以提高,从而提高劳动者的劳动生产率,这和舒尔茨的人力资本理论基本一致。二是通过生产中的"边做边学"、工作中的实际训练和经验积累增加人力资本,这类似于1962年阿罗提出的"边做边学"模型理论。卢卡斯认为,舒尔茨的人力资本产生的是人力资本的内在效应,而阿罗的"边做边学"产生的是人力资本的外在效应。这种区分的意义在于它拓宽了人力资本形成的途径,尤其是为那些教育资源缺乏的落后国家设计了一种提高人力资本形成的方法,即引进外国的高技术产品,通过直接操作新机器或消费高技术产品在实践中积累经验、掌握先进技术,从而提高落后国家的劳动力素质并使它转化为人力资本。

近年来,经济学家越来越重视人力资本在发展过程中的作用。所谓人力资本就是通过投资知识而创造出的一种资源,是一种生产过程中可以使用,但不会消失殆尽的基本资源。人力资本可以对物质资本和自然资源进行积累并利用自然资源去建立社会、经济和政治组织,从而使一个国家得到发展。教育是最重要的人力资本生产者,一个人所拥有的人力资本是通过其所受的教育创造出来的。教育行业的发展,会提高人力资本水平,增加全社会的人力资本存量,增加人才的供给,从而推动相关行业和产业的发展,推动经济增长。教育发展,人力资本存量水平提高,在一定程度上会引起个人收入水平的提高,导致消费需求的增加,消费市场扩大,进而为投资带来更多机会和更强大的刺激，激励劳动者的生产能力和接受教育培训的欲望，从而促进劳动生产率的提高，进而促进经济增长。教育和人力资本投资可以改善劳动者的精神素质，提高劳动者的生产率和生产技能，可以使劳动者开阔视野、更新观念、提高创新意识、增强责任心、强化敬业精神、改善劳动态度等，从而促进劳动分工、专业化和经济增长。教育和人力资本投资还可以改善劳动者的知识能力素质，提升劳动者的知识结构和合作能力，可以使劳动者记忆能力、创新能力、独立工作能力、学习能力、动手解决问题的能力等得到提高，使经济体获得可持续动态增长。

早在1978年3月召开的全国科学大会上，邓小平就强调科技现代化是现代化的关键，而科技人才的培养基础在教育。改革开放后，中国政府先后提出科教兴国战略、人才强国战略，中国的教育发展突飞猛进。20世纪90年代，中国已经普及9年义务教育制度，且初等教育质量居世界先列。2002年全国高等教育毛入学率已经达到15%，提前8年达到教育部《面向21世纪教育振兴行动计划》的指标，实现高等教育大众化。2010年发布的《国家中长期教育改革和发展规划纲要》显示，2009年参加九年义务教育的巩固率达90%，高中教育毛入学率达79.2%，高等教育毛入学率达24.2%。在校生总数达2826万，居全球第一。具有高等教育文化程度的人数达9830万。主要劳动力劳动年龄人口平均受教育年限达9.5年，新增劳动力受教育年限达12.4年。"比较而言，墨西哥成人平均就学年份是7年，韩国是10年，美国是12年。"[1]"十一五"期间，全国财政教育支出累计4.45万亿元，年均增长22.4%。全面实现城乡免费义务教育，所有适龄儿童都能"不花钱、有学上"。国家助学制度的财政投入从2006年的18亿元增加到2010年

---

[1] ［美］巴里·诺顿：《中国经济：转型与增长》，安佳译，上海人民出版社2010年版，第173页。

的306亿元，覆盖面从高等学校扩大到中等职业学校和普通高中，共资助学生2130万名，还为1200多万名义务教育寄宿生提供生活补助。中国"已经实现了从人口大国到人力资源大国的历史性转变"[①]。

与之相应，中国外贸总额从1978年的206.4亿美元/月，发展到2010年的29727.6亿美元/月，增长144倍，由1980年的世界第22位，跃居世界第1位。改革开放40年来，中国对外贸易结构也发生了很大的变化。主导出口产品从资源性产品转向轻纺产品，再逐步转向机电产品和高新技术产品。经过近40年的发展，无论是出口商品结构还是进口商品结构都经历了一个由初级产品向制成品快速转变的过程。在总出口中，制成品由改革开放初期不到50%的比重增加到2007年的94.9%。其中，机电产品已成为制成品出口的主要成分，从2003年起，机电产品在制成品中的比重超过了50%；自20世纪90年代中期起，高新技术产品出口增长迅速，在制成品中的比重逐渐上升。2010年出口总额15779.3亿美元，其中，机电产品出口9334.3亿美元，占59.5%；高新技术产品出口4924.1亿美元，占31.2%。船舶、汽车零部件出口保持较快增长，其中船舶出口增长44.5%，汽车零部件出口增长44.1%。一方面，从贸易竞争力指数来看，劳动力因素仍然是国际经济合作中中国的主要优势；另一方面，技术竞争力亦稳步提高。进一步按技术密集度对中国的出口商品结构进行细分，我们可以更好地判断中国出口结构变化所反映出的技术升级或复杂度。随着出口商品中制成品比重的不断上升，中国出口产品的技术结构发生了很大变化：资源密集型制成品和低技术密集型制成品的比重呈下降趋势；中技术密集

[①] 周济：《我国已实现由人口大国向人力资源大国转变——努力开创新阶段教育工作新局面 推动教育事业优先发展科学发展》，参见人民网（http://politics.people.com.cn/GB/1027/7683230.html），2008年2月18日。

第六章 文化传统:中国经济奇迹背后的意识形态要素

型制成品和高技术密集型制成品的比重在不断上升,其中高技术密集型制成品的上升势头尤其显著,由1990年的5.4%上升至2006年的34%,到2006年,高技术密集型产品已经取代低技术密集型制成品,成为制成品中的第一大类产品。目前,中国已成为世界上最大的手机、家电、便携式电脑等机电产品的生产和出口国。数据显示,世界500强企业的研发中心纷纷落户中国,跨国公司在中国设立的研发中心超过1160家。中国不仅是向全球供应物美价廉商品的"世界工厂",而且渐渐成为跨国公司设立研发中心的首选地。

显然,中国外贸的迅速发展、中国经济的持续稳定增长,都与教育直接相关。正如有的学者所说,中国教育的变化"推动了中国融入国际市场的进程(包括贸易和对外投资两方面),而且与整个经济发展的过程相辅相成"①。毫无疑问,教育是中国对外贸易增长和经济增长的要素和基础。

然而,中国教育与中国经济一样奇迹般增长却是经济学的难解之谜。一般说来,教育的发展往往取决于个人接受教育的就学意愿与国家公共教育的投入。个人的就学意愿取决于教育回报率与个人教育投资的成本和机会成本。个人投资的成本又与国家公共教育投资的大小相关。一般说来,受教育的水平越高,预期收入也随之增加;政府采取义务教育计划,即减少教育成本,会鼓励更多的人接受初级教育。由于教育耗资较多,政府即使想承担也不可能承担全部成本,又由于教育既能产生纯私人收益,又能产生社会收益,而且通常来说,私人回报率总是高于社会回报率,因此,个人不可避免地要承担很大一部分教育成本。教育正回报是人们愿意投资于教育的前提,也是经济持续发展的基础。

可是中国教育回报率却相对低下。由于"文化大革命"的影

---

① [美]劳伦·勃兰特、托马斯·罗斯基编:《伟大的中国经济转型》,方颖、赵扬等译,格致出版社、上海人民出版社2009年版,第205页。

响，中国的初等教育遭到重创，高等教育近乎瓦解，新增了数以亿计的文盲和半文盲，在教育公平的外观下是教育的严重倒退。国外的中国研究表明，在计划经济时期"受过较高教育的群体的收入并不一直都高于他人。……教育对增加收入的意义不大，教育的个人回报几乎接近于零"①。尽管"80年代末期到90年代初期，城市工人所完成的学业每增加一年，每年的收入就有4%—5%的增长。不过这个比例远远低于9.7%的世界平均水平，甚至更低于10.9%的低收入国家平均水平"②。而此时，中国的改革开放已进行了20年，我国的这一指标不仅与国际指标相比仍然偏低，而且与其他转型国家相比教育回报率增速缓慢，如罗马尼亚从1992年开始改革，到2000年仅8年时间，教育回报率就由1992年的3.9%迅速提高到8.5%。国外专家研究指出，在中国的企业中，有技术和高学历工人的所得远远小于其边际产品，而低技能和低学历工人所得则大于在收益最大化条件下的所得。总而言之，他们的研究没有发现大学毕业生由于其高学历而收入较高。近年来，由于我国的劳动力总供给大于总需求，大学毕业生就业困难，其薪水不可能大幅显著提高。也就是说，其教育回报率即使上升，趋势也不会很大。③

中国财政教育的支出亦相对不足。公共教育支出占GDP的比重是衡量各个国家政府对教育投入程度的重要指标。从国际比较来看，经济发展水平越高的国家，公共教育支出占GDP比重越高。1995年世界平均公共教育经费占GDP的比重为5.2%，发达国家为5.5%，发展中国家为4.6%，最不发达国家为3.6%。④我国公共

---

① ［美］巴里·诺顿：《中国经济：转型与增长》，安佳译，上海人民出版社2010年版，第168页。
② 同上书，第170页。
③ 参见《高经济增长率下的低教育回报率之谜》，http：//finance.sina.com.cn，2006年4月17日。
④ 梁伟真：《财政性教育支出的国际比较及对策研究》，《经济经纬》2004年第6期。

教育支出占 GDP 的比重在 20 世纪 80 年代相对较高, 后来一直在 2.3% 至 2.7% 之间徘徊, 1999 年以后虽略有增长, 但 2004 年也只达到 2.8%, 与近年来我国教育总规模的迅速扩大不相适应。值得注意的是, 尽管近年我国 GDP 总量快速扩张、税收和财政收入高速增长, 但我国财政性公共教育经费占 GDP 比重长期低于世界平均水平, 甚至还低于最不发达国家的平均水平。以普通高等院校为例, 高校经费中来自国家财政性教育经费拨款的比重从 1996 年的 80% 下降到 2004 年的 45.5%。而来自居民家庭交付的学费和杂费的比重不断上升, 从 1996 年的 13.66% 上升到 2004 年的 30%, 国外这一比例通常在 15% 左右。一般来说, 世界各国的大学学费占人均 GDP 的比例一般在 20% 左右。在发达国家, 公立大学的收费水平是受到严格限制的。如美国的人均国内生产总值是 3 万多美元, 每人每年 5000 美元的大学学费仅占 1/6。即使是私立大学的收费也只占人均国内生产总值的一半左右。英国的大学学费在 2000 年是每人每年 1125 英镑左右, 而英国 2000 年的人均国内生产总值为 9513 亿英镑, 学费占人均 GDP 的 6.96%。德国大学 98% 为公立学校, 由联邦政府拨款办学, 免学费。同期中国大学学费占人均 GDP 的比重, 远远高于国际平均水平。中国政府教育支出占 GDP 比重却远低于世界平均水平, 世界银行认为, 1998 年教育支出占 GDP 的份额中国是 2%, 低收入国家的平均水平是 3.4%, 中等收入国家的平均水平是 3.6%。同年, 中国远远低于发展中国家 4% 的平均水平。按照《国家中长期教育改革和发展规划纲要 (2010—2020)》, 到 2012 年财政性教育支出占 GDP 比重才能达到 4%。

然而, 中国的受教育水平却远高于发展中国家。仅就高等教育为例, 1982 年, 中国人口中接受大学教育的人不足 1%, 1999 年大学毛入学率已达 11% (财政性教育支出占 GDP 比重才 2.79%, 其中19%用于高等教育），2009年高达24%。

由此可见，中国教育发展远高于其他发展中国家，教育回报率、政府教育投资却都低于一般发展中国家。那么，是什么支撑了中国的教育的高速发展呢？是中国独特的重教育的意识形态传统。

中华民族从来就是一个自强不息的民族，通过教育实现个人的自我超越、民族的自强不息是一大民族特色。商周时代，中国教育已有了相当的积累，知识大体具备规模，绝大部分官学和乡学学者为官，形成了官师合一的现象。春秋时期，官学衰废、私学兴起，百家争鸣。尤以孔子儒学开创的尊师重教传统受到诸子百家的认同，成为整个民族的民族精神。自汉代开始独具匠心的文官制度，提供了从平民到精英的社会阶层流动渠道，又极大地强化了这一传统。

伟大的教育家孔子以自己的丰富理论和实践，将重教育的精神品格注入了中华民族之中。由于他的教育内容主要是德育和政务，强调教育与政治、经济的关系，重视教育对国家和社会的作用，因此儒学从汉代起而独尊华夏。《礼记》提出，"君子如欲化民成俗，其必由学乎"；"故古之王者，建国君民，教学为先"（《礼记·学记》）。荀子在《大学》中的"大学之道，在明明德，在亲民，在止于至善"，则将儒家的教化作用上升到了国家实行仁政、德政的高度。教育成为立国兴邦的必由之路和优先战略。后来，"学而优则仕，仕而优则学"成为历代政治家的政策宪章，培养"君子""圣贤"，以实现"齐家治国平天下"的社会理想，催生了科举制的古代文官制度，又大大强化了这一民族品格。

其实，西周重德教亦重技艺之教，先秦诸子亦然。管子说："一年之计，莫如树谷；十年之计，莫如树木；终身之计，莫如树人。一树一获者谷也，一树十获者木也，一树百获者人也。"（《管子·权修》)他将教育与经济紧密结合,生动地说明了教育投资绝非是一种纯消费,而是一种更大的生产投资。它不像普通投资,在短期内就可获益,而需要较长时期才能对社会产生巨大回报,这与今天的人力资本理论如出一辙。墨子曰:"籍设而天下不知耕,教人耕而不教人耕而独耕者,其功孰多?"吴虑曰:"教人耕者,其功多。"(《墨子·鲁问》)墨子认为,要提高生产,必须施之以教。由此说明,墨子既重视生产,更重视教育的作用。

正是悠久的重教育传统,使国人的教育投资意愿和就学意愿远远高于世界上其他民族。望子成龙、望女成凤,是中国家长的传统价值观。自从改革开放尤其是国家大力实行科教兴国战略以来,教育投资已越来越成为千家万户的一项重要开支,望子成龙的父母们,千方百计供子女念书,甚至倾其所有送孩子去国外深造;对成人来说,由于竞争的压力以及科技发展给人们提出的更高职业技能的需要,因此,人们在工作和生活之余,会在家庭积蓄中列出一笔开支,以各种各样的形式"充电"。国家统计局关于城镇住户调查资料显示,1995—2004年,我国城镇居民家庭平均每人全年的教育支出增长了2.37倍,年均增长14.46%,而同期人均可支配收入年均增长9.15%,平均每年教育支出增幅高于人均可支配收入增幅5.31个百分点;占全部城镇居民家庭10%的最低收入户教育支出年均增长9.63%,而人均可支配收入年均只增长了3.69%,最低收入户年均教育支出的增长幅度比可支配收入的涨幅高5.94个百分点。可见城镇居民家庭特别是低收入户和最低收入户教育支出增幅大大超过了人均可支配收入的增长幅度。2006年,城镇居民人均教育娱乐文化及服务性支出占全部消费支出的比重达15.3%,在居民八大消费支出中仍占较大的比重。无论城乡居民,都愿意将大量的资金投入下一代的教育。而城市市民对子女的早期教育、学前教育、初等教育的教辅投资、择校投资、素质教育、考研和留学投资远远高于正式的学费和书费投资。21世纪以来，为适应市场经济的需要，从1995年起，高校开始实行并轨制度，到2006年，全国普通高等学校已全部实行招生并轨。高等教育的超常规扩张和发展所需的教育经费，相当部分来源于个人对教育的投资。正是由于意识形态传统导致的对子女教育的巨大私人投资，弥补了国家公共教育支出的不足，推动了教育超常的高速发展。为中国奇迹的创生奠定了人力资源基础。

四　中国奇迹背后的秘密之三：意识形态传统理念与政府作用

新制度经济学的重要代表道格拉斯·诺思将制度作为经济增长的要素，引发了经济增长理论的革命性变革。他认为新古典增长模型论及的投资的增加、劳动投入量的扩大、技术进步等因素，并不是经济增长的原因，而本身就是增长，真正决定增长的是一种有效制度。制度的功效在于通过一系列的规则来界定交易主体间的相互关系，减少环境中的不确定性和交易费用，进而保护产权，增加生产性活动，使交易活动中的潜在收益成为现实。他将"有效率的产权制度""界定和维护产权的国家"与"影响人们对变化不同反应的意识形态"作为经济增长的三大变量。

诺思认为一种产权安排是否有效率，主要取决于它是否能为在它支配下的人们提供将外部性较大地内在化的激励。他强调私有产权更具有激励技术和知识进步，推动制度变迁和社会发展的作用。有效率的产权制度的重要前提就是必须对产权进行明确的界定，以减少未来的不确定性因素和种种搭便车的机会主义行为的可能性。另一方面，国家在经济增长中起着关键性的作用。在一个社会的发展过程中，国家可以通过不断地界定和明晰产权，引导社会意识形态，在国家、产权、意识形态三者之间建立起良性的互动关系，进而有效地推动制度创新，促进经济增长。国家权力是构成有效产权结构、制度安排和经济发展的一个必要条件。诺思进一步指出，虽然任何经济中的正式规则或产权都是由国家制定和维持的，但由于社会成员或公众的"精神模式"即意识形态不同，导致有的制度结构并不能为其社会成员提供有效的激励以助经济增长。而政府政策反映的恰恰应该是深藏在公众的精神模式或理念中的意识形态。意识形态的差异必将引起公共政策的差异和冲突，以及在劳动态度等价值观念上的广泛差别，从而造成各国经济增长的巨大不同。

这一模型对中国的转型发展有相当的解释力。一方面，改革开放以来，中国的经济增长明显高于计划经济时期，虽然无法准确地测度经济制度的某些变革对GDP的贡献率，但制度的改变对经济的决定作用是公认的，经济的快速增长从本质上说得益于制度变革。产权变革是中国经济体制改革的中心线索和实质内容，联产承包、放权让利、"双轨制过渡"、国企承包租赁改革、股份制改革、政企分开、改革税制、政府职能转变、分配方式改革、社会保障制度改革等，实质都是产权制度改革。另一方面，中国的改革又是自上而下的政府主导型改革，政府在改革中不断推进制度创新并给出连续稳定高效的经济政策，政府制定改革的规划，引导改革的进程，修正改革的结果，这成为中国经济增长的关键。前者的产权制度解读与转型经济学家们的主流意见一致，即"双轨制"转轨路径是中国经济持续稳定高速增长的原因，通过双轨到单轨的渐次变革，使经济发展避免了因激烈变革而导致的震荡，减少了改革成本，保持了中国工业总产出的持续增长；后者的国家或政府作用解释与世界银行首席经济学家林毅夫的解释基本一致。他认为，中国政府适时推出具有比较优势的发展战略，是中国奇迹创生的关键。诺思的模型无疑可以获得中国改革的经验支持。

然而，从经验检验来说，俄罗斯同样进行了以产权为核心的制度变迁，而且更为彻底，国家同样都为界定和维护产权不遗余力，都用市场机制取代计划机制作为资源配置的主要手段，都是市场化过程，为何"转轨绩效"不同呢？

从理论上说，诺思的模型与新制度经济学的另一位代表人物哈耶克的观点矛盾。哈耶克认为国家的干预是经济衰退的根源。他指出："社会主义只有停留在理论的层面上时，它才是国际主义的，但一经付诸实施，无论是在德国还是在俄国，它马上会变成强烈的民族主义……集体主义不能容纳自由主义那博大的人道主义，它只能容纳极权主义的狭隘的门户之见。"[1] 而自由才是经济扩张的基础："在近代欧洲历史的整个时期中，社会发展的总方向，是使个人从他从事日常活动时束缚他的那些习惯和成规的羁绊中解放出来。至于自觉地认识到个人的自发和不受拘束的努力能够产生一种经济活动的复杂秩序，则只有在这种发展已有某些进展之后才能达到。随后到来的拥护经济自由的有系统的论证，乃是经济活动自由发展的结果……个人活力解放的最大结果，可能就是科学的惊人发展。"[2] 他强调一种进化论的理性主义，"各种使我们得以适应于世界的规则系统，乃是一种进化的成就……这些规则系统在某种程度上具有着一种理性所不及的性质。就此而论，进化论理性主义所具有的一个最为重要的洞见乃在于：历经数代人的实验和尝试而形成的传统或成就，包含着超过了任何个人所能拥有的丰富经验，因此关于这些规则系统的重要意义，人们或许可以通过分析而发现，但是即使人们没有透彻认识和把握这些规则系统，亦不会妨碍它们有助于人们的目的的实现"[3]。他主张"理性不及"和"进化生成"，

---

[1] ［英］哈耶克：《通往奴役之路》，王明毅等译，中国社会科学出版社1997年版，第135页。
[2] 同上书，第22页。
[3] 邓正来：《哈耶克构建法治的理路》，载汪丁丁主编《自由与秩序》，中国社会科学出版社2002年版。

第六章 文化传统:中国经济奇迹背后的意识形态要素 / 319

反对建构论唯理主义的"那种认为所有的社会制度都是而且应当是刻意设计的产物"的观念。他认为,文明乃是经由不断试错、日益积累而艰难获致的结果,或者说它是经验的总和。其命题可以表述为,文明于偶然之中获致的种种成就,实乃是人的行动的非意图的结果,而非一般人所想象的条理井然的智识或设计的产物。与其观点相近的公共选择理论更是认为,没有集体决策,决策是个人化的;个人按照效益最大化原则行事和决策,国家或政府也是如此。虽然政府的存在纯粹是为广大民众提供公共利益,但却可能因利益团体的徇私游说活动,促使政府做出牺牲广大民众、造福于一小群特定利益集团的错误政策,从而导致"政府失灵"。诺思的理论与哈耶克和布坎南等一样以经济人假设和个人主义假设为前提。这种假设与理论模型所解释的中国经验之间似乎存在着深刻的理论矛盾,这削弱了理论的解释力。

　　首先,按照哈耶克的制度经济学和公共选择的理论,中国政府适时推出具有比较优势的发展战略和正确、高效、连续的经济政策是不可能的,因为它必将为特定的利益集团所俘获。进而代表公共利益和全民利益也是不可能的,官僚和政客都是根据自己的私利采取行动,他们的一举一动都是为了增进自己的经济利益。因此在政府体制下必然出现效率低落现象。从另一个角度来说,即使政府基本上代表着公共利益,但由于公共利益本身有不同的范围和层次划分。因此中央政府与地方政府作为不同的利益主体,除了自身利益诉求之外,在公共利益的总体目标方面也有着不同的价值取向和偏好程度上的差异。"计划者……预先假定存在一个完整的伦理准则……对我们而言,根本点在于根本就不存在这种完整的伦理准则。"[1] 官僚和政客必然代表特定的特殊利益集团而作出无效率决策

---

[1] [英]哈耶克:《通往奴役之路》,王明毅等译,中国社会科学出版社1997年版,第61页。

而影响经济增长。这种逻辑显然无法解释中国政府在改革开放过程中的一系列战略和决策，无法解释中国人民生活水平的提高和福利的增加，更不能解释中国奇迹。可见政府及其公务人员并不一定只代表公共利益。

其次，按照他们的理论，导致中国奇迹的最重要因素——"双轨制"的转轨路径设计几乎是不可能实行的。因为，市场经济体制的前提是理性的自利的经济人假设，计划经济奉行利他主义人性假设。国民经济"双轨运行"必然产生体制摩擦。市场价格和计划价格的巨大差异，必然产生无所不在的获利和寻租空间，个人主义的理性算计足以迅速瓦解计划经济体制，产生经济无序。例如近几年引起普遍关注的煤电价格，就反映出计划价格的计划赶不上变化，电力一紧张，煤炭需求一旺盛，计划电煤的价格问题就暴露出来了。另外，目前中国的商品的服务价格已高度市场化，但土地、劳动力、资金等要素价格却远未市场化，这两大体系之间的巨额租金的存在使中国经济产生了一种"新双轨制"——以公共权利为背景，自上而下地寻找和套取商品、服务价格、要素价格之间的巨大价格差。[1] 然而中国经济确实实现了增量改革，实现了"双轨制过渡"，经济发展不但没有因体制的转换受到影响，反而由于新体制的逐步建立和旧体制的不断变革得到促进，使民众得到了每一步改革带来的经济发展的实惠，并在经济的快速增长中建立了社会主义市场经济体制。那么，是什么因素破除了"经济人"魔咒呢？

显然，要解释中国的经济增长奇迹，必须首先承认以有效率的产权制度为核心的社会主义市场经济制度的首要作用，同时必须承认政府在由计划到市场的制度变迁中的决定性作用。这种结

---

[1] 田伟：《双轨制改革的历史回顾及评价》，《理论学刊》2009年第4期。

第六章 文化传统：中国经济奇迹背后的意识形态要素 / 321

论的前提首先要解释中国共产党和中国政府为什么能够成为超越于利益集团之上的、代表社会公共利益即全民利益的"制度供给者"。其次，要解释中国公民为什么在政府探索社会主义严重失误（"文化大革命"十年）后始终信任政府、拥护政府的改革开放政策，甚至是在利益受损的情况下，也能超越理性的个人主义算计而不改初衷。

改革的本质是利益调整，是一场深刻的制度变迁，其过程始终贯穿着一条利益重新分配的主线。并非总是像初期农业改革那样达到"帕累托最优"。随着改革的深化，总有利益受损者和获益者。经济政策也必须考虑短期利益与长远利益、地区利益与国家利益、个人利益与企业利益和国家利益的矛盾与平衡。实际上尽管面临重大的利益损失，在绝大多数改革中的绝大多数人都积极配合了改革政策。中国从改革之初到现在，上至中央决策层，下至普通民众，不能说完全没有反对者，但大多数人是拥护现存改革的。没有改革当事者的积极参与和勇于牺牲，就不可能有社会的稳定和经济的持续增长。

中国的政府和公民之所以如此，关键在于传统意识形态中根深蒂固的民本主义观念、爱国主义精神和集体主义价值观。按照诺思的观点，意识形态可以节约成本，减少决策执行的交易费用。意识形态不可避免地与个人在观察世界时对公正所持的道德、伦理评价相互交织在一起。当人们认为自己所处的社会环境是公正的，那么他就会发自内心地主动拥护并且维持各种政策。在这种情况下，意识形态就会内化为个体的信念，转化为人力资本。中国的传统意识形态与现实中的市场经济变革所体现的基本思想是一致的，因而促进了经济的发展，增强了社会凝聚力。

民本思想是儒家也是中国古代基本的政治价值观和治国理念。它萌芽于商周，草创于春秋，成熟于汉唐，并贯穿于整个封建社会的上位文化之中。它既是士大夫精英阶层的政治理想，也是开明君主和贤明官僚的治国纲领。虽然"民惟邦本，本固邦宁"出自伪《古文尚书·五子之歌》，但《尚书·泰誓》所说"天视自我民视，天听自我民听"可以说明"民为邦本"思想三代时期已经进入政治领域。春秋以降，思想家们便普遍主张"以民为本"，老子将其抽象成"贵以贱为本"（《老子》三十九章）《管子霸言》有"以人为本"。《吕氏春秋·务本》有"宗庙之本在于民"。在各种思想流派中，儒家的民本思想最为系统，孔子的"养民""生民""惠民""利民"等思想开创了民本的政策内涵。孟子的"民为贵，社稷次之，君为轻"（《孟子·尽心下》）思想，荀子的"天之生民，非为君也；天之立君，以为民也"（《荀子·大略》）思想，明确了民本思想的世界观、价值观基石。汉初贾谊对民本作了"国以为本、君以为本、吏以为本"的全面界定。唐太宗视君民关系为"舟水"之喻，认为"为君之道，必须先存百姓，若损百姓以奉其身，犹割股以啖腹，腹饱而身毙"[①]。此后民本思想一以贯之，积淀为中华民族的治国理念和意识形态。这种民本思想政治价值观的核心是"为民""富民"，界定了治国者和官僚的政治责任。作为传统思想文化遗产的精华，它对中国后来政治思想的发展产生了广泛而深远的影响。它不仅直接构成了中国共产党人的新民本思想的理论来源和现实基础，而且也为当前建设和谐社会奠定了深厚的文化底蕴。当这种民本主义与社会主义意识形态结合时，就会焕发出时代活力。从"三个有利于"标准，到"权为民所用，利为民所谋"，再到"以人文本"，无不融入了民本思想的文化元素。现代以人为本思想的主旨是一切以人民的利益为根本出发点，民众的利益是国家和社会的的价值主体。领导者要着眼于群众的长远利益，引导经济

[①] 参见（唐）吴兢《贞观政要·论君道、论政体》，谢保成校，中华书局2000年版。

第六章 文化传统：中国经济奇迹背后的意识形态要素 / 323

发展和社会全面进步。这也就可以理解为什么中国政府在"制度供给"中可以不受"利益集团"的干扰而作出代表公益和大众利益的经济政策。

另外，中国民众也在悠久的历史文化传承中形成了整体至上，"克己奉公"的社会责任感和使命感。在中国传统伦理结构中，为国利民，"兴天下人民之大利"（《墨子·经上》）乃是道德的最高表现，是最大的"义"。坚持这个原则，以此来规范人们的行为，一切服从这一准则，乃是"仁人志士"的体现。很多思想家、政治家和文学家们一直倡导这种人生的境界。孔子曰，"有杀身以成仁，无求生以害仁"（《论语·雍也》），孟子曰，"生，我所欲也；义，我所欲也。两者不可得兼，舍生而取义也"（《孟子·滕文公上》）。这些观点、主张，都坚持从国家利益和整体利益至上的原则出发，在个人对他人、对社会、对群体的关系上，"义以为上""先义后利"。考虑个人利益时应不违背道德原则，不得伤害社会和他人利益。所谓"义然后取""不义而富且贵，与我如浮云"（《论语·雍也》）。

爱国主义是中华民族的优秀传统，是中华民族精神的核心，贯穿于中华民族精神形成和发展的全过程，渗透于中华民族精神的一切领域，体现在中华民族精神的方方面面。氏族社会自发的热爱族类情感，随着阶级国家的产生而上升到了对祖宗、墓地、宗庙的宗教祭祀，从而产生了一种凝集作用，激发了人们对祖宗的追念，对故土的依恋之情。从而，潜移默化地积淀成一种爱国爱家的情感结构。即守故土、敬父母、行孝道。农业经济所固有的对土地的依赖形成的恋土思乡的质朴心理情感，家族式社会结构以及"家国同构"的政治模式所形成的爱国与忠君、爱国与爱家、爱国与爱族、爱国与爱"天下"一体化的民族主义情结；一脉相承、绵延不绝的悠久历史文明传统和以德为本的华夏中心论的价值信念，构成了中华民族独特而悠久的爱国主义传统。精忠报国成为士大夫精英的人生追求,"国之兴亡,匹夫有责"成为朝野认同的文化自觉。中国古代大一统的局面被长期保持,专制皇帝是整个国家的唯一领主。整个国家政治呈中央放射状,因此构成了从下向上的政治向心。在中央集权和君主专制的长期双管齐下之中,忠君和爱国在实际上被等同了起来。这种爱国主义与欧美对民族国家的认同而产生的爱国主义有一定不同。其体现之一便是与英美政治传统对权力根深蒂固的不信任感不同,中国人对政府始终存在着比任何组织和个人都强烈的信任和依赖。以至于在中国漫长的岁月中,祖国统一始终是历史主流,为了民族尊严,一腔热血甘洒沙场,为了祖国振兴,奋发图强。

这种差异将当代市场经济中的核心问题——市场与政府作用问题置于不同的文化背景之上。使英美在市民社会和政府之间保持着持久的张力,使中国政府在市场经济中的作用获得了强劲的文化传统支持。第二次世界大战后西方世界60多年的经济宪章基本上是"三十年河东、三十年河西",是凯恩斯主义与哈耶克新自由主义的平分秋色。中国改革开放40年中,即使在强劲的经济全球化背景下,即使在市场效率异常凸显的转轨进程中,即使在对腐败官僚强烈不满的情势下,民众对政府的信任依然超过对市场的信任。这就使中国政府在实施改革中获得了持久稳定的民意支持。

中国人传统的思维方式具有整体性、直观性特点,从而形成了国家高于家族、群体高于个体的集体本位的价值观。这种价值取向与社会主义对接后形成的集体主义道德原则,在整个改革开放进程中,尤其是由计划经济到市场经济的转轨进程中起到了至关重要的作用。按照诺思的路径依赖思想,体现于习俗、传统和行为准则中的非正式约束与刻意的政策相比更难改

第六章 文化传统：中国经济奇迹背后的意识形态要素

变。这些文化约束不但把过去与未来连接起来，而且是我们理解历史变迁之路径的关键。所谓路径依赖指在社会进程中的一些小的或随机的事件可以导致社会制度朝一个特定的方向演进，而且路径依赖是渐进的。"非正式约束的变迁是一个那些为人们所接受的规范、社会和社会惯例逐渐枯萎的非常缓慢的过程，或者说是人们随着新的政治的、社会的和经济交换的渐进变迁而逐渐接受新的约束的过程。"①在探讨中国经济转型问题时，我们不可忽视中国特有的文化和历史传统对制度变迁的路径依赖所起的作用。改革虽是对传统的否定，但传统与现代却不是截然对立的。传统的力量在许多情况下不是制度变迁的障碍，反而有可能转化成一种决定性的要素，使落后国家缩小与发达国家的差距。亨廷顿曾对比了加纳和韩国的经济统计数据，得出正是由于两国间文化传统的不同，导致了韩国经济从20世纪60年代与加纳不相上下的水平，一跃到了90年代经济名列世界第14位的工业巨人，而加纳却没有发生这样的变化。中国的渐近改革道路具有明显的以国家集体为本位的特点，这种特点并非心血来潮的即兴之作，而是中国人特有的传统文化的表现。改革伊始，"实现四化、振兴中华"成为全国人民为之奋斗的理想，成为改革开放的精神动力。在"双轨并行"期间，绝大多数人不是基于个人主义算计致力于"搭便车"实现效益最大化，而是对机会主义的"官倒"行为深恶痛绝甚至采取了极端的意见表达。正是这种集体主义价值观，支持了"计划轨"的运行，为计划经济体制外"市场轨"的发育创造了稳定的经济环境，也为经济的最后并轨提供了文化支持。尽管计划经济以国企大量工人下岗而最后谢幕，走完了悲壮的历程。国企工人

---

① [美]道格拉斯·C.诺思：《制度、制度变迁与经济绩效》，杭行译，格致出版社、上海三联书店、上海人民出版社2008年版，第125页。

及其家属为后来中国经济的增长付出了沉重的代价,而承受这不能承受之重的精神支柱,或许就是传统的集体主义意识形态。

总之,中国经济增长的奇迹,离不开传统意识形态元素的支撑。正如诺贝尔经济学奖得主,道格拉斯·诺思曾指出的,"如果没有一种明确的意识形态理论或知识社会学理论,那么,我们在说明无论是资源的现代配置还是历史变迁的能力上就存在着无数的困境"[①]。

[①] [美]道格拉斯·C.诺思:《经济史中的结构与变迁》,陈郁、罗华平译,上海三联书店、上海人民出版社1994年版,第51页。

结　语

续写奇迹之路：重建社会主义市场经济文明

经过近40年史无前例的经济增长，中国已经成长为令世界震惊的经济巨人。

中国的增长速度创造了奇迹。1979—2012年，中国国内生产总值年均增长9.8%，同期世界经济年均增速只有2.8%。中国的经济总量占世界的份额由1978年的1.8%提高到2012年的11.5%。2012年人均国内生产总值达到38420元，扣除价格因素，比1978年增长16.2倍，年均增长8.7%，而东欧国家的经济总量才增加了1倍。根据世界银行数据，中国人均国民总收入由1978年的190美元上升至2012年的5680美元，按照世界银行的划分标准，已经由低收入国家跃升至中上等收入国家。过去20年里，世界上70%的贫困是在中国消除的。1978年，中国外汇储备仅1.67亿美元，位居世界第38位，人均只有0.17美元，折合人民币不足1块钱。2012年达到33116亿美元，连续7年稳居世界第一位。

据国家统计局发布的经济数据，2014年国内生产总值（GDP）为636463亿元，首次突破60万亿元，以美元计，亦首次突破10万亿美元大关，中国成为继美国之后又一个"10万亿美元俱乐部"成员，同时GDP总量稳居世界第二。2014年12月5日国际货币基金组织（IMF）公布的一份报告称，按购买力平价计算，2014年中国实际GDP总额达17.6万亿美元，超过美国的17.4万亿美元，从而成为全球最大经济体。中国在全球经济中所占比重已达16.5%，相比之下美国为16.3%。但中国官方并不认可这一数据，笔者亦与中国多数学者一样不以为然。然而，它说明中国30多年来以世界第一的增长速度迅速成长为一个经济巨人，与美国比肩而立。

21世纪初的2000年，中国GDP总量首次突破1万亿美元。从跨入GDP万亿美元俱乐部到成功突破10万亿美元大关，中国用时14年。相比之下，美国从1万亿美元到10万亿美元，用时31年。加入WTO后的中国的发展速度，赢得了世界的认可和尊重。

中国的基础设施建设远远超过发展中国家，个别项目如高速公路、高铁里程已经超过发达国家。中国发达城市已经接近发达国家的领先城市。美国《纽约时报》专栏作家弗里德曼到上海考察后回到纽约，认为上海的机场、地铁、高铁、高速公路等全面超越纽约；在软件方面，上海的人均寿命、婴儿死亡率、社会治安等指标也全面好于纽约，当然上海也有许多不如纽约的地方。

当然，中国也出现了许多惊人的社会问题和"发展问题"。所谓发展问题就是因经济超速增长而出现的经济问题和社会问题。就经济而言最重要的就是经济降速，2012年、2013年，中国GDP平均增长7.7%，2014上半年为7.4%。中国将实现经济增长阶段的根本性转换——由高速发展转向中高速发展。即进入经济发展的"新常态"。

然而，中国是经济发展不平衡的人口大国，人口增量、产业地区间转移、储蓄优势、准公共产品的巨大投资需求、消费在经济增长中的比重超过投资，等等，都说明中国保持一段7%左右的中高速增长亦有可能。

这个速度仍然是全球第一，远远超过发达国家板块，也高于

"金砖四国"。按这个速度，10年左右经济即可翻一番，再发展20年，中国就接近发达国家水平，实现百年图强的伟大复兴目标。

中国以实事求是、经济中心、改革开放为基本理念的意识形态范式仍将成为实现这一目标的精神动力。

今天，解放思想、实事求是、与时俱进、求真务实，这些马克思主义意识形态的灵魂，已经成为科学发展观最鲜明的精神实质，成为国人的思维方式和全党的坚定不移的思想路线。

经济中心是党的基本路线的核心所在，发展是解决一切问题的关键。党的基本路线要管一百年。

改革开放是坚持和发展中国特色社会主义的必由之路，改革开放是决定当代中国命运的关键抉择，是党和人民事业大踏步赶上时代的重要法宝。改革开放只有进行时没有完成时，实践发展永无止境，解放思想永无止境，改革开放永无止境。

这些纲领性的话语，不仅是全党的意志、国家的意志，而且已经成为人们的共识。这个共识焕发出不可估量的精神力量，成为续写经济奇迹的意识形态引擎。

在中国经济进入新常态的关键时刻，中共中央召开了十八届三中全会，通过了《中共中央关于全面深化改革若干重大问题的决定》。文件指出，全面深化改革的总目标是完善和发展中国特色社会主义制度，推进国家治理体系和治理能力现代化。经济体制改革是全面深化改革的重点，核心问题是处理好政府和市场的关系，使市场在资源配置中起决定性作用，更好发挥政府作用。全会规划了全面深化改革的路线图，中国社会迎来新一轮的改革开放的高潮，迎来新一轮的社会变迁。

我们认为，完善社会主义市场经济成为改革开放的关键，而完善社会主义市场经济的关键，是建立社会主义市场经济精神文明。

人类的许多制度创新和文明形式都已经变作历史的遗迹，而市场经济则从近万年前简单的交换行为,演进到古代的商品经济,现代市场经济,最终发展成 20 世纪波澜壮阔的全球化运动,必然蕴含着内生性的、与经济制度共生的一以贯之的精神文明理念。没有市场经济精神的文化自觉,市场经济就不可能走出野蛮而步入文明。

今天中国出现的惊天腐败、食品安全、野蛮生产、两极分化、环境污染等一系列"发展问题"的关键原因何在?主要是没有处理好"社会主义"与"市场经济"的关系:一是表现为物质财富的增长和精神境界的堕落——"无灵魂的市场",二是表现为政府和市场的关系扭曲——"无道德约束和法制约束的权力"。

中国主流意识形态也随着生活世界的变化而与时俱进。意识形态理念层面的巨大进步是将市场经济精神文明的元素注入社会主义核心价值观。在"富强、民主、文明、和谐,自由、平等、公正、法治,爱国、敬业、诚信、友善"的核心价值中,有鲜活生命的传统价值是爱国、敬业、诚信、友善,市场经济价值观念是自由、平等、公正、法治,社会主义价值理念是富强、民主、文明、和谐。市场经济的精神文明与社会主义精神文明的整合,作为一种非正式制度创新已经破晓。

本书的基本观点是,社会主义与市场经济结合的伟大制度创新是中国奇迹创生的制度原因,而意识形态范式的转换是社会主义市场经济制度创新及其实践的精神前提。以解放思想为前提的实事求是,以人为本为价值理念导向的经济中心,以吸纳全球制度文明实现民族复兴为目标的改革开放,是中国奇迹创生的精神动力。

回望社会主义市场经济理论创新之路,意识形态障碍关山重重。顾准、孙冶方等一批早期探索者付出了沉重的代价,是意识形态范式的转换使这一伟大的制度创新成为世纪之交最伟大的思想现实,进而以无与伦比的制度力量整合了中华民族的创造伟力,创造了举世震惊的经济奇迹，实现了中华民族的历史性崛起。

纵观20世纪市场经济的演进史可以看到，——"社会主义"的精神理念曾经使美国克服了自由放任的市场经济步入现代市场经济并称雄世界，使英法德意等欧洲资本主义国家恢复了活力。可以说没有"社会主义"就没有现代市场经济文明，我们需要对社会主义理念与市场经济精神理念再认识。

中国问题，或者说中国的"发展问题"，是发展中的问题。它可以通过改革开放的方法来解决，而不能寻求改革开放前的解决方式。那么，重新呈现社会主义关于富强、民主、文明、和谐、自由、平等、公正、法治的核心价值理念，并将之贯穿于市场经济制度之中，使之变成由政治、法制保障的制度文明，并使爱国、敬业、诚实、友善的传统价值在市场经济文明中获得现代复兴，这将是解决中国问题的关键。

今天，正如党的十九大报告所说，中国特色社会主义进入了新时代。这意味着近代以来久经磨难的中华民族迎来了从站起来、富起来到强起来的伟大飞跃，迎来了实现中华民族伟大复兴的光明前景；意味着中国特色社会主义道路、理论、制度、文化不断发展，拓展了发展中国家走向现代化的途径，给世界上那些既希望加快发展又希望保持自身独立性的国家和民族提供了全新选择，为解决人类问题贡献了中国智慧和中国方案。

我国社会主要矛盾已经转化为人民日益增长的美好生活需要和不平衡不充分的发展之间的矛盾。人民美好生活需要日益广泛，不仅对物质文化生活提出了更高要求，而且对民主、法治、公平、正义、安全、环境等方面的要求日益增长，建立社会主义市场经济精神文明，是适应上述需求的迫切需要。

然而，"我国仍处于并将长期处于社会主义初级阶段的基本国情没有变"，我国是世界最大发展中国家的国际地位没有变。习近平总书记提出,我们必须"牢牢把握社会主义初级阶段这个基本国情,牢牢立足社会主义初级阶段这个最大实际,牢牢坚持党的基本路线这个党和国家的生命线、人民的幸福线"①,说明40年前确立的意识形态范式的经济中心、实事求是和改革开放的基本理念仍将是我们完善社会主义市场经济,建设市场经济的精神文明的哲学指南。

回顾1992年,我们将社会主义政治制度与市场经济制度结合,实现了20世纪晚期最伟大的正式制度创新,创造了一个又一个彪炳史册的人间奇迹。今天,我们将社会主义核心价值观注入市场经济制度,实现非正式制度组合创新,将引领社会主义市场经济步入文明。

---

① 习近平:《决胜全面建成小康社会 夺取新时代中国特色社会主义伟大胜利——在中国共产党第十九次全国代表大会上的报告》,人民出版社2017年版,第12页。

后　　记

本书是在国家社科基金项目"中国经济奇迹的意识形态原因研究"（08BKS056）最终成果的基础上撰写的。感谢李馨宇博士、李明博士、贺长余博士、贾玥博士、张凯博士在参与项目研究中的辛劳，感谢他们与我一起穿越荆棘丛生的意识形态研究的学术之旅。

本书的基本观点、理论框架、篇章结构的设定，修改、统稿和最后定稿均由郭忠义完成并负文责。侯亚楠博士撰写了第一章第三节、第二章、第三章、第六章的内容，并参与了全文初稿的整理和校对。其余部分的撰写由郭忠义完成。虽然，我们充满学术真诚力求无愧于心，但囿于水平，错误或不当之处难免，诚望大家批评指正。

最后，由衷感谢编辑张潜博士、郝玉明博士为本书付出的辛勤劳作，感谢喻苗副主任和本书的校对，使我们完成了将本书献给改革开放四十周年的心愿，没有你们非常专业的建议和大力支持，本书不可能面世。

郭忠义
2018 年 6 月